本书由教育部人文社会科学研究青年基金项目"高氏女书文献整理与研究"（17YJC740099）资助

高氏女书校勘研究

谢燮 著

中国社会科学出版社

图书在版编目（CIP）数据

高氏女书校勘研究／谢燮著．—北京：中国社会科学出版社，2021.11
ISBN 978-7-5203-9128-3

Ⅰ.①高… Ⅱ.①谢… Ⅲ.①女书—校勘—研究 Ⅳ.①H123

中国版本图书馆 CIP 数据核字（2021）第 187143 号

出 版 人	赵剑英
责任编辑	慈明亮
责任校对	杨　林
责任印制	戴　宽

出　　版	中国社会科学出版社
社　　址	北京鼓楼西大街甲 158 号
邮　　编	100720
网　　址	http://www.csspw.cn
发 行 部	010-84083685
门 市 部	010-84029450
经　　销	新华书店及其他书店
印　　刷	北京君升印刷有限公司
装　　订	廊坊市广阳区广增装订厂
版　　次	2021 年 11 月第 1 版
印　　次	2021 年 11 月第 1 次印刷
开　　本	710×1000　1/16
印　　张	19.75
插　　页	2
字　　数	304 千字
定　　价	108.00 元

凡购买中国社会科学出版社图书，如有质量问题请与本社营销中心联系调换
电话：010-84083683
版权所有　侵权必究

前　言

中国湖南省永州市江永县及其近邻一带的妇女中流传的女书，是人类文明的产物，亦是人类文化多样性的体现。1983年，女书被发现作为一种独特的文字体系，先后在海内外许多大小报刊、电视台报道之后，这个在偏僻山区峒场中世代相传，历代文人雅士不屑一顾的女性书写符号系统，迅速的以中国女性文字——人类历史上的特殊文化现象蜚声中外，引起中外学人的广泛关注。

文字的使用有性别之分，固定为女性使用，却是人类文化史上罕见的奇迹。然而要对这一奇特的文化现象来一个寻根究底，却是十分困难的事：第一，女书古本失存。旧时，江永及其近邻一带的妇女虽普遍习用女书，但从女书的传习到作品的流传和藏存，均系自发的个人行为，没有女书文献的刊印设施，更没有女书文献的藏存机构。而女书所有者生前喜爱读女书，希望去世后到了阴间也能有女书可读，因此，临终时都要再三嘱咐亲人，在她去世后，必须把她所有的女书作品随葬，或像烧纸钱一样焚化掉，以便她能将自己的这些女书作品文本带到阴间。历代的女书文献就这样随着所有者的去世而大多消失殆尽了。目前所能见到的时代最早的女书文献，仅有清代文献，元明以前的女书文献已没有遗存了。第二，史志无载。虽然当地女性对自己使用的女书及其书写的作品文本都十分珍视，但是当地的男性则对女书不屑一顾，当地的男性知识分子更是忽略无视女书的存在，因此，史书、方志大多无记载，居民族谱、碑文中也都没有蛛丝马迹。迄今为止，历史文献中述及江永女书的，仅发现1931年刊印的《湖南各县调查笔记》的"花山"条和中国革命博物馆（现国家博物馆）藏的袁思永于 1945 年左右撰写的《猺文歌》并《序》两例。而 1990、1991 年，最熟谙女书的两位女书传人高银仙、义年华老人相继去世后，当地妇女中只有少数人能识得女书了。这使得女书文化的研究陷入了更加困难的处境之中。庆幸的是，清代以来的女书文献尚存旧本，另外，还有高银仙、义年华老人根据回忆记录下来的旧时流传的女书作品，再加上两位老人创作的部分女书作品，约五百余篇，二十来万字的珍贵资料，可谓女书善本。

为保护和传承女书这一濒危消亡的文字，从 1983 年到现今，国内外的学人们对女书都做了不同程度的辛苦研究工作，学术价值日益凸显，学术成果日益增多，女书研究已深入到文字学、语言学、民族学、民俗学、民间文学、人类学、传播学、历史学、教育学等多种学科领域。女书研究的深入和推进，有赖于真实可靠的原始女书文献及对这些文献尽可能准确无误的翻译。目前已出版的女书文献资料集不算多，其中仅有两部采用的是女书原件扫描影印的方式保持了女书字符原貌。然而，可以发现在这两部资料集中，相同内容的抄本在原文、对译、注释等处存在着诸多差异，尤需校勘整理。存世女书文献中，又以已故女书自然传承人高银仙老人的存抄件为最高水平标志。高银仙老人是学界发现女书时当地妇女中最熟谙女书、掌握女书最多的老人，是公认的女书传人代表人物。她 1902 年生于上江圩乡高家村，1990 年去世。高银仙出生贫苦，没有上过学，更未出过远门，不认识普通汉字，不会讲普通话，也不会讲当地的官话，只会讲当地的传统土话。她从小学习女书，老年时仍十分勤奋，每有闲暇即伏案作书。她是同辈中掌握女书知识最丰富、水平最高的，她所藏所写的女书文献文本，即高氏女书文献，是极具研究价值的。

本书聚焦高氏女书这一最具代表性的女书文献，系统地校勘研究，并选取与已出版的女书资料集中原件不同或翻译有不同之处的高氏女书文献七十五篇，校勘整理、翻译，对难词难句注释。这些高氏女书，包括书信、抒情诗、叙事诗、祷神诗、哭嫁歌、歌谣、谜语、译文等女书文体的全部类型。所选女书作品中每字均按高银仙老人的读解①标音、翻译，尽量采用直译，少数无法直译的用意译或音译。每篇后附女书文献原件②扫描图片。这样，既让读者能看到传统女书的形，又能知道传统女书的音，了解传统女书的义，掌握到传统女书的全貌，让传统女书能原汁原味地传承下去。

本书由教育部人文社会科学研究"高氏女书文献整理与研究"青年基金项目资助（17YJC740099）。

---

① 高银仙老人读解录音磁带由笔者先父谢志民早年录制及收藏，他是最早研究女书的专家学者之一，从1983年发现女书开始，他就常年在女书的流传地深入调研，搜集了很多第一手资料。

② 女书文献原件由谢志民收藏。

目　　录

第一章　高氏女书概述 ·· (1)
　一　女书及女书文献概况 ·· (1)
　二　女书文献产生及发展的历史背景 ···················· (3)
　　（一）旧时江永妇女整体生存状况 ···················· (3)
　　（二）江永妇女的传统活动 ································ (5)
　　（三）女书文献的产生及发展 ···························· (6)
　三　高银仙与高氏女书 ·· (8)
　四　高氏女书的内容 ·· (9)
　　（一）封建重压之下的苦难 ································ (9)
　　（二）劝善戒恶、地方习俗、地方记事 ············ (11)

第二章　高氏女书校勘及误例分析 ···················· (16)
　一　原文校勘及误例分析 ·· (16)
　　（一）误 ·· (17)
　　（二）脱 ·· (19)
　　（三）衍 ·· (21)
　　（四）倒 ·· (21)
　　（五）存疑 ·· (23)
　　（六）原文致误原因分析 ···································· (24)
　二　译文校勘及误例分析 ·· (25)
　　（一）多音多义字、同音字的译字勘误辨析 ···· (25)
　　（二）未识别女书特殊用词的译文勘误辨析 ···· (33)

（三）无中生有译字勘误辨析 ··· (38)
　　（四）译文致误产生原因分析 ··· (41)

第三章　高氏女书校勘整理七十五篇 ··· (43)
　一　书信 ·· (43)
　　（一）贺三朝书——取道提言诗一首 ······································ (43)
　　（二）贺三朝书——手提书本把笔做 ······································ (52)
　　（三）贺三朝书——合鸟站莲各飞远 ······································ (62)
　　（四）相邀结交书——我自心红自欢乐 ···································· (72)
　　（五）相邀结交书——湖海湖南龙出洞 ···································· (85)
　　（六）相邀结交书——接起贵文读几到 ···································· (94)
　　（七）相邀结交书——京海金龙住 ······································ (100)
　　（八）告诉弟郎说知听 ··· (108)
　二　抒情诗 ··· (113)
　　（一）八四年九月二七接封信 ·· (113)
　　（二）石上记名红信纸 ··· (119)
　　（三）正月逍遥好耍乐 ··· (123)
　三　叙事诗 ··· (127)
　　（一）河边紫竹绿莹莹 ··· (127)
　　（二）六月之天热炎炎 ··· (132)
　　（三）二位同学输钱看妻对句 ·· (137)
　　（四）黄巢杀人八百万 ··· (139)
　　（五）红纸写书信 ··· (141)
　四　祷神诗 ··· (146)
　　（一）凤姑娘娘 ··· (146)
　　（二）千祈娘娘 ··· (151)
　五　哭嫁歌 ··· (156)
　　（一）新打剪刀裁面料 ··· (156)
　　（二）今日上厅真上厅 ··· (158)
　　（三）热头落岭落家西 ··· (160)

（四）一只椅子两头龙···（162）
　　（五）半夜半夜亦是钱···（164）
　　（六）愁屋一头···（166）
　　（七）壁上先　壁下神···（169）
　　（八）右手把起红灯烛···（171）
　　（九）青铜照影高厅照···（173）
　　（十）一条绿线九个结···（175）
六　歌谣···（178）
　　（一）鲤鱼吐珠从海上···（178）
　　（二）石崖出水水冲沙···（180）
　　（三）日头出早日黄黄···（182）
　　（四）正月当兵百草开···（184）
　　（五）上山数芒十八叶···（191）
　　（六）石榴叶子叶下青···（194）
　　（七）姊出门来妹出边···（197）
　　（八）石山头上石狮子···（202）
　　（九）厅屋中央四个角···（207）
　　（十）一条凳板四个角···（209）
　　（十一）红包丝线耍心多··（211）
　　（十二）今天起身来得忙··（213）
　　（十三）古时何承生三子··（215）
　　（十四）热头出早热头斜··（219）
　　（十五）哪位烧田不要水··（224）
　　（十六）青石磨刀不要水··（226）
　　（十七）白布装底一寸高··（228）
　　（十八）白布装底底亦白··（230）
　　（十九）石板起路路亦高··（232）
　　（二十）我是墙上凤尾草··（234）
　　（二十一）四脚歌来四脚歌···（236）
　　（二十二）一把凉扇里面白···（238）

（二十三）墙高脚上慈姑花…………………………………………（240）

（二十四）子亦难女亦难…………………………………………（242）

（二十五）背底苦瓜盆算盆………………………………………（244）

（二十六）一口月亮弯……………………………………………（246）

（二十七）唱头歌子解烦心………………………………………（248）

（二十八）上岭砍柴枝算枝………………………………………（252）

（二十九）红纸张　白纸张………………………………………（254）

七　谜语………………………………………………………………（257）

（一）蜘蛛母网……………………………………………………（257）

（二）自来火………………………………………………………（259）

（三）眼睛…………………………………………………………（261）

（四）一口风………………………………………………………（263）

（五）一杯火………………………………………………………（265）

（六）一架风车……………………………………………………（267）

（七）田契…………………………………………………………（269）

（八）鬼子戏………………………………………………………（271）

（九）织布一架机…………………………………………………（273）

（十）一乘轿………………………………………………………（275）

（十一）一只踏笼…………………………………………………（277）

（十二）蓑衣………………………………………………………（279）

（十三）木棉………………………………………………………（281）

（十四）天上星子…………………………………………………（283）

（十五）鱼笱………………………………………………………（285）

（十六）立春交春春牛……………………………………………（287）

八　译文………………………………………………………………（289）

（一）神童诗………………………………………………………（289）

（二）四字女经……………………………………………………（291）

第四章　高氏女书难词难句注释……………………………（296）

第一章

高氏女书概述

一 女书及女书文献概况

《联合国教科文组织文化多样性宣言》指出:"语言是保存和发展人类有形和无形遗产的最有力的工具。各种促进母语传播的运动,都不仅有助于语言的多样化和多语种的教育,而且能够提高对全世界各语言和文化传统的认识。"就像生物的多样性一样,人类文化也呈多样性。语言是人类文化的一部分,也应呈多样性,这也正是生态语言学所提倡的。人类保护语言的多样化及各地方特色语言不仅是为了语言本身,更重要的是为了人类的美好未来和社会的和谐发展。

中国湖南省永州市江永县及其近邻一带妇女中流传的女书,是人类文明的一个产物,是人类文化多样性的体现。1983年,女书被发现为一种独特的文字体系,先后在海内外许多大小报刊、电视台报道之后,这个在偏僻山区峒场中世代相延,历代文人雅士不屑一顾的女性书写符号系统,迅速以中国女性文字——人类历史上的特殊文化现象蜚声中外,引起中外学人的广泛关注。

女书,又称女字,含义有:(一)女书的字符结构系统;(二)女书字符标记的语言;(三)用女书撰写的作品。

女书,写在纸上的作品,叫作"纸文",写在扇面上的作品,叫作"扇章",写在布帕上的作品,叫作"帕书",也有把作品绣在布帕上的,叫作"绣字"。当地妇女很喜欢读女书,每有佳作便争相传抄、诵读。读纸上的作品,叫作"读纸"。读扇面上的作品,叫作"读扇"。读布帕上的作品，叫作"读帕"。读纸、读扇、读帕，是江永及其近邻一带妇女最喜爱的活动，每逢当地传统节日，或逢喜庆、农闲之时，妇女们多要相邀聚集，唱读女书，其内容或倾诉生活中的不幸，或诵读故事、传说；或叙述乡间逸闻趣事；或对唱耍歌，竞相逗乐。时而悲愤凄怆，泪涕俱下；时而哗然欢欣，喜笑颜开。女书还用来祭神、结拜姊妹、新娘贺三朝等功用。然而，在当地并没有传授女书的固定设施，女书的传授和学习或家传，或友授，学者好学，教者乐教。就这样世代相延，绵延不断，一直流传到现在。

旧时，江永及其近邻一带的妇女虽普遍习用女书，但从女书的教习，到作品的流传和藏存，均系自发的个人行为，没有女书文献的刊印设施，更没有女书文献的藏存机构。而女书的所有者生前喜爱读女书，希望去世后到了阴间也能有女书可读，因此，临终时都要再三嘱咐亲人，在她去世后，必须把她所有的女书作品随葬，或像烧纸钱一样焚化掉，以便她能将自己的这些女书作品文本带到阴间。历代的女书文献就这样随着所有者的去世而大多消失殆尽了。目前所能见到的时代最早的女书文献，仅有清代文献，元明及以前的女书文献已没有遗存了。

虽然当地女性对自己使用的女书及其书写的作品文本都十分珍视，但是当地的男性则对女书不屑一顾，当地的男性知识分子更是忽略无视女书的存在，因此，史书、方志大多无载，居民族谱、碑文中也都没有蛛丝马迹。迄今为止，历史文献中述及江永女书的，仅发现1931年刊印的《湖南各县调查笔记》的《花山》条和中国革命博物馆（现中国国家博物馆）藏的袁思永于1945年左右撰写的《猺文歌》并《序》两例。而1990、1991年，最熟谙女书的两位女书传人高银仙、义年华老人相继去世后，当地妇女中只有少数人能识得女书了。这使得女书文化的研究陷入了更加困难的处境之中。庆幸的是，清代以来的女书文献尚存旧本，另外，还有高银仙、义年华老人根据回忆记录下来的旧时流传的女书作品，再加上两位老人创作的部分女书作品，约三百余篇，十来万字的珍贵资料，可谓女书善本。

二 女书文献产生及发展的历史背景

(一) 旧时江永妇女整体生存状况

在中国漫长的封建统治下，湖南江永地区及其毗邻一带的妇女们身受层层封建重压。在社会上，她们不能和男子一样入学读书，更不能参与社会的管理工作。在家族里，她们也没有与男子同等的地位，女儿不能算作家族的成员，不允许在家族的族谱上记名，不能继承父母的遗产。一个家庭，有女无子也算作绝嗣。因而当地居民喜生男，恶生女。子多则为多喜，家庭兴旺。女多则为多忧，以致造成溺杀女婴之俗。《高氏族谱》中反映了这种习俗，该族谱的《族中规则》劝诫族人不要溺杀女婴："俗有溺女者，独不思父精母血妙合成形，生生不息，无非骨肉。岂可以多而杀之乎。"幸而生存下来的女子，也必须遵守"未嫁从父，既嫁从夫，夫死从子"和"妇德，妇言，妇容，妇功"等，一整套束缚妇女言行的封建道德标准。

这些套在妇女身上的无形而沉重的枷锁，将世世代代的江永妇女变成了男性的附庸，她们从小缠脚，学女红，稍长即不能随意外出，不能随便与家庭之外的男子接触，即使与本族男子之间也要避男女之嫌。如《高氏族谱·族中规则》告诫族人："族内男女父兄，须各嘱教，出入往来，要避嫌疑。"因此旧时的当地妇女，只能生活在自己家庭的小圈子里，家庭就是她们生活的整个天地。

而在封建婚姻制度的约束下，当地女子是没有自由选择男性配偶的权利，必须听从"父母之命，媒妁之言"。当地俗话说："四个蛋子定终生"，即是说女子身贱，四个鸡蛋的聘礼就把终身大事定了。当地有新婚女子不落夫家的习俗，女子出嫁后仍回娘家生活，到临生孩子时才回夫家定居，如果没生孩子，则在娘家过满三年再回夫家常住。女子在父母身边的生活总是自由而快活的，到了夫家，一般多要受丈夫、婆婆的严格管束，尤其是婆婆，对媳妇多管束甚严，虐待之事常有发生。当地民谣："做年女，做年官。做年媳妇受年霜。"女书哭嫁歌中有"饮尽千般盐上味，做尽百般做媳难"。女子到夫家，受婆婆或丈夫的虐待时只能忍受，不能反抗，不能提出离婚。丈夫如果对妻子不满，或为偿债，有权把妻子出卖或抵债。丈夫死了，妻子要终身守寡；即使有改嫁的，也会遭人耻笑，在人群中抬不起头来。因而死了丈夫的女子，一般多宁愿守寡，不愿再嫁。

在这样的层层封建重压之下，历史上的江永妇女，虽不能入学，但她们为了追求知识，在辛勤纺绩之余也勤学苦读，不乏才胜须眉的女子。宋代的胡玉秀，清代的蒲碧仙姐妹，就是她们中的代表人物。胡玉秀，江永县上江圩乡荆田村才女，曾以"才学冠世"受到北宋哲宗的封赐。《永明县志·营建志·古迹》载："御书楼，在县东四十里荆田胡家。"《永州府志》："宋胡先和，元符间进士，官文华殿学士。姊玉秀，才学冠世，恩赐御书楼，给大夫禄。"清代蒲碧仙姐妹，潇浦镇女才人。在她们的诗稿中反映了当时女子对知识的热烈追求，以及对男女在政治上的不平等所表现的苦闷与愤懑。如蒲碧仙《镜花楼诗稿》所录《致父诗》："婢学描花偷画稿，女寻古字检庄书。人生贫富何须计，即此能教万虑除。"《训女词》："汝时外祖母，训诲有义方，晨兴教针线，午夜课篇章。……读书资明理，不求诗满囊。纺绩要辛勤，布帛始盈箱。霜朝兼月夜，甘苦宜备尝。贫富并无命，勤俭乃其常。"还有蒲碧仙的妹妹写给姐姐的诗道："中馈何需输苑才，底须图史伴妆台。香闺代有才人出，谁向蟾宫折桂来。"

像胡玉秀、蒲碧仙姐妹这样有条件读书学经的女子，在江永只能出身于少数官僚、豪绅之家。贫家穷户的女子是可望而不可即的。她们只能读另一种书，这就是使用当地妇女独有的女性文字撰写的"女书"。这种文字，没有专门的教学设施，家传亲授，纯系自然式的流传，也没有印刷条件，仅凭手抄笔写。妇女们从女书传本中汲取知识，用女书表达自己的喜悦和忧伤，欢乐和苦痛，长久以来代代相传，一直流传到了现在。但由于历代的女书文献多随着所有者的去世而被殉葬或像纸钱一样的焚化，我们现在所能见到的仅清代以来的少数女书文献。这些女书文献虽数量不甚多，却表现了江永妇女闪光的智慧和卓越的才华，表现了江永妇女高尚的品德和善良的心灵，反映了江永妇女在封建重压下遭受的沉重苦难，她们对封建制度的憎恨和反抗，以及对自由的渴求。这是一支在民间流传的古老而独特的文化，是一支由饱受封建重压的江永妇女用血泪和才智凝成的女性文化。

（二）江永妇女的传统活动

旧时代的江永妇女，虽然深受封建礼法的层层束缚，但她们可以过传统的女儿节，结"老同"等活动，无论在家庭、社会上，这些活动都是得到普遍的赞许和尊重的。这些活动虽然仅限于妇女之间的交际往来，但比起封建社会其他地区的妇女来，江永妇女显然能通过这些活动获得广泛得多的社交来往，有广阔得多的活动天地。

1. 结"老同"

结"老同"，又叫作结姊妹，结"老庚"。这是旧社会江永妇女生活中最为重要的活动之一，每一个正常的妇女，尤其是青年女子，都有"老同"。当地旧俗，谁家妇女的女友多，那位妇女就会被人们认为是最聪明、最有才华、最能干的妇女，也是最为人们尊重的女子，连带家里的男子都会为此而脸上有光彩。如果谁家的女人交的女友少，或者没有结上"老同"，便会被人们认为傻或者是品行差以致没有人愿意和她交朋友。尤其是当地的青年女子，如果结不上"老同"，男青年都不会喜欢她，即使是从小订了婚的，都有可能会被解除婚约。

而在结"老同"活动中，当地女性除了选择意趣相投的，还最好要选择才华相近、会女书的。有的女性不仅和附近村庄的妇女结"老同"，也和较远地区的女子结"老同"，这时，她们就用女书写信来往，互通信息、联络感情。如高氏藏本的一篇贺三朝书中写道："几个商量做书本，看察妹娘身落他。结交为情好恩义，就曰一位拆散行！才曰将言来看察，请喜红门闹热多。两个远乡同结拜，合意朋恩没乱言。"

江永妇女的结"老同"活动其实是寻求精神上的一种依托。旧时的妇女，社会活动的天地只在亲戚与亲戚之间，而亲戚间的往来是极其有限的，她们需要有知心朋友，以解孤独与寂寞。因此，意趣相投的女性一旦结为"老同",便情同亲生姐妹,亲密无间。如高氏藏本的一篇贺三朝书写道:"千般事情没一二,时时身边遥不离。取做取做样般合,商议确比连襟同爷娘。"

2. 传统女子节日活动

旧时代的江永妇女,一年中有三次固定的传统女子节日活动和非固定性的妇女农闲聚会活动。

第一次女子节日活动在农历正月十五,叫作"斗牛节",又叫作"女儿节",与元宵节同一天。当天,村内未婚的青年女子以及新婚未久、尚未生孩子、仍在娘家生活的女子,都要带上自己认为写得最好的女书作品、做得最好的刺绣、煮得最好的菜肴,到村内已定于当年出嫁的女子家或村内年长的姑娘家里聚会。

第二次女子节日活动在农历四月初八,也叫作"斗牛节",或"女儿节"。这个活动与正月十五日的节日活动内容是相同的。

第三次女子节日活动在农历六月至七月上旬。这段时间是当地一年中最热的时候,青年女子大都要相邀聚集,选择风凉舒适之家,一起纺织、刺绣,学习和唱读女书。聚会时间一般在一个月左右,叫作"吹凉节"。

这些节日活动都是受到宗族和当地社会赞许和支持的。因此,当地女子的家属也都会热情地配合与接待。

中老年妇女的聚会活动则多在一般节日,如端午节等,尤以秋冬农闲为多。这时,妇女们的家务都较少,是当地妇女们相邀聚集的最好时节。她们多要邀请"老同"到家欢聚,诵读女书作品,交换女书新作等。

虽然,这些节日聚会仅仅是妇女间的社交活动,却使得当地妇女跳出了自己家庭的小圈子和极其有限的亲戚往来,比起其他地区的妇女来,有了广阔得多的活动天地。

(三) 女书文献的产生及发展

《永明县志》在《风土志》中写道:"永俗朴而好文,俭而尚礼""人物清慧,崇名义,识廉耻,视他邑无多让。我朝登士籍者,稍不及宋、明，然弦诵之泽至今未熄。向来专治易、诗、书三经，今则五经杂治，斐然成章。"说明唐宋之后，当地居民读书之风颇盛。而普通汉文在江永的普及与提高，同时也使江永居民的封建礼法认识得到了普及与加深。层层的封建重压把当地的男女区分为不同社会地位的两种群体。男子可以入学，可以参加科举考试，可以参与社会的管理工作和建设工作等；女子则不能入学，不能参加科举考试，不能参与社会的一切活动，只能被限制于家庭中，生男育女，从事家务劳动，作为男子的附庸。这样，能够学习和掌握普通汉字的，多是男子。当地女子则不然，除了极少数官宦、豪绅之家的女子可以在私家学习普通汉文之外，广大平民家庭的女子是没有条件学习普通汉文的。她们受教育的权利被剥夺，因此她们只能学习和使用女书，来丰富自己的知识，充实自己的精神生活，她们只能通过写作女书作品来倾诉自身的辛酸不幸与对封建重压的反抗控诉。

而在当地特有的妇女传统活动中，女书作为交际工具，是节日活动中不可缺少的一个部分。在"斗牛节""吹凉节"活动中，唱读女书都是重要的活动内容之一，在秋冬农闲的妇女聚会中，唱读女书更是不可或缺的重要内容。女书文献中记述的"望见银村下界头，读纸读扇是西村"，指的就是妇女及其亲友聚会，唱读女书的场景。在结"老同"过程中，女书作品不仅是重要的见面礼，而且也是表现自己才华、加深互相了解、提高自己身份的重要方面，如："我自心红自欢乐，难承姊娘真有心。接下慢详读几道，听得心欢心自红。句句轻言本有理，合意姊娘邀结交。"

在封建礼法的重压之下，女书及女书作品在江永妇女的生活中有着极其重要的功用，成为她们思想交际的工具，也是她们唯一跨越时空的交际工具。而在结"老同"及女子节日活动中，唱读女书是不可或缺的活动内容，女书作品也由此得到极大的珍视。另外，就连在婚嫁习俗中，女书书信，也通常是作为重要礼物看待的。在娶亲满三天时，娶亲之家都要把新娘的女性亲友送的女书"贺三朝书"——陈列，以显示新媳妇和她亲友都是有知识、有才华的妇女。

掌握女书、能写女书作品的女性在当地会受到人们的尊重，掌握女书的程度越高，能写的女书作品越多，就越受到人们的敬慕，被认作是有才华、聪明的女子。女书及女书作品就是在这样的环境下发展和丰富了起来。

三　高银仙与高氏女书

高银仙是学界 1982 年发现女书时当地妇女中最熟谙女书、掌握女书最多的老人，学界将她称为第一代女书传人或原生态女书传人。

高银仙，是公认的女书传承代表人物。1902 年生于江永县上江圩镇高家村，1990 年去世，享年 88 岁。

高银仙出身贫苦，没有上过学，不识汉字。她小时候跟姑母学女书，经常参加读纸、读扇活动，又与附近的姑娘结成六姊妹，共同学习，提高女书水平。20 世纪 60 年代，其他五姊妹相继去世，她又与义年华、唐宝珍、胡慈珠等结成了七姊妹，她们经常有女书往来，经常聚在一起唱读女书，抒发情感。

老人为抢救女书做了大量的工作，每有闲暇即伏案作书，她将自己所写所藏的女书作品送给前来调查女书的人，为女书的传承起了重要作用。在她的影响下，她的孙女胡美月也会读写女书，是第二代女书传人。

高银仙不仅不认识普通汉字，不会讲普通话，而且也不会讲西南官话，只会讲当地的传统土话。因此她所写、所唱读的女书都是原生态的。另外，她晚年手不颤，眼不花，笔画刚劲，字迹清晰。因此，她所写的女书极具研究价值。

义年华，也是第一代女书传人。1907 年生于江永县上江圩镇棠下村，1991 年去世，享年 84 岁。

义年华生于书香门第，小时候跟随祖父读过书，会讲西南官话，有一定的文化，能看书报。她 14 岁时跟婶娘学的女书，所写女书主要是自己创作的。

其他人如唐宝珍，她不识女书，但会背诵不少女书，其中有很多连高银仙、义年华都不大了解的传统女书作品；胡慈珠留下的作品不多，且都是自己创作的；阳焕宜是在高银仙、义年华去世后发现的又一位女书自然传人，可惜她曾因移居他地而多年没有接触女书，忘了不少，又眼睛不太好、手颤，因此错漏较多。

总之，高银仙从小就勤奋地学习女书，并且与结拜姊妹们频繁地使用女书交流，聚在一起唱读女书，其女书水平是最高的。更重要的是，她所写的女书没有受到汉字的影响，所读的女书没有受到普通话或西南官话的影响，是原生态的女书。她所藏所写的女书文献文本，即高氏女书，篇幅较多，内容非常丰富，几乎涉及了女书文献中的所有内容，是极具研究价值的，在这些文献资料的基础上研究女书，才能得出科学可靠的结论。

四 高氏女书的内容

女书文献文本不仅以表现妇女的思想意趣、反映妇女的利益和愿望为主要特点，而且其创作者是女性，阅读者是女性，文献文本中的主人公绝大多数也是女性，并且使用的文字是一种当地妇女独用的女性文字符号体系，不可不谓奇特。

历代的女书文献文本大多随着所有者的离世而被焚化或作为了殉葬品，遗存的传本又因当地潮湿的自然环境、社会的不重视等原因散佚不少，现在流传下来的女书文献不多，高氏女书是女书第一代传人高银仙老人根据回忆写下的旧时传抄件及其个人作品，包括书信、抒情诗、叙事诗、祷神诗、哭嫁歌、歌谣、谜语、译文等等，这些文献文本具有丰富的文化内涵。

（一）封建重压之下的苦难

女书文献中有大量的篇幅描写了当地妇女在封建重压之下所遭受的苦难，反映了她们对封建礼法的憎恨、控诉与反抗。

旧时代的江永女子，虽然可以广泛地交朋友，结"老同"，但她们的交友活动只能在妇女中开展，不能与家庭之外的男子随便来往、接触。如果有，不论什么原因，都会被认为是不正经，是要受到家法、族规的惩处的。女书文献中有记述当地一女子叫李三娘，美丽端庄，自幼严守深闺，从不与族外男子接触。一次，李三娘被邀为族内一出嫁的女子做伴娘女，酒宴中搛菜给身边的小侄儿，适侄儿不在，为一浪子所接，连续数次而李三娘仍未察觉。厅内宾客误以为李三娘行为不端，大加讥笑、嘲讽。其兄十分恼怒，李三娘不明究竟，无法申辩，只得以死作答。而代表封建礼法势力的大哥、二哥，误以为妹妹与族外男子有接触，逼死了妹妹尚未解恨，对已死的妹妹还要加以惩罚。只有李三娘的三哥同情妹妹，将她安葬了。而文中结尾，"三十六人去送葬，四十六人送葬归"，指的是同情李三娘，为她送葬的群众越来越多，表现出对封建礼法不满的人们越来越多。

封建时代的婚姻，纯凭父母之命，媒妁之言。男娶，女嫁。女子要离开自己的父母，去到夫家，不能作为家族的成员，没有继承父母财产的权利。妇女们看到了男女之间社会地位的差别，她们对此愤愤不平，另一方面，又抱怨自己为什么是女子，而没投生为男子。如"可不将身男儿子，才曰填归亲者名。如今想来哪不气，错投红花无用人""河边河吊不生根，发江大水就起身。面前大田我没份，背底杉树没一苋，高楼大屋台没份，脚踩地步借路行"。"脚踩地步借路行"，是说连走路的地面也只是借路通行而已，因为女儿没有任何财产继承权，在自己家里，连脚踩的地面也是借用的。

即使如此，旧时代的江永女子也多不愿出嫁。她们把出嫁叫作"寒心"，比作"死日"。她们不仅对逼使自己出嫁的男方不满，也对逼使她们的"老同"出嫁的男方表示不满。如："投亲忧交无欢日，可怜寒心就拢头""三个同胞台无用，又气将身死日拢""好义结为合心做，只曰亲边一世陪。谁知他家给紧逼，早拆好恩不团圆""正好合心同共义，两个鸢盈就到边。跟着愁眉不欢乐，手拿千般做不拢。园中好花正开婉，天黑天阴不当阳"。"天黑天阴不当阳"，是说园里的花朵开得正美、正盛，却被乌云遮住了阳光，比喻男方的逼婚给女子带来了不幸和灾难。

江永妇女们认为，女子要出嫁，离开父母去夫家等等苦难皆因错误的制度"礼"而起，她们对"礼"十分愤懑与厌恶。如"被为玉皇制错礼，女是分居别父行""侬是可怜错投女，世压世间没奈何""只怨朝廷制错礼，世压不由跟礼当""只是怨其侬福薄，错投楼中亡父情。好比河边杨柳树，洪水到河推动身。几时胜赢天上月，日日出时日日收"，"世压"即是指在男尊女卑的封建礼法的重压之下，"几时胜赢天上月，日日出时日日收"，表达了女子想要自己掌握自己的命运，不任人主宰，而应像天上的月亮那样，乌云遮不住，高山挡不住，无拘无束、自由自在。

（二）劝善戒恶、地方习俗、地方记事

现代女书，是在封建礼法的层层重压之下，作为"男书"——普通汉字的对立面形成和流传的。因而，在女书文献文本中，充满着江永妇女在封建重压下的无助呻吟和反封建礼法的决绝呐喊。然而，女书文献文本的内容远不止于此。封建重压下的江永妇女，虽然不能随意与亲属之外的男子接触，不能参与社会工作，生活被限制在家庭的小圈子及妇女与妇女之间的交往中。但是，封建礼法不能，也不可能把江永妇女与社会隔绝开来，她们的社会地位虽然低下，但却是家庭中、社会中不可缺少的成员。实际上她们总是通过男子间接或直接的与社会联系着，在思想意识上受到社会的种种影响；她们生活的天地虽然狭窄，但广泛地交女友、结"老同"，都大大地扩展了她们与外界的联系，充实了她们的生活内容；旧时代的江永妇女虽然不从事主要生产劳动，不掌管家庭经济，但天灾、人祸、社会的动乱与战争必然以不用方式、不同程度，间接或直接地影响着她们的生活。

1. 劝善戒恶

女书文献中劝善戒恶的篇幅较大，从总的看来，主要表现在两个方面：一是劝人们要孝养父母，忤逆不孝的子女是人神共愤的；二是劝人们不要起心害人，害人终归是会害到自己的。善，有善报；恶，有恶报。

(1) 为人当报父母恩

女书中写道，儿女是父母千辛万苦养大成人的，从母亲的十月怀胎，到襁褓期、孩童期、青年期，费尽了父母的多少心血，儿女长大成人之后必须报答父母的深恩，这是天经地义的事。但世间总有那么一些人忤逆不孝。如果不孝顺父母，迟早是要遭到报应的。

如唱本《三姑记》："养儿不知娘辛苦，养女不报父母恩！不信往看屋舍水，点点落地不差移。"又如歌谣《为人当报父母恩》："自古好丑都有报，天眼看见不赦情。忤蛮还生忤蛮子，孝顺再生孝顺儿。古时何承生三崽，善恶报应有分明：何大骂父遭雷打，他妻不孝火烧身；何二打娘毒蛇啄，他妻不孝虎狼拖；何三夫妻多行孝，得中状元受皇恩。"

(2) 善恶报应

女书《河边紫竹绿莹莹》《王氏女》《三姑记》等，都是以善恶报应为主题的作品。作者通过具体的事例告诉人们：行善的人，总是会得到善报的；作恶的人，迟早会受到惩罚的。以此劝诫人们从善去恶。

如唱本《三姑记》，记述光绪年间，永州府（今永州市）王家村巨富王婆，家有三个女儿，大女、二女均嫁到富家，惟三女婿萧焕庭一贫如洗，食不饱腹，衣不暖身。王婆逼三女改嫁富家，三姑不从，宁愿与萧焕庭过穷日子。王婆痛骂三女后，将三女儿逐出门外，不许再返家门。三姑与丈夫勤耕苦织，感动了太白金星，得天神相助，夫妻得以致富，两个儿子均连科及第。而王婆和她的大女、二女家，因为富不仁，受到天神的惩罚，人死财尽，只留下一个王婆，孤苦伶仃，乞讨度日："王婆先前家豪富，如今时衰不如人。嫌贫爱富他家死，大秤小斗害别人。……王婆家中遭大祸，天地屋舍尽卖完。人又死来财又散，只留王婆一个人。"

2. 地方习俗

女书文献文本中对当地独特的民风民俗进行了朴实而生动的描写，如坐歌堂、女子出嫁的哭别、新婚女子不落夫家等等。它们补充和扩展了当地志书等的相关记述，为全面了解和研究当地习俗提供了不同的视角。

(1) 坐歌堂

女书流传区女子出嫁，上轿前要举行三天的哭嫁歌活动，叫作"歌堂"。参加歌堂活动叫作"坐歌堂"。由于只有女子出嫁才举行歌堂活动，当地女子都把歌堂活动和闺女时代的结束联系起来，对歌堂活动非常重视。

如《妹是一心入歌堂》："广西铺上件样有，金花银花台不要，台是一心入歌堂。闹热神堂年年有，闹热歌堂两夜收。两夜收开不闹热，三夜收开真收开。收开日头有日出，收开女日会不归！"

这首歌谣里所说的"两夜""三夜"，即是指当地的歌堂活动，坐歌堂一般在晚上举办，因此说"夜"。歌谣里，"三夜收开真收开"，正是说的三个夜晚的狂欢之后，歌堂停止了，姑娘也就真正的出嫁了，女子的闺女时代就正式结束了。"收开日头有日出，收开女日会不归"，即是说日头降落了明天日头还会升起，但是闺女时代结束了，就真的不会再有了，表达了歌者对于闺女时代结束的惆怅与感慨。

(2) 女子出嫁须哭别家神、闺房

在中国境内的许多民族历史上都曾有过女子哭嫁的习俗，但女书流传区女子的哭嫁有自己不同于其他地区女子哭嫁的明显特点。这不仅表现为"坐歌堂"的独特哭嫁活动形式，也表现在哭嫁对象上的差异。女书流传区女子出嫁时，不单要向亲友一一哭别，还要向祖先、家神哭别，甚至向闺房哭别。

如女书《排起漆椅接公归》："侍满桥头排漆椅，排起漆椅接公归。接出公归无别事，接出公归孙出乡。"《哭别闺房》："右手把起红灯烛，左手把起红灯台。台亲开门同女入，同起女人辞谢房。辞谢龙床睡大女，辞谢衣架挂衣裳。"

(3) 新婚女子不落夫家

女书中的贺三朝书，在祝贺女子新婚之喜的同时，都会催促新婚女子早日回娘家欢聚。例如："细时结交好情义，久有煞边要交头。早日转身同共坐，可怜拆开三日天""问声孙娘可念着，再复寒心到我愁。几样几般者急曲，手取千行泪双飘。加早回程共归坐，相伴身边左右遥"。

这些诗句里都反映了当地新婚女子不落夫家的传统习俗。女书流传区女子新婚后，按照传统习惯，不在夫家久住，一般在数日或十数日后即要回娘家。此后，只有当节日或夫家有红白喜事派人接时，才回夫家暂住三两日，直到生孩子之前，或满了三年之后，女子才回夫家定居。这种不落夫家的习俗在我国许多民族中也都曾盛行过，是一种较为古老的婚俗遗留。

3. 地方记事

旧时代，在封建礼法的层层重压之下，江永妇女虽然不能参与社会活动，但当地妇女并没有置身社会之外，她们仍然关心地方上发生的大事，并根据传闻和自身的体验把它们记录下来，使我们今天还能从女书文献中看到旧时女书流传区闹旱荒、兵祸，以及日军侵华给江永人民带来的灾难。

（1）旱荒

女书文献《荒年叹》记述旧时代江永县一带遭受严重旱灾，庄稼无法下种，等到下雨时，季节已过，撒下的种子竟颗粒无收。官府不顾老百姓的死活，奸商以糠杂米，高价出售，坑害贫苦人民。人们只得忍饥挨饿，长声哀叹："唱头歌崽解烦心，几天没米到如今。十字街头去量米，几两银子正官升。一半糠来一半米，归来簸下八掬升。罐崽烘饭托台上，手拿筷崽位劝位。老者老不好，少者来不着，阳鸟不啼时下料，有种无收气杀人。"

（2）战祸

一八八五年阴历十月，天地会首领朱洪英率队攻永明县（今江永县），民众惊恐无状，扶老携幼，弃家逃奔道州（今道县），夜间赶路，忍饥受冻，加以山路崎岖，妇女们均系小脚，举步艰难，受尽许多苦楚，惨不堪言。《清朝不太平》记述："三寸金莲难移动，一阵狂风到来临。诉出可怜恨不恨，永世传它恨不消。一年两省争天下，几时天收定太平。诉出苦情恨不恨，永明一县受尽亏。抛开妻崽离几女，冤屈多少寡妇人。女人无夫难耕种，满身也是好忧愁。"

(3) 日本军国主义侵华给中国人民造成的灾难

日本军国主义侵华期间，日军在中国境内到处肆虐，即使像江永这样一个偏僻的山区县，也深受日军践踏、蹂躏之苦。女书文献中对此从特定的角度作出了揭露。如抒情诗《大齐命轻来结义》："世界不明走日本，给台丈夫失落了。日本抓了我夫去，不知身死在何方！两个娇儿又细弱，一点红花不老成。透夜不眠透夜哭，时刻面警眼泪垂。"

历代女书文献遗存下来的数量虽不算多，但其有的文化内涵是十分丰富的。在女书文献中，有记述当地妇女在封建重压下的苦难与无助的；有劝善戒恶；有反映当地民风民俗的；还有记录地方记事的，等等，人们可以从中饱览古代江永妇女的生活崇尚、闺中习俗、地方轶闻等，它们在人类文化的花丛中绽放出绚丽而奇异的光彩。

第二章

高氏女书校勘及误例分析

目前已出版的女书资料集，主要有谢志民教授所著的《江永"女书"之谜》，赵丽明教授所编的《中国女书集成》《中国女书合集》，宫哲兵教授所编的《女书——世界唯一的女性文字》。在这些资料集中，只有《江永"女书"之谜》[①]（以下简称《之谜》）和《中国女书合集》[②]（以下简称《合集》）均采用原文复印或扫描的方式保存女书原始文献资料，它们收录的文献资料是较为可信、可靠的。然而，经过比较可以发现，在这两部资料集中，相同内容的文献文本不仅在其译文中有不少差异，甚至在文献原文中也有不少差异，这些差异现象往往使读者感到无所适从，为进一步研究造成了障碍。因此，对其进行校勘研究是非常有意义的。选用的女书字典分别是《中国女字字典》[③]《女汉字典》[④]。

一 原文校勘及误例分析

对女书原文校勘，笔者认为应持非常谨慎的态度，不应轻易改动。

[①] 谢志民：《江永"女书"之谜》，河南人民出版社1991年版。在脚注里简称《之谜》，只标页码，不著录其他信息。

[②] 赵丽明：《中国女书合集》，中华书局2005年版。在脚注里简称《合集》，只标页码，不著录其他信息。

[③] 谢志民、谢燮：《中国女字字典》，民族出版社2009年版。在脚注里简称《女字字典》，只标页码，不著录其他信息。

[④] 陈其光：《女汉字典》，中央民族大学出版社2006年版。在脚注里只标书名《女汉字典》及页码，不著录其他信息。

因为女书文献原文是最源头的女书研究资料，极具研究价值。对女书原文的校勘，若有极其充分的理由和证据，则作出正误判断；若无，则存疑、存异，不作改动。当然，存异的同时，也应将几种可能情况一并列出并分析。

对女书文献文本的校勘，分两种情况，即需要定正误和无须定正误。无须定正误主要有两种情况。

第一，女书文献的校勘与普通汉文文献的校勘有所不同，在相同内容抄本的同一位置经常有同音同义而不同形的女书文字，其中绝大部分是形近字。这些大量出现在相同内容抄本中的同音同义字，在一定的语言环境中可以互为替代，这也正是女书文字的用字特点。无须定其正误。

形成这种情况的原因，有可能是书写者临时起意，不使用同一字形，而换为另一种写法写成的不同女书；也有可能是书写者根据记忆书写时，只记得读音和字义，而记不清楚字形，因此选用了与此读音相同、字义相同的另一女书字形。女书中同音同义字很多，从而使相同内容抄本中同一位置的同音同义而不同字形的情况甚为常见。

第二，女书抄本中字义或句意相近而使用不同字词的情况较为常见，抄本用词较为随意，没有严格要求逐字逐句的一致。

形成这种情况的原因，应是书写者根据大概内容记忆所写，有时，只记得某句的大概意思，而记不清句中某字的读音和字形，因此写的异音近义字。

以上两种情况，都无须定正误，这是女书文献不同于普通汉文文献之处。

需定正误的情况，与普通汉文文献相同，分误、脱、衍、倒四类，都需要通过校勘，予以改正，以还原文献原貌。另外，还有存疑的情况。

（一）误

1. 《几时接夫归世上》[①] 第 15 句有异文，《之谜》为 ![女书字] （五月起来低低哭），《合集》为 ![女书字] （五月起来夜夜

[①] 《几时接夫归世上》（《之谜》，第 906 页）—《寡妇歌》（《合集》，第 771 页）。

哭），其中，✦与✦相异。✦是重复符号，此处表示重复上一字。✦可译为"低"。原句，"五月起来~~哭"，"低低"用于此处，句意通顺。✦未见有译为"夜"的情况，且能译的几个汉字如"个""要"等用在此处均不合适。① 而女书✦可译为"夜"，如"夜来一盆洗脚汤"。"夜夜"用于此句中，句意通顺。✦和✦字形非常相似，只有一斜画的区别。《合集》抄本此处✦为误字，✦当作✦。

2. 《可怜之子亏凄女》② 第 11 句有异文，《之谜》为✦✦✦✦✦✦（行到路中人借问），《合集》为✦✦✦✦✦✦（行到路中人又问），其中，✦与✦相异。原句"行到路中人~问"，"借问"用于此处，句意通顺。"又"用于此处，句意不通，前文也未提及问过路人，此处何来"又"之说。再者，✦未见有译为"又"的情况。③ 更能说明问题的是，《合集》下一句紧接着的是以"✦✦（借问）"开头的一句话，因此，此处应为✦，与下句形成顶真辞格。《合集》此处✦应为误字，当作✦，译为"借"。

3. 《十取歌》④ 第 5 句中有异文，《之谜》为✦✦✦✦✦✦（五取五娘知文正），《合集》为✦✦✦✦✦✦（五打五娘落文镜），其中✦和✦相异，✦和✦相异。✦和✦相异，是因为两个抄本的内容都是从"一取（打）""二取（打）"等数到"十取（打）"，"取"与"打"的不同

---

① 《女汉字典》，第 71 页；《女字字典》，第 188 页。
② 《可怜之子亏凄女》（《之谜》，第 694 页）—《凤仙投亲》（《合集》，第 779 页）。
③ 《女字字典》，第 454 页；《女汉字典》，第 54 页。
④ 《十取歌》（《之谜》，第 758 页）—《十样锦》（《合集》，第 987 页）。

只是叙述形式的不同，没有本质差别，皆可用，非误字。[字]和[字]读音不相同，对应的汉字也不相同。[字]可译为"正""镜"，读音相同，皆为 $[tɕoŋ^{31}]$（$[tɕioŋ^{21}]$）①。[字]没有译为"正""镜"等相似的字义，读音为 $[la^{44}]$（$[la^{33}]$）等，无 $[tɕoŋ^{31}]$ 或 $[tɕioŋ^{21}]$ 相似读音。②《之谜》此处记音为 $[tɕoŋ^{31}]$，显然[字]无此读音。[字]在其他篇章文本里也都未见翻译成"正""镜"等。那么，为何《之谜》的抄本此处为[字]字呢。实际上，《之谜》此处真正的字形应为[字]。[字]有读音 $[tɕoŋ^{31}]$（$[tɕioŋ^{35}]$），可译为"正"。[字]与[字]字形只有右上部分的一笔画区别，字形非常相似。《之谜》的抄本此处应为误字，将[字]误作了[字]字，这可能是抄写者写错了，也有可能是因为文献字迹模糊，再加上复印排版，以致字形的笔画模糊不清，甚至近乎缺省而导致的误字。[字]可译为"知"，读音为 $[la^{44}]$，没有译为"落"的情况。③ 原句"五取（打）五娘~文~"，联系上下文，此句大意应是夸赞五娘的话，说她知书达理。因此，此处应译为"知"。"知文正"是女书文献中的习惯表达，是指有知识、懂道理，就是知书达理的意思。用在此句，句意通顺，衔接自然。因此，此处[字]为误字，当作[字]。

（二）脱

1.《相邀结交书（一）》④ 的第 4 句中，《合集》此句为 [字字字字字]

---

① 《女字字典》，第 302 页；《女汉字典》，第 66 页。
② 《女字字典》，第 34 页；《女汉字典》，第 119 页。
③ 《女字字典》，第 164 页；《女汉字典》，第 21 页。
④ 《相邀结交书（一）》（《之谜》，第 458 页）—《天仙配成侬两个》（《合集》，第 809 页）。

（听得心自红），"听得"与"心自红"之间漏 ✦✦（心欢）两字，是为脱文。这应是由于此句中"心欢"与"心自红"都有相同女书字"心"，因此抄写时，抄写者误以为"心欢"已经抄过，而直接从"心自红"抄写，以致脱漏。

2.《青山鸟崽飞是飞》①的第8句中，《合集》脱一字：✦（面），即 ✦（前）应加上 ✦（面）字。此处脱字原因为下文与上文字句相同，抄写者误以为已经抄过，以至脱漏。上文末两字为 ✦✦，与此句开头 ✦✦ 有重复的 ✦ 字，从《合集》复印抄本来看，上文 ✦ 字，抄写时亦脱漏没写，是之后才在旁边空白处加上的，因此，此处应为抄写者以为已抄写的 ✦ 字为第8句开头的 ✦ 字，实则为第7句末尾的 ✦ 字，以至于第7句脱漏了 ✦✦ 两字，而在之后的校对中，将 ✦ 字加在了已写的 ✦ 字旁，以至于变成了脱漏的为第8句开头的 ✦ 字。女书文献没有标点符号，不分段，且为竖行连着写，抄写或校对时，较易出现错误。

3.《进村舞龙歌》②中，《合集》共四句，《之谜》共八句，《合集》是《之谜》的后四句，《之谜》前四句为："红纸剪旗插路上，风吹飘飘到村坊。来到村坊风水好，又出秀才又出官。"这四句内容与全文内容相符，与后文衔接连贯，应为本篇开头部分。《合集》脱漏了这四句。另，《合集》第四句，✦ 前脱漏 ✦（箭）字。脱文原因为上句末字为 ✦，此句第一字为 ✦，且第二字也为 ✦，用省略符号 ✦ 替代，因此，上下文字相同，以致抄写误漏。

---

① 《青山鸟崽飞是飞》（《之谜》，第1013页）—《父母哥嫂接女归》（《合集》，第931页）。

② 《进村舞龙歌》（《之谜》，第999页）—《面前来龙九尺水》（《合集》，第1015页）。

(三) 衍

1. 《相邀结交书（二）》① 中，《之谜》此篇总共 60 句，《合集》此篇总共 63 句。《之谜》与《合集》在第 54 句之后的内容出现了不同，《合集》在《之谜》第 54 句之后还有 9 句："父母真欢喜，二人正合心。荷莲花五色，共陪住几朝。同行不疏伴，一齐到我家。到我家中住，几日奉送到，老同转回家。"《之谜》第 55 句到第 60 句："父母所生台五个，三个姊娘哥一位，就是亲娘落阴府，惟我年低不老成。只气家中财单薄，取做千般没扶篱。"这六句与全文内容不相符，感情基调也不同，而且为七言句，与前文五言句不一样，此六句应为其他诗歌的开头部分。《合集》中的抄本，末尾有高银仙落款，"高银仙修书传文"，之后还有几个小圆圈，表示篇章结束，应为完整的结交书。从整篇书信的情况来看，《合集》此篇搜集的较为完整、准确，《之谜》有衍文的情况。

2. 《高银先复义年华书》② 的第 11 句中，《合集》比《之谜》此句多了一个 ✦（日）字，全文都为七言句，《合集》此句却有八个字，✦（日）应为衍文。

3. 《当兵愁》③ 抄本共有四十句话，但《合集》在第 40 句后还多了两字"又气"，与此文形式、内容不符，应是别的篇章内容，误写到了这里。"又气"应为衍文。

(四) 倒

1. 《高银先复义年华书》④ 的第 37 句有异文，《之谜》为：

---

① 《相邀结交书（二）》（《之谜》，第 473 页）—《湖海湖南龙出洞（一）》（《合集》，第 789 页）。
② 《高银先复义年华书》（《之谜》，第 303 页）—《高银仙回义年华书》（《合集》，第 801 页）。
③ 《当兵愁》（《之谜》，第 895 页）—《当兵歌》（《合集》，第 989 页）。
④ 《高银先复义年华书》（《之谜》，第 303 页）—《高银仙回义年华书》（《合集》，第 801 页）。

☒☒☒☒（算格医院好手术），《合集》为：☒☒☒☒☒☒（搁算医院好手术）。其中，☒☒ 与 ☒ 相异。☒ 和 ☒ 有相同的读音［kɯ⁵⁵］，是同音同义字。原句"~~医院好手术，不算命中尽了头"，"格"可作结构助词，同"的"，方言。又《之谜》此处记音为［kɯ⁵⁵］，"格"与之音距较近，故应译为"格"。全句意思是说算得了医院可以做好的手术，但算不了命数已到了尽头，"算格"应与下句"不算"对应，因此，《合集》此处应为倒文，☒ 与 ☒ 颠倒了位置，应为 ☒☒，译为"算格"。

2. 《相邀结交书（二）》① 中，《合集》与《之谜》的25、26句和23、24句分别互换了位置。即两种抄本中"大齐君子女，好凤要相陪"与"一双画眉鸟，双双像娥眉"两句顺序不同。联系上下文，前文"百香修于女，百花镶藕莲。雪豆木瓜子，藤长根亦深。围墙蕉根树，根深近千年"。后文"爷娘真合意，老同侬心欢"。此两句前文都在用"百花""雪豆""蕉根树"等事物来表达对女子的赞美和姊妹情谊的深厚、长远，接下来再用"画眉鸟"来比喻女子，与前文都是用事物来作喻，然后总结为"大齐君子女，好凤要相陪"，之后爷娘见了也欢喜，因此"爷娘真合意，老同侬心欢"，这样先用各种植物、动物作喻，之后再写到女子、爷娘等人的事情，衔接就较为合理、自然。若用"百花""雪豆""蕉根树"等作喻后，以"大齐君子女，好凤要相陪"衔接，之后又用"画眉鸟"作喻，然后又说到爷娘合意等，则显得叙述较乱。因此，此处句子顺序应为"一双画眉鸟，双双像娥眉。大齐君子女，好凤要相陪"。《之谜》此处句序颠倒了，是为倒文。

3. 《贺三朝书》② 的第58句中，《合集》有倒文，原句为"不曰时时记在心"，《合集》中将 ☒☒（不曰）颠倒顺序写作了 ☒☒（曰不）。

---

① 《相邀结交书（二）》（《之谜》，第473页）—《湖海湖南龙出洞（一）》（《合集》，第789页）。

② 《贺三朝书》（《之谜》，第111页）—《取道提言诗一首，书本传文到贵家》（《合集》，第865页）。

（五）存疑

1. 《几时接夫归世上》① 的第 39 句有异文，《之谜》为：[女书符号]（十二月年终尽竣事），《合集》为：[女书符号]（十二月年终千般事），其中，[符号]与[符号]相异。[符号]可译为"尽"，如"提文修书不尽意"。未见有译为"千"的情况。② [符号]可译为"竣""般"。作"竣"时，读音为 [tɕua⁴⁴]；作"般"时，读音为 [paŋ⁴⁴]。③《之谜》此处记音为 [tɕua⁴⁴]，应译为"竣"。

[符号]未见有译为"竣""般"的情况。④ 此处为何会出现[符号]字，有如下两种可能情况：

（1）[符号]和[符号]都是多音多义字，其中有个别读音是相同的，如 [tɕya⁴¹] [kaɯ⁴⁴] 等。虽然[符号]没有[符号]的 [tɕua⁴⁴] 音，但有其他音与[符号]同。因此，书写者可能因这两字有其他一两个音是相同的而使用了这样一种特别的临时同音借用方式，将[符号]借作了[符号]。

（2）[符号]与[符号]字形非常相似，就是多一斜画和一斜画出不出头的字形区别，因此，[符号]也有可能是书写者书写时的误字，误将[符号]写成了[符号]。

2. 《天门南门七姊妹》⑤ 第 29 句有异文，《之谜》为[女书符号]（孙崽女甥命亦同），《合集》为[女书符号]（孙崽女甥匀称称），

---

① 《几时接夫归世上》（《之谜》，第 906 页）—《寡妇歌》（《合集》，第 771 页）。
② 《女汉字典》，第 187 页；《女字典》，第 240 页。
③ 《女汉字典》，第 42 页；《女字典》，第 320 页。
④ 《女汉字典》，第 99 页；《女字典》，第 260 页。
⑤ 《天门南门七姊妹》（《之谜》，第 485 页）—《天开南门七姊妹》（《合集》，第 783 页）。

其中，🀄🀄🀄与🀄🀄🀄相异。🀄和🀄字形相似，有相同的读音［miŋ⁴⁴］，译为"命"。🀄字可译为"匀"，音作［jue⁵¹］，🀄字没有［jue⁵¹］音，也未见有译为"匀"的情况。又《之谜》此处记音为［miŋ⁴⁴］，且"匀称称"用于此处，句意不通。因此，此处应译为"命"，指命运。🀄可译为"同""称"。既然"匀"应为"命"，则"命同同"较"命称称"表达更为恰当，且《之谜》的抄本中同一字🀄记音为［tai⁵¹］，译为"同"。因此，此处根据不同的抄本应译为"命亦同"或"命同同"。

为何此句中两种抄本有女书字不同呢。🀄和🀄是字形相似，同音同义，这应是书写者抄写时，变换了写法。而造成🀄和🀄的字形区别，可能有以下两种情况。

（1）因为"命亦同""命同同"此处表达的意思相同，书写者写不同抄本的时候，只记住了文中大概内容，具体每个字不一定记得清楚，因此，不同的抄本中写了词义相同而字形不同的女书。

（2）🀄和🀄字形非常相似，书写者在抄写时，将这两个字看作了相同的字🀄，于是，第二个🀄字就用了🀄这个表重复省略的符号来替代。若为此，则说明《合集》此文抄本的时间写于《之谜》此文抄本之后，且《合集》的抄本中🀄🀄为误字，当为🀄🀄。

（六）原文致误原因分析

1. 抄写时的失误。女书文献中没有标点符号，一般也不画行格，字小而书写密。因此，抄写时，错行、漏字、倒字等失误，在所难免。另外，有的女书字形极其相似，抄写时未注意到细微区别，而导致误字，或因上下文同字而脱漏等都是书写者在抄写时的失误。

2. 整理资料时的失误。女书文献中，有的篇与篇之间是连着写的，一般每篇开头又没有标题，因此，有可能把下篇的句子归入上篇文中，或者还有其他整理失误。

3. 编纂复印时的失误。编纂复印时，将稿件中的词句不小心颠倒了顺序，复印排版而编纂成书的情况。

二 译文校勘及误例分析

在《江永"女书"之谜》和《中国女书合集》等著作中，对女书文献文本都进行了细致的译文工作。但是，在相同内容的女书文本的译文中，常存差异，亟待校勘。

由于女书文字的特性，女书中有很多多音多义字，也有不少的同音多义字，译文时，需根据原文的上下文意、读音等判断该对译为何汉字；另外，女书流传地江永等地的方言土语词等也常见于女书文本中，译文时也需识别并保留这些方言特色。这些因素都给译文工作增加了难度。

（一）多音多义字、同音字的译字勘误辨析

1. 未从句意判断该译为何字。尤其对一音多义的女字进行译文时，应注意联系上下文、从句意判断该译为何字。

（1）㸚我亦自知不比~①

"~"此处，《之谜》译为"亭"，《合集》译为"情"。

此女字有对应汉字"亭""情"等，且读音相同。

此篇书信大意是书写者想相邀一女子结交为义姊妹。"我亦自知不比~"，联系下文几句："难承老同不嫌弃，配合我奴高十分。贵府贤闺女，聪明占开个"，这些都是夸赞对方非常优秀的话语，此句开头是"我"，显然此句应是一种对比、一种自谦的话语，意思是说知道自己比不上对方，没有对方优秀。"亭"没有此意。"情"可指"情趣、情致、才情"，如唐元稹《任醉》："本怕酒醒浑不饮，因君相劝觉情来。"结合

---

① 《相邀结交书（二）》（《之谜》，第473页）—《湖海湖南龙出洞（一）》（《合集》，第789页）第4句。

上文"取首诗书奉过你",意思是说给你写封书信,虽然自知比不上你的才情、情致。句意通顺,与上、下文衔接自然。

因此,此处应译为"情"。

(2) 【女书字】女是~如百鸟样①

"~"此处,《之谜》译为"设",《合集》译为"胜"。

此女字有对应汉字"设""胜"等。

联系下一句:"拆席飞开难合拢",可知此处是将女性比作鸟,到了一定的时候就各自飞开,很难再聚拢了,以此来表达女子出嫁后,再也难有如出嫁前姊妹们围坐在闺楼里欢聚的时光。"设如",就是譬如的意思,如唐白居易《与元九书》:"噫,风雪花草之物,三百篇中岂舍之乎!顾所用何如耳。设如'北风其凉',假风以刺威虐也;'雨雪霏霏',因雪以愍征役也。"又如宋梅尧臣《韵语答永叔内翰》:"设如杨凝式,言且直节脩;又若李廷中,清慎实罕俦。"此处没有要将女性比作高于百鸟的意思,没有相较高低之意。

因此,此处应译为"设"。

(3) 【女书字】拆~飞开难合拢②

"~"此处,《之谜》译为"席",《合集》译为"阵"。

此女字对应汉字有"席""阵"等,读音相同。

译为"阵"时,一般是作量词用,如在女书其他文献中有"先是青天红日色,一阵大风到来临""共树遥遥一阵飞"等语句。联系上下文,此句意思是说大家像鸟儿一样离了席就再难欢聚在一起了。"拆席"就是分离的意思。

因此,此处应译为"席"。

---

① 《贺三朝书》(《之谜》,第170页)——《手提书本把笔坐,恭贺良门三日朝》(《合集》,第905页)第65句。

② 《贺三朝书》(《之谜》,第170页)——《手提书本把笔坐,恭贺良门三日朝》(《合集》,第905页)第66句。

(4) ![字] 就到如～不出运①

"～"此处，《之谜》译为"真"，《合集》译为"今"。

此女字对应汉字有"真""今"等，读音相同。

"如今"，表达通顺，此句意为到了现在还是不走运，与下文"只是愁眉真入心"句意连贯。"如真"表达不当，没有这种搭配。

因此，此处应译为"今"。

(5) ![字] 手提书本把笔～②

"～"此处，《之谜》译为"做"，《合集》译为"坐"。

此女字对应汉字有"做""坐"等，读音相同。

"把笔做"，意为用笔写文章。如在女书其他文献中有"夜静浓凉把笔做""高银仙把笔修书到北京""把笔提言我写信"等语句。"把笔坐"表达不当，没有这种搭配。

因此，此处应译为"做"。

(6) ![字] 粗书奉文～轻薄③

"～"此处，《之谜》译为"已"，《合集》译为"意"。

此女字对应汉字有"已""意"等，读音相同。

此句是自谦的话语，指的是说奉上的这封三朝书，写得浅薄，写得不好之意。"意"，指意思见解。"粗书奉文意轻薄"与下一句"请起一家满堂红"句意连贯。

因此，此处应译为"意"。

---

① 《相邀结交书（一）》（《之谜》，第458页）—《天仙配成侬两个》（《合集》，第809页）第88句。

② 《贺三朝书》（《之谜》，第170页）—《手提书本把笔坐，恭贺良门三日朝》（《合集》，第905页）第1句。

③ 《贺三朝书》（《之谜》，第170页）—《手提书本把笔坐，恭贺良门三日朝》（《合集》，第905页）第67句。

(7) 刘海戏~水样深①

"~"此处，《之谜》译为"婵"，《合集》译为"蟾"。

此女字对应汉字有"婵""蟾"等，读音相同。

"刘海戏蟾"是一个古老的民间传说故事。此处与文中提到的"孟女弹琴""韩湘吹笛"，形成对应，它们都为民间传说。

因此，此处应译为"蟾"。

(8) 礼仪回迟请~宽②

"~"此处，《之谜》译为"量"，《合集》译为"谅"。

此女字对应汉字有"量""谅"等，读音相同。

"量宽"，指气度、气量大。女书文献中还有很多类似表达，如"放量"等，"量"皆指"气度"。汉文文献中，"量"也有此意，有"器度"的义项。③ 如汉蔡邕《郭有道碑文》："夫其器量弘深，姿度广大，浩浩焉，汪汪焉。"《三国志·蜀志·诸葛亮传》："时左将军刘备以亮有殊量，乃三顾亮于草庐之中。"

此处应译为"量"。

(9) ~样事情难把当④

"~"此处，《之谜》译为"件"，《合集》译为"见"。

此女字对应汉字有"件""见"等，读音相同。

"件样事情"，指件件事情。又下文"千般事情亦不知"，与此句对应，"件样"与"千般"对仗，都指的是很多事情。句意通顺，衔接自然。如果此处为"见"，"见样事情"说法不通，亦与"千般"意思相去甚远。

---

① 《相邀结交书（二）》（《之谜》，第473页）—《湖海湖南龙出洞（一）》（《合集》，第789页）第46句。

② 《高银先复义年华书》（《之谜》，第303页）—《高银仙回义年华书》（《合集》，第801页）第67句。

③ 徐中舒：《汉语大字典》，湖北辞书出版社、四川辞书出版社1992年版，第3927页。

④ 《高银先复义年华书》（《之谜》，第303页）—《高银仙回义年华书》（《合集》，第801页）第59句。

因此，此处应译为"件"。

2. 未从字音判断该译为何字。尤其对多音多义的女字进行译文时，应注意从字音判断该译为何字。

(1) 〔女字〕前朝拆~分离别①

"~"此处，《之谜》译为"溶"，《合集》译为"伴"。

此女字对应汉字有"溶""伴"等。音为[jaŋ⁵¹]时，译为"溶"等；音为[paŋ²¹]时，译为"伴"等。

根据高银仙读解女书文献录音磁带，此句中此处记音为[jaŋ⁵¹]，应译为"溶"。"拆溶"，此处是拆开、拆散的意思。又如在女书文献中有"动刀割溶分匀饮，不饥不饱过时光"等句中，"溶"也是"散、破"之意。

因此，此处应译为"溶"。

(2) 〔女字〕女是确比燕鸟~②

"~"此处，《之谜》译为"燕"，《合集》译为"样"。

此女字对应汉字有"燕""样"等。音[ji³¹]时，译为"燕"等；音[jĩ³¹]时，译为"样"等。

根据高银仙读解女书文献录音磁带，此句中第一个"燕"字读音为[ji³¹]，第二个"燕"字读音为[jĩ³¹]，两处音不同，对应的字也不同。此女字音[jĩ³¹]，应译为"样"。此句句意是少女跟燕鸟一样，句意通顺。

因此，此处应译为"样"。

(3) 〔女字〕礼仪回~请量宽③

"~"此处，《之谜》译为"迟"，《合集》译为"难"。

此女字对应汉字有"迟""难"等。音为[ta⁵¹]时，译为"迟"

---

① 《贺三朝书》（《之谜》，第170页）—《手提书本把笔坐，恭贺良门三日朝》（《合集》，第905页）第7句。
② 《贺三朝书》（《之谜》，第111页）—《取道提言诗一首，书本传文到贵家》（《合集》，第865页）第63句。
③ 《高银先复义年华书》（《之谜》，第303页）—《高银仙回义年华书》（《合集》，第801页）第67句。

等；音为［na⁵¹］时，译为"难"等。

根据高银仙读解女书文献录音磁带，此句中此处音为［ta⁵¹］，应译为"迟"。此句指书信回得慢了请见谅。"迟"用于此处句意通顺。此句没有难回礼的意思。

因此，此处应译为"迟"。

（4） 句句轻言~有理①

"~"此处，《之谜》译为"本"，《合集》译为"正"。

此女字对应汉字有"本""正"等。音为［pai³⁵］时，译为"本"等；音为［tɕoŋ³¹］时，译为"正"等。

根据高银仙读解女书文献录音磁带，此句中此处音为［pai³⁵］，应译为"本"。

（5） 台亦~声好苦愁。②

"~"此处，《之谜》译为"恨"，《合集》译为"惜"。

此女字对应汉字有"恨""惜"等。音为［xe⁴⁴］时，译为"恨"等；音为［siŋ⁵⁵］时，译为"惜"等。

根据高银仙读解女书文献录音磁带，此句中此处音为［xe⁴⁴］，应译为"恨"。在女书文献中，"恨"有"疼、怜、惜"义，如"恨心"就是指疼爱、怜惜的心态。此句上句是"听你来言命贱薄"，"恨声"这里是怜惜的意思。虽然"惜"也有此意，但根据读音，此处译为"恨"较为合适。

（6） 有福得位~良女③

"~"此处，《之谜》译为"多"，《合集》译为"贤"。

---

① 《相邀结交书（一）》（《之谜》，第458页）—《天仙配成侬两个》（《合集》，第809页）第5句。
② 《相邀结交书（一）》（《之谜》，第458页）—《天仙配成侬两个》（《合集》，第809页）第22句。
③ 《贺三朝书》（《之谜》，第111页）—《取道提言诗一首，书本传文到贵家》（《合集》，第865页）第23句。

此女字对应汉字有"多""贤"等。音为［la⁴⁴］时，译为"多"等；音为［ɕiŋ⁴¹］时，译为"贤"等。根据高银仙读解女书文献录音磁带，此句中此处音为［la⁴⁴］，应译为"多"。

（7）〔女字〕大河鲤鱼得水～①

"～"此处，《之谜》译为"动"，《合集》译为"称"。

此女字对应汉字有"动""称"等。音为［te³¹］时，译为"动"等；音为［tai³³］时，译为"称"等。

根据高银仙读解女书文献录音磁带，此句中此处音为［te³¹］，应译为"动"。联系上下文，此句意思为河里的鲤鱼有水就能动就能游，语句通顺，衔接自然，应译为"动"。

（8）〔女字〕～不行村三几日②

"～"此处，《之谜》译为"可"，《合集》译为"好"。

此女字对应汉字有"可""好"等。音为［xau³⁵］时，译为"好"等；音为［khou³⁵］时，译为"可"等。根据高银仙读解女书文献录音磁带，此句中此处音为［xau³⁵］，应译为"好"。

（9）〔女字〕依心～位要相凭③

"～"此处，《之谜》译为"两"，《合集》译为"二"。

此女字对应汉字有"两""二"等。音为［na⁴⁴］时，译为"二"等；音为［liaŋ³¹］时，译为"两"等。"两"是"二"的训读。根据高银仙读解女书文献录音磁带，此句中此处音为［liaŋ³¹］，应译为"两"。

---

① 《高银先给弟书》（《之谜》，第298页）—《致弟书》（《合集》，第1683页）第23句。
② 《高银先复义年华书》（《之谜》，第303页）—《高银仙回义年华书》（《合集》，第801页）第43句。
③ 《相邀结交书（二）》（《之谜》，第473页）—《湖海湖南龙出洞（一）》（《合集》，第789）第32句。

(10) 〿 路中分~眼泪飘①

"~"此处，《之谜》译为"别"，《合集》译为"离"。

此女字对应汉字有"别""离"等。音为[pai⁴⁴]时，译为"别"；音为[la⁵¹]时，译为"离"。"别"和"离"字义相同，读音不同，"离"为"别"的训读。根据高银仙读解女书文献录音磁带，此句中此处音为[pai⁴⁴]，应译为"别"。

(11) 〿 礼数不全望~包②

"~"此处，《之谜》译为"厚"，《合集》译为"紧"。

此女字对应汉字有"厚""紧"等。

联系上文"再说诸亲请量大"，这句的意思是说礼数不周全，还请各位多多包涵。根据高银仙读解女书文献录音磁带，此句中此处音为[tɕe³⁵]，应译为"紧"。"紧"有表示程度的意思，意为"很""甚"，如《儒林外史》第三回："这个主意好得紧，妙得紧！"。此处，"紧包"，就是多多包涵，多多原谅的意思。

因此，应译为"紧"。

(12) 〿 ~有好全万不忧③

"~"此处，《之谜》译为"少"，《合集》译为"起"。

此女字对应汉字有"少""起"等。音为[ɕɯ³⁵]时，译为"少"；音为[ɕi³⁵]时，译为"起"。

联系上下文，此句意为很少有完完全全不忧虑的事情，这是宽慰对方的话，让对方要想开点。"少"用于此处，句意通顺。又根据高银仙读解女书文献录音磁带，此句中此处音为[ɕɯ³⁵]，应译为"少"。

---

① 《贺三朝书》(《之谜》，第111页)—《取道提言诗一首，书本传文到贵家》(《合集》，第865页)第8句。

② 《贺三朝书》(《之谜》，第111页)—《取道提言诗一首，书本传文到贵家》(《合集》，第865页)第50句。

③ 《相邀结交书（一）》(《之谜》，第458页)—《天仙配成侬两个》(《合集》，第809页)第38句。

（二）未识别女书特殊用词的译文勘误辨析

女书中有些特殊用词，如方言词汇、古语古词等，译文时应识别并保留其语言特色。

1. 〓 高楼大屋～没份①

"～"此处，《之谜》译为"台"，《合集》译为"我"。

原句"高楼大屋～没份"，联系前句："面前大田我没份"，可知，"～"此处为"我"义，为第一人称代词。

《广韵》："台，我也。"《尔雅·释诂上》："台，我也。"如《书·汤誓》："非台小子，敢行称乱。"唐卢肇《汉堤诗》："流灾降慝，天曷台怒。"宋王禹称《奠故节度使文》："魂且有知，察台深意。"等等。"台"作第一人称代词，音同"怡"，指自己，在现代汉语中已经不再使用，仅存在于历史文献中。

"台"与"我"有相同的义项。而"台"作"我"义，音"怡"，根据高银仙读解女书文献录音磁带，此句中此处记音为 [je^{31}]，与"台"作"我"义时音近。

虽然，"我"字在现代汉语中是常用字，而"台"作为"我"义早在元代后就已消失。但是，笔者认为在文献对译中，应尽量直译，应尽可能地保留原文中的用字用词等语言特点，以供学人研究。因此，此处虽表"我"义，可意译为"我"，但从读音比较及语言特色来看，显然译为"台"更为合适。

2. 〓姊在高楼教嘱～②

"～"此处，《之谜》译为"身"，《合集》译为"深"。

"身"在女书文献中常见作自称代词。此字可作自称代词兼反身代词，可独用，也可与其他代词组合使用。独用时仅出现于宾格，有两义：

---

① 《哥哥嫂嫂你莫嫌》（《之谜》，第1017页）——《没爷没娘跟嫂边》（《合集》，第775页）第13句。

② 《贺三朝书》（《之谜》，第111页）——《取道提言诗一首，书本传文到贵家》（《合集》，第865页）第36句。

或同第一人称代词"我";或同第二人称代词"你"。如"姊在高楼教嘱身""几个共凭教嘱身""又没亲娘惜怜身",等等;组合使用时,可与第一人称代词组合使用,也可与第二人称代词组合使用,意为"自己",作为前一代词意义的补充强调。如"只气台身单薄了""设此你身宽慢步"等;此字还可与"❋[tsiaŋ⁴⁴]将"组成第一人称复合代词,意为"自己、我",可作主语、宾语,也可用作定语。这种复合代词不能与其他代词合。如"想着将身眼泪流"等。①

原句"姊在高楼教嘱~","教嘱身",意思是教导嘱咐我。

因此,此处应译为"身"。

3. ❋饮~两碗粥光清

"~"此处,《之谜》译为"午",《合集》译为"晡"。

此字可译为"晡",没有译为"午"的情况。②

"晡",有"申时,即午后三时至五时"的义项。③ 原句"饮晡两碗粥光清",句意通顺。饮晡,就是午饭的意思。又根据高银仙读解女书文献录音磁带,此句中此处音[pu⁴⁴],与"晡"音近。

因此,此处应译为"晡"。

4. ❋本是千~不认真④

"~"此处,《之谜》译为"行",《合集》译为"寒"。

此字对应汉字有"行""寒"等,对应的读音相同。

"千行"是千般的意思,女书文献中常有此表述。如此篇第13句就有"我就千行难比你",又如"自知千行多轻薄"等。

因此,此处应译为"行"。

---

① 参见拙作《女书人称代词研究》,《中南民族大学学报》(人文社会科学版)2015年第5期。
② 《女字字典》,第390页;《女汉字典》,第248页。
③ 徐中舒:《汉语大字典》,湖北辞书出版社、四川辞书出版社1992年版,第1620页。
④ 《相邀结交书(一)》(《之谜》,第458页)—《天仙配成依两个》(《合集》,第809页)第18句。

5. 🗦房中有个芳～嫂①

"～"此处,《之谜》译为"香",《合集》译为"上"。

此句是夸赞家中有个好嫂嫂,"芳香"在女书文献中常被用来赞扬女性的品德好,有着美好高洁的含义。如"房中有个芳香嫂,看待爷娘有细心""你嘛贵家芳香女"等等。

因此,此处应译为"香"。

6. 🗦老同～心欢②

"～"此处,《之谜》译为"咱们",《合集》译为"侬"。

结合上下文,此句意思是说我们结了老同,心里非常欢喜。此处是"我们"的意思,"侬"和"咱"有相同义项,代词,表第一人称,又此处音为[nē^{51}],"侬"与之音近。另,"侬"是方言词,是古百越语的遗留,③ 蕴含有语言的底层信息,更应予以保留。

7. 🗦凤配金鸡天～成④

"～"此处,《之谜》译为"玉",《合集》译为"遇"。

此篇三朝书为庆贺新婚之用,吉祥庆贺之意明显。在女书文献中,"玉"可用来表达"好的、尊贵"之意。如"玉身",是指贵体;"玉日",指美好的日子。"玉成"在汉文文献中也有此说法,意为助之使成,即成全之意。如(清)李渔《蜃中楼·辞婚》:"倘蒙大王垂鉴,把两桩亲事一齐玉成,下官就无遗议了。"又如,郭沫若《棠棣之花》第四幕:"我女儿的志向是满好的,就请你玉成她吧。"《现代汉语词典》中此词条解释为:"敬辞,成全:深望玉成此事。"

此处"天玉成"指的是老天成全,意思是他们是很相配的一对。因

---

① 《贺三朝书》(《之谜》,第111页)—《取道提言诗一首,书本传文到贵家》(《合集》,第865页)第19句。
② 《相邀结交书(二)》(《之谜》,第473页)—《湖海湖南龙出洞(一)》(《合集》,第789页)第28句。
③ 邵慧君:《"侬"字称代演化轨迹探论》;《中国语文》2004年第1期。
④ 《贺三朝书》(《之谜》,第111页)—《取道提言诗一首,书本传文到贵家》(《合集》,第865页)第44句。

此，此处应译为"玉"。

8. ![字]借问一声～不～①

"～"此处，《之谜》译为"情"，《合集》译为"停"。

此女字有对应汉字"情""停"，且读音一样。

前文："是我量宽不比人"，后文："前朝拆溶分离别"，联系上下文，可知此处是说自己气量不够大，已经开始思念姊妹了，问声好姊妹思念不思念自己。"情不情"，在女书文献中是较为常见的表达，如"至今不见面，问姊情不情"等，意为思念不思念。

因此，此处应为"情"。

9. ![字]出～就他不由侬②

"～"此处，《之谜》译为"却"，《合集》译为"阁"。

联系上下文，此句意为做女人很难，只能低头，出嫁的事由不得我们女人做主，只能任由他人摆布。"出～"是指的出嫁之意，又此处字音[tɕhue^{55}]，与"却"音近。虽然"出阁"也有出嫁之意，但与此处音差距较大。"出却"是女书文献中的常见表达，意为"出嫁"。"却"，汉语中也可表示动作的完成，《汉语大词典》中有"助词，用在动词后面，表动作的完成"，如唐陆长源《句》诗："忽然一曲称君心，破却中人百家产。"又如，清俞樾《茶香室丛钞·上大人》："脱却著肉汗衫，乃'上大人……'"此处，"却"也有此义项，表出嫁的动作完成，意为"出嫁"。

因此，此处应译为"却"。

10. ![字]使我金～有合成③

"～"此处，《之谜》译为"孩"，《合集》译为"坨"。

---

① 《贺三朝书》（《之谜》，第170页）—《手提书本把笔坐，恭贺良门三日朝》（《合集》，第905页）第6句。

② 《贺三朝书》（《之谜》，第170页）—《手提书本把笔坐，恭贺良门三日朝》（《合集》，第905页）第38句。

③ 《高银先复义年华书》（《之谜》，第303页）—《高银仙回义年华书》（《合集》，第801页）第46句。

"金坨"，女书流传地的习惯用词，指对男孩子的爱称。《之谜》与《合集》在相同位置分别有 ▨（我儿）和 ▨（金坨），说明"我儿"和"金坨"指的是同一事物，即"儿子"。再者，此处字音为［lo⁴⁴］，"坨"与之音更为接近，"孩"音与之差距较大。如女书文献中有"亦要金坨缘分到""亲爷交却金坨女"等。

因此，此处应译为"坨"。

11. ▨ 算~医院好手术①

"~"此处，《之谜》译为"格"，《合集》译为"搁"。

原句"算~医院好手术，不算命中尽了头"，意思是说算得了医院可以做好的手术，但算不了命数已到了尽头，"算~"与下句"不算"对应。"格"可作结构助词，同"的"，方言。"搁"没有此用法。

因此，应译为"格"。

12. ▨ 贵~我爱陪②

"~"此处，《之谜》译为"凤"，《合集》译为"芳"。

此女字对应汉字有"凤""芳"等，且读音相同。

此篇是结交书信，全文洋溢着对想要结交的对方的赞美之词，显然，此处"贵~"指的是对对方的尊称。女书文献中经常用"凤"来赞美、尊称女子。如"大齐君子女，好凤要相陪""落入龙门无忧虑，凤配金鸡天玉成"等。"芳"也可用来形容女子，但一般是用"芳香~"的表达形式，如"房中有个芳香嫂，看待爷娘有细心""你嘛贵家芳香女"等等。

因此，此处应译为"凤"。

---

① 《高银先复义年华书》（《之谜》，第303页）—《高银仙回义年华书》（《合集》，第801页）第37句。

② 《相邀结交书（二）》（《之谜》，第473页）—《湖海湖南龙出洞（一）》（《合集》，第789页）第14句。

(三) 无中生有译字勘误辨析

1. ![字]身边无儿~不气①

"~"此处,《之谜》译为"尽",《合集》译为"怎"。

此处应译为"尽"。此女字对应汉字无"怎"。②

此句后文:"听我粗言自想开,顾大两点红花女,交却出乡靠女儿,安乐空房不多想,姊娘好名传远天",这些都是劝慰对方没有儿子不要忧愁,全心全意把两个女儿养大,同样也能有美名传。因此,这句话应是安慰对方的话,即你身边虽没有儿子,但是你不要生气不要忧愁,若用"怎",则是相反的意思了,即是要她生气、忧愁,则与文意相悖。

因此,此处应译为"尽"。

2. ![字]~豆木家子③

"~"此处,《之谜》译为"雪",《合集》译为"扁"。

此处应译为"雪"。此女字对应汉字无"扁"。④

"雪豆"即豌豆。豌豆与扁豆是两种不同的植物,它们的形状和生长环境等都不同。此女字音[ɕy⁵⁵],应译为"雪"。

3. ![字]父母~当要现事⑤

"~"此处,《之谜》译为"本",《合集》译为"把"。

此处应译为"把"。此女字对应汉字无"本"。⑥

---

① 《相邀结交书(一)》(《之谜》,第458页)—《天仙配成侬两个》(《合集》,第809页)第29句。
② 《女字字典》,第240页;《女汉字典》,第188页。
③ 《相邀结交书(一)》(《之谜》,第458页)—《天仙配成侬两个》(《合集》,第809页)第19句。
④ 《女字字典》,第122页;《女汉字典》,第287页。
⑤ 《相邀结交书(一)》(《之谜》,第458页)—《天仙配成侬两个》(《合集》,第809页)第27句。
⑥ 《女字字典》,第625页;《女汉字典》,第326页。

"把当"，是女书文献中的常见表述，意为"主持"，如"千样是姊把当做"。

4. 🎼你不时时虑~心①

"~"此处，《之谜》译为"条"，《合集》译为"个"。

此处应译为"股"。此女字对应汉字无"个"。②

"股"在女书文献中，作量词，用于成条的东西，成批的人、河流等，有"虑股心"的说法，"股"作"心"的量词。这在汉语中也有相似用法，《汉语大词典》中有："量词，用于神态、劲头、力量等"，如"一股怨气""一股精神和力量"等。根据高银仙读解女书文献录音磁带，此句中此处音 [kue^{35}]，应译为"股"。

5. 🎼~子不给失落房③

"~"此处，《之谜》译为"长"，《合集》译为"镜"。

此处应译为"长"。此女字对应汉字无"镜"。④

联系上下文，此处是在谈论子女的事情，"长子"用于此处，句意通顺。

6. 🎼行~象观音⑤

"~"此处，《之谜》译为"堂"，《合集》译为"动"。

此处应译为"堂"。此女字对应汉字无"动"。⑥

全句是说对方行动举止像观音一样美好高洁，是对对方的赞美之语。"行堂"，江永方言词，意为"行动举止"，此处音为 [taŋ^{51}]。此女字译为"堂"，是女书文献中的常用字，如"借叔歌堂来诉言"等。

---

① 《相邀结交书（一）》（《之谜》，第458页）—《天仙配成侬两个》（《合集》，第809页）第40句。
② 《女字字典》，第606页；《女汉字典》，第85页。
③ 《相邀结交书（一）》（《之谜》，第458页）—《天仙配成侬两个》（《合集》，第809页）第44句。
④ 《女字字典》，第249页；《女汉字典》，第312页。
⑤ 《相邀结交书（二）》（《之谜》，第473页）—《湖海湖南龙出洞（一）》（《合集》，第789页）第12句。
⑥ 《女字字典》，第155页；《女汉字典》，第277页。

7. 〿 搁开~愁回贵礼①

"~"此处，《之谜》译为"拢"，《合集》译为"忧"。

此处应译为"忧"。此女字对应汉字无"拢"。②

"搁开忧愁"句意通顺，"搁开拢愁"表述不当。且根据高银仙读解女书文献录音磁带，此句中此处记音为 [jau^{44}]，"忧"音近。此处，应译为"忧"。

8. 〿 转身~门冷成水③

"~"此处，《之谜》译为"进"，《合集》译为"入"。

此处应译为"入"。此女字对应汉字无"进"。④

"进""入"词义相近，根据高银仙读解女书文献录音磁带，此句中此处记音为 [na^{44}]，应译为"入"。

9. 〿 钱~整了三百多⑤

"~"此处，《之谜》译为"财"，《合集》译为"银"。

此处应译为"财"。此女字对应汉字无"银"。⑥

"钱财""钱银"意思相近，又根据高银仙读解女书文献录音磁带，此句中此处记音为 [tso^{51}]，"财"与之音近。此处应译为"财"。

10. 〿 百花镶~莲⑦

"~"此处，《之谜》译为"藕"，《合集》译为"续"。

---

① 《高银先复义年华书》（《之谜》，第303页）—《高银仙回义年华书》（《合集》，第801页）第1句。
② 《女字字典》，第189页；《女汉字典》，第115页。
③ 《贺三朝书》（《之谜》，第111页）—《取道提言诗一首，书本传文到贵家》（《合集》，第865页）第13句。
④ 《女字字典》，第17页；《女汉字典》，第1页。
⑤ 《高银先复义年华书》（《之谜》，第303页）—《高银仙回义年华书》（《合集》，第801页）第12句。
⑥ 《女字字典》，第77页；《女汉字典》，第36页。
⑦ 《相邀结交书（二）》（《之谜》，第473页）—《湖海湖南龙出洞（一）》（《合集》，第789页）第18句。

此处应译为"藕"。此女字对应汉字无"续"。①

此句指百花搭配藕莲，花与藕莲都有高洁义，是赞美女子之意。根据高银仙读解女书文献录音磁带，此句中此处记音为［au³¹］，应译为"藕"。

11. ![字] 才曰姊娘少～气②

"～"此处，《之谜》译为"路"，《合集》译为"怒"。

此处应译为"路"。此女字对应汉字无"怒"。③

"路"有"途径，办法，出路"义，"没气路，谓气忿无发泄处"④。在女书文献中多处有此相同的表述，如"人修不全少路气"等。根据高银仙读解女书文献录音磁带，此句中此处记音为［lu⁴⁴］，应译为"路"。

（四）译文致误产生原因分析

在对高氏女书译文勘误的过程中，发现主要有以下三种错误情况：

1. 义误。在相同读音的情况下，没有联系上下文，没有选择符合句意的字义的汉字来译。

2. 音误。在相同字义的情况下，没有结合读音，没有选择与女书音较为接近的，有对应规律的字音的汉字而译。传统女书读音与女书流传地方言不尽相同，对传统女书文献进行译注时，应参考女书自然传承人读解女书文献的音档。

3. 不注意保留当地的方言词或用语习惯，在可译为土语方言词汇的情况下，选用了同义的现代汉语词汇翻译；不注意保留古词古语，在可译为音近的古词的情况下，选用了同义现代汉语词汇翻译。

其中，第二、第三种情况属于直译与意译的区别，笔者认为文献翻译应尽量直译，以保留文献的语言原貌。

---

① 《女字字典》，第252页；《女汉字典》，第342页。
② 《相邀结交书（一）》（《之谜》，第458页）—《天仙配成侬两个》（《合集》，第809页）第45句。
③ 《女字字典》，第254页；《女汉字典》，第376页。
④ 罗竹风：《汉语大词典》，汉语大词典出版社1986年版，第987页。

这些译文致误的原因分析起来应有以下几点：

1. 对联系上下文重视不够

女书中有很多一音多义字、多音多义字，因此，需要联系上下文理解并翻译。

2. 对女书读音重视不够

（1）女书中存在大量的一个文字记录多个音节的现象，每个音节又往往有多种意义，增加了对译难度，因此对译需要根据文中读音及上下文才能确定，要充分重视文献中的女书读音，由音释义。

（2）将女书译为汉字时，在相同字义的情况下，应选择与女书音更为接近的、有对应规律的字音的汉字而译。

3. 独特的女书文化

在女书文献中，女书词汇与现代汉语词汇大多相同，但也存在不少差别。在女书词汇中，有些词语是现代汉语中所没有的，这些词语外地人很难理解，若单看文字望文生义，很容易产生歧义；有些词语遗留了已在现代汉语中消失的古词古义成分等。在译注中，我们应当对这些与现代汉语词汇不同的特殊女书词汇给予关注与重视，以便能更加准确地对女书文献进行解读和研究。

第三章

高氏女书校勘整理
七十五篇

一 书信

（一）贺三朝书——取道提言诗一首

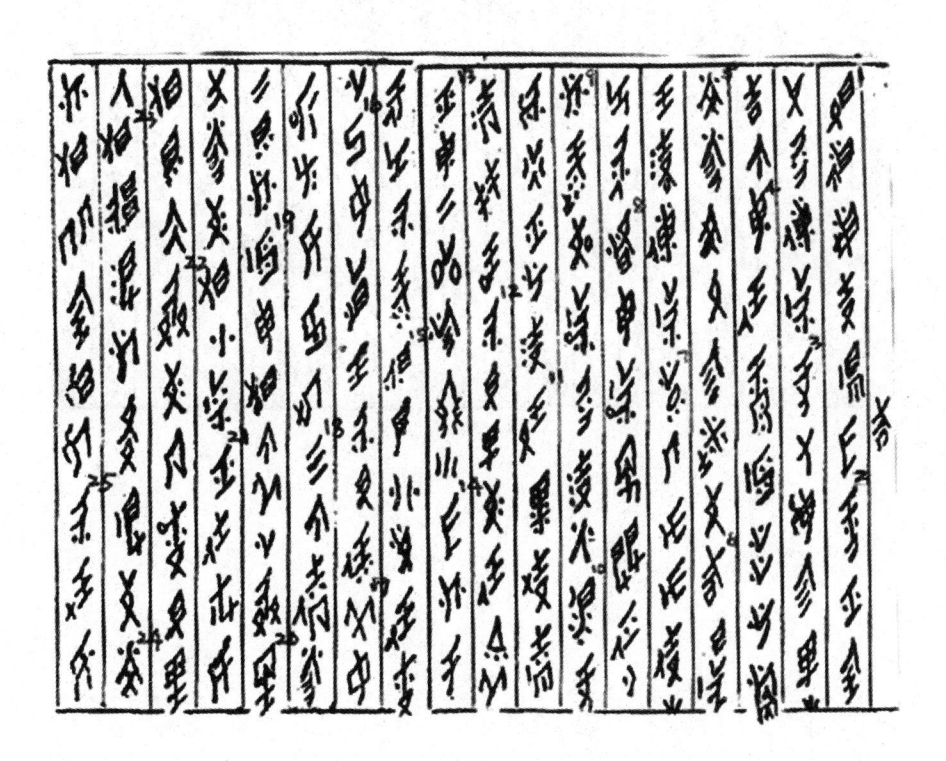

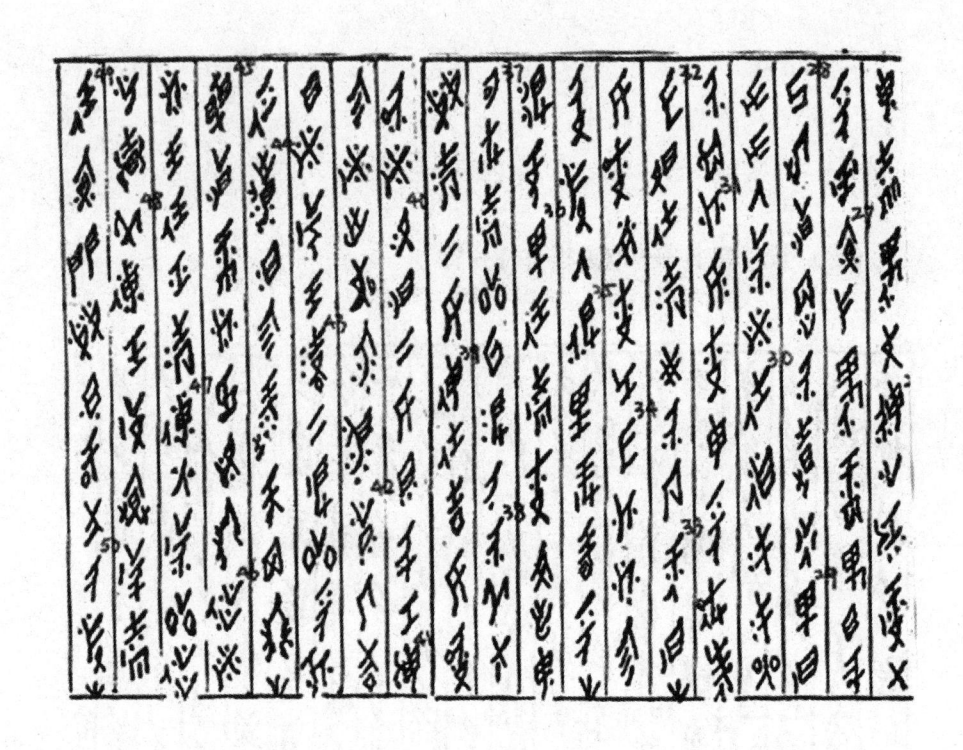

高氏女书校勘研究

① 应为 𛅰

1　[tɕhy³⁵ tau³¹ ti⁵¹ n̩ĩ⁵¹ sɿe⁴⁴ ji⁵⁵ ɕau³⁵]
　　取道提言诗一首

2　[ɕu⁴⁴ pe³⁵ tɕỹ⁵¹ we⁵¹ lau³¹ kua³¹ kue⁴⁴]
　　书本传文到贵家

3　[khaŋ³¹ tsha⁵⁵ lẽ⁵¹ tɕe⁴⁴ tsa³⁵ ji⁵⁵ kau³¹]
　　看察连襟姊一个

4　[ɕe⁴⁴ tso³¹ siau³¹ faŋ⁵¹ pu⁴⁴ pu⁴⁴ kau⁴⁴]
　　身在绣房步步高

5　[tsie³⁵ jue⁵¹ tɕau⁴⁴ tɕhue⁵⁵ tɕe⁴⁴ lo⁴⁴ n̩u³¹]
　　亲爷交却金坨女

6　[ji⁵⁵ ai⁴⁴ tsɿe⁴⁴ jỹ⁵¹ lau⁴⁴ kua³¹ kue⁴⁴]
　　一日之荣落贵家

7　[tsẽ⁵¹ li⁴⁴ maŋ⁵¹ maŋ⁵¹ sai²¹ ɕua⁵⁵ na³¹]
　　前朝茫茫送出你

8　[lu⁴⁴ tɕaŋ⁴⁴ pai⁴⁴ la⁵¹ ŋa³¹ la⁴⁴ phi⁴⁴]
　　路中分离眼泪飘

9　[fue⁴⁴ tɕi⁴⁴ jy⁵¹ pe⁴⁴ lau³¹ jỹ³¹ fu³⁵]
　　花轿如风到远府

10　[li³⁵ khaŋ³¹ xa⁵¹ xɯ⁴⁴ tɕỹ³¹ tɕỹ³¹ jỹ³¹]
　　愈看行开渐渐远

11　[nai⁵¹ xɯ⁵⁵ tɕi³¹ kau⁴⁴ tsiŋ⁵¹ tsiu⁴⁴ waŋ⁴⁴]
　　临黑站高停住望

12　[mɯe³¹ tɕi³¹ tsa³⁵ n̩aŋ⁵¹ tso³¹ nẽ⁴⁴ faŋ⁴⁴]
　　不见姊娘在哪方

13　[tɕỹ³¹ ɕe⁴⁴ na⁴⁴ mai⁵¹ liŋ³¹ ɕoŋ⁵¹ ɕua³⁵]
　　转身入门冷成水

14 [ɕua³⁵ jiu⁴⁴ tshẽ⁴⁴ paŋ⁴⁴ tsaɯ³¹ mɯe³¹ tsa⁵¹]
手拿千般做不齐

15 [siaŋ³⁵ ɕi³⁵ fa⁴⁴ ɕaŋ⁵¹ tso³¹ lau⁵¹ ɕaŋ⁴⁴]
想起非常在楼上

16 [tɕi³⁵ mu³¹ taŋ⁵¹ jỹ⁵¹ mɯe³¹ tɕĩ³¹ tsi⁴⁴]
几母团圆不见焦

17 [fu³¹ mu³¹ sɯ³⁵ so⁴⁴ nẽ⁵¹ n̠³¹ lo³⁵]
父母所生侬五个

18 [soŋ⁴⁴ kau³¹ ku⁴⁴ jue⁵¹ liaŋ³¹ nẽ³⁵ fue⁴⁴]
三个哥爷两点花

19 [faŋ⁵¹ tɕaŋ⁴⁴ jau³¹ ko³¹ faŋ⁴⁴ ɕaŋ⁴⁴ sau³⁵]
房中有个芳香嫂

20 [khaŋ⁴⁴ to³¹ jue⁵¹ n̠aŋ⁵¹ jau³¹ sei³¹ sai⁴⁴]
看待爷娘有细心

21 [pai³⁵ sʅe³¹ ji³¹ nẽ⁵¹ jau³¹ nẽ³⁵ fai⁴⁴]
本是与侬有点分

22 [sau³⁵ n̠aŋ⁵¹ la⁴⁴ tɕhoŋ⁴⁴ tɕĩ³¹ la³¹ je⁵¹]
嫂娘知轻见理人

23 [jau³¹ fu⁵⁵ lɯ⁵⁵ n̠e⁴⁴ laɯ⁴⁴ liaŋ⁵¹ n̠u³¹]
有福得位多良女

24 [tsie³⁵ jiu⁴⁴ jau³¹ miŋ⁵¹ tɕỹ⁵¹ sa³¹ pẽ⁴⁴]
亲亦有名传四边

25 [mɯe³¹ kɯ⁴⁴ nẽ⁵¹ ɕe⁴⁴ tshaɯ⁵⁵ tu⁴⁴ n̠u³¹]
不该侬身错投女

26 [ɕu⁴⁴ ɕaŋ⁴⁴ xai⁵¹ mẽ⁵¹ sʅe³¹ wu⁵¹ jaŋ⁴⁴]
树上红梅是无用

27 ［ɕy⁵⁵ tshʅe³⁵ tu⁴⁴ tsi⁴⁴ noŋ⁵¹ ai⁵¹ tsʅe³⁵］
设使投着男儿子

28 ［tsi³⁵ lo³⁵ taŋ⁵¹ pai⁵¹ mɯe³¹ tshu⁵⁵ xɯ⁴⁴］
几个同凭不拆开

29 ［tsa³⁵ pɯe⁴⁴ maŋ⁵¹ maŋ⁵¹ je⁵¹ kue⁴⁴ ku³¹］
姊吧茫茫人家过

30 ［sʅe³¹ je³¹ sʅe⁵¹ sʅe⁵¹ xu⁵⁵ mɯe³¹ sei⁴⁴］
是台时时哭不消

31 ［jiu⁴⁴ tɕhi³¹ lau⁵¹ tɕaŋ⁴⁴ wu⁵¹ siaŋ⁴⁴ paŋ³¹］
亦气楼中无相伴

32 ［ɕau³⁵ tɕhy³⁵ sʅe⁴⁴ tsiŋ⁵¹ piŋ³¹ mɯe³¹ la⁴⁴］
手取事情并不知

33 ［ŋu³¹ pɯe⁴⁴ nẽ⁵¹ tɕhoŋ⁴⁴ tsie³⁵ lau³⁵ tsaɯ³¹］
我吧年轻亲楼坐

34 ［ɕau³⁵ jiu⁵¹ fue⁴⁴ tɕe⁴⁴ mai⁵¹ ɕua⁵¹ je⁵¹］
手拿花针问谁人

35 ［tu⁴⁴ la³¹ tsiaŋ⁵¹ tɕhue⁴⁴ wu⁵¹ ji³⁵ khau³¹］
都些长春无倚靠

36 ［tsa³⁵ tso³¹ kau⁴⁴ lau⁵¹ tɕau⁴⁴ tɕu⁵⁵ ɕe⁴⁴］
姊在高楼教嘱身

37 ［khau³⁵ ji³¹ kau⁴⁴ mai⁵¹ wue⁴⁴ nẽ⁵⁵ fue³¹］
可以高门曰得下

38 ［mɯe³¹ faŋ⁴⁴ ȵe⁴⁴ tshai⁴⁴ tsiŋ⁵¹ liaŋ³¹ nẽ⁵¹］
不妨要亲停两年

39 ［tsiau⁴⁴ sʅe³¹ ji⁵⁵ nẽ⁵¹ pai⁴⁴ tɕhua⁴⁴ ku³¹］
就是一年风吹过

40 [liau⁵¹ kua⁴⁴ liaŋ³¹ nẽ⁵¹ nẽ³⁵ tsɿe³⁵ ka⁴⁴]
留归两年点子间

41 [lẽ⁵¹ tɕe⁴⁴ ku³¹ thu⁴⁴ jy⁵¹ xɯ³⁵ li³⁵]
连襟过他如海底

42 [tsẽ⁵¹ li⁴⁴ ji⁵⁵ ai⁴⁴ ke³¹ tsɿe⁴⁴ jỹ⁵¹]
前朝一日者之荣

43 [laɯ⁴⁴ na⁴⁴ liaŋ⁵¹ mai⁵¹ wu⁵¹ jau⁴⁴ la⁴⁴]
落入龙门无忧虑

44 [faŋ⁴⁴ phɯ³¹ tɕe⁴⁴ tɕi⁴⁴ thẽ⁴⁴ ɲy⁴⁴ ɕoŋ⁵¹]
凤配金鸡天玉成

45 [tsɿe⁵¹ taŋ⁵¹ tɕe³¹ fue⁴⁴ ɳ³¹ sɯ⁵⁵ liu⁴⁴]
池塘种花五色绿

46 [jɯ⁵¹ ku³¹ fue⁴⁴ jỹ⁵¹ tso³¹ tɕoŋ³¹ tsiŋ⁵¹]
遥过花园再正亭

47 [kua³¹ fu³⁵ kue⁴⁴ mai⁵¹ jɯ⁴⁴ jɯ⁵¹ lau⁴⁴]
贵府家门遥遥乐

48 [fu³¹ kua³¹ joŋ⁵¹ fue⁵¹ ɕe³¹ tsɿe⁴⁴ kau⁴⁴]
富贵荣华胜自高

49 [tso³¹ ɕy⁵⁵ tɕue⁴⁴ tshai⁴⁴ tshiŋ³⁵ liaŋ⁴⁴ to⁴⁴]
再说尊亲请量大

50 [li³¹ su³¹ mɯe³¹ tɕỹ⁵¹ waŋ⁴⁴ tɕe³⁵ piau⁴⁴]
礼数不全望紧包

51 [tsẽ⁵¹ ai⁴⁴ je³¹ jue⁵¹ tɕau⁴⁴ tshai⁴⁴ lau³¹]
前日台爷交亲到

52 [liau⁴⁴ lu⁴⁴ kue³¹ tsaŋ⁴⁴ tsai³¹ mɯe³¹ tɕỹ⁵¹]
六路嫁妆尽不全

53 [tɕhoŋ⁴⁴ pu⁴⁴ lẽ⁵¹ tɕe⁴⁴ lau³¹ thu⁴⁴ fu³⁵]
　　轻薄连襟到他府

54 [ma⁵⁵ jaŋ⁴⁴ tsiŋ⁵¹ lẽ⁵¹ ɕua⁵⁵ mẽ⁴⁴ fue⁴⁴]
　　没样青奁出面会

55 [soŋ⁴⁴ li⁴⁴ pẽ⁴⁴ wai⁵¹ tɕi³⁵ paŋ⁴⁴ ɕy⁵⁵]
　　三朝便文这般说

56 [tsa³⁵ tso³¹ thu⁴⁴ ɕaŋ⁴⁴ ȵe⁴⁴ tsiŋ³¹ jĩ⁵¹]
　　姊在他乡要静盈

57 [siau³¹ faŋ⁵¹ ŋ⁴⁴ sai⁴⁴ tshiŋ³⁵ tẽ⁵¹ tsiŋ³¹]
　　绣房安心请恬静

58 [mɯe³¹ wue⁴⁴ sɿe⁵¹ sɿe⁵¹ tɕi³¹ tso³¹ sai⁴⁴]
　　不曰时时记在心

59 [pɯ⁵⁵ xɯ⁴⁴ tsau⁵¹ ma⁵¹ thu⁴⁴ ɕaŋ⁴⁴ tsiu⁴⁴]
　　拨开愁眉他乡住

60 [je⁵¹ siŋ³¹ paŋ³¹ tsiaŋ⁵¹ to³¹ liau⁴⁴ tshai⁴⁴]
　　人性放长待六亲

61 [mɯe³¹ nu⁴⁴ xu⁵⁵ tsau⁵¹ na⁴⁴ sai⁴⁴ tɕhi³¹]
　　不给哭愁入心气

62 [tɕhy³⁵ sei³¹ nẽ⁴⁴ kue⁴⁴ wu⁵¹ li³¹ je⁵¹]
　　取笑侬家无礼人

63 [ȵu³¹ sɿe³¹ khau⁵⁵ ma⁵¹ jĩ³¹ li³⁵ jĩ³¹]
　　女是确比燕鸟样

64 [ɕe⁴⁴ xau³⁵ mau⁵¹ tsiaŋ⁵¹ kau⁵⁵ tsɿ⁴⁴ fa⁴⁴]
　　身好毛长各自飞

65 [tsɿe³⁵ jỹ³¹ tɕi⁵¹ tsiŋ⁵¹ tsɿe³¹ tshaɯ⁵⁵ li³¹]
　　只怨朝廷制错礼

66 [ɕi³¹ wue⁵⁵ mɯe³¹ jau⁵¹ kai⁴⁴ li³¹ laŋ⁴⁴]

世压不由跟礼当

67 ［tso³¹ thu⁴⁴ na⁵¹ pa³⁵ kau⁴⁴ lau⁵¹ tsaɯ³¹］
在他难比高楼坐

68 ［tʂe³⁵ sʐe³¹ jaŋ⁴⁴ paŋ⁴⁴ ji⁴⁴ li³¹ xa⁵¹］
只是样般依礼行

（二）贺三朝书——手提书本把笔做

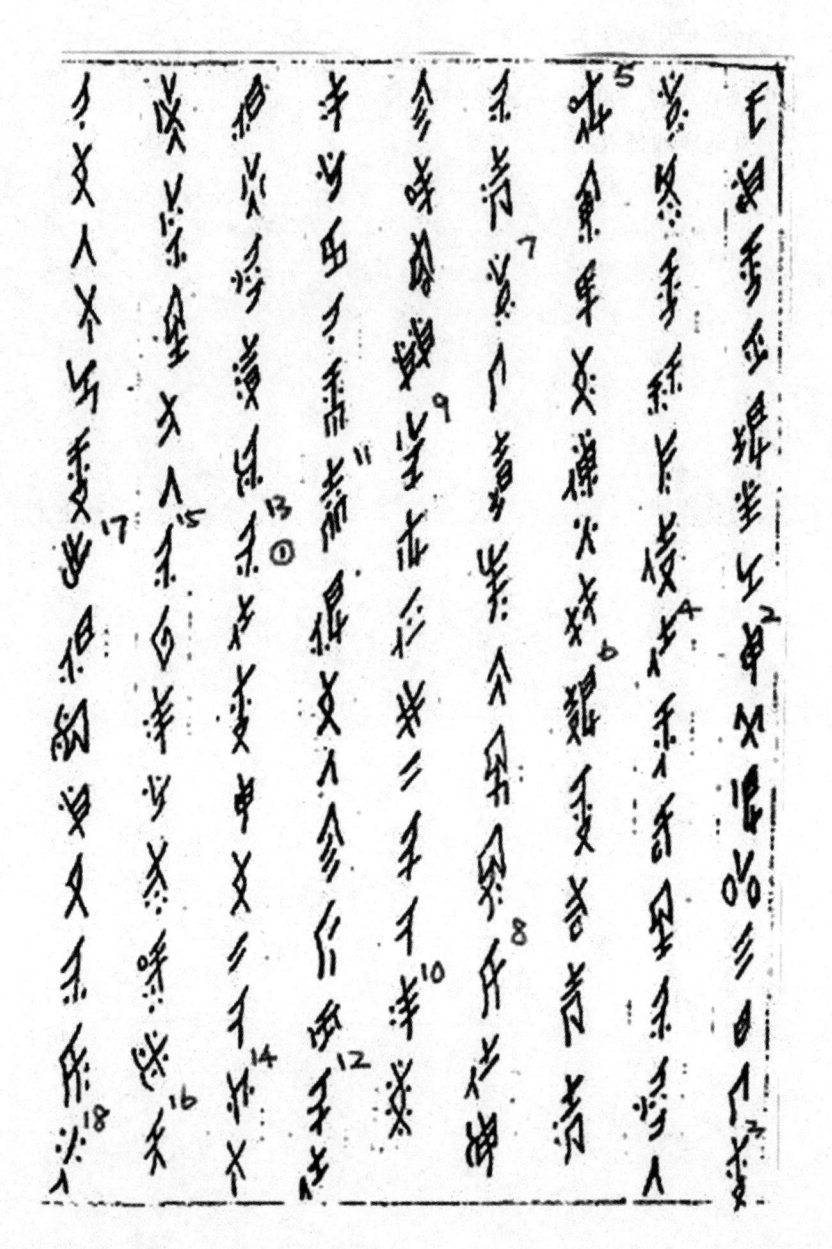

① 应为 喦

① 漏字。

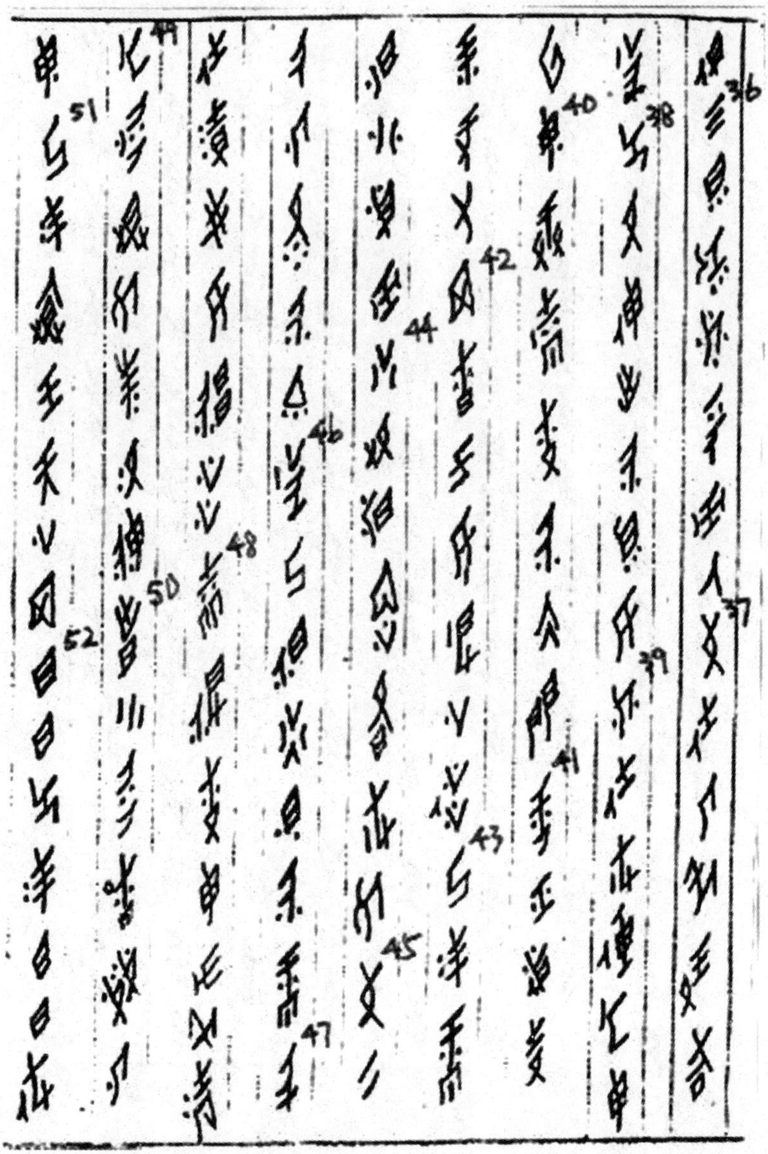

第三章　高氏女书校勘整理七十五篇

1 ［ɕau³⁵ti⁵¹ɕu⁴⁴pai³⁵pɯe³⁵pa⁵⁵tsaɯ³¹］
   手提书本把笔做

2 ［tɕaŋ⁴⁴fu³¹liaŋ⁵¹mai⁵¹soŋ⁴⁴ai⁴⁴li⁴⁴］
   恭贺龙门三日朝

3 ［lau⁵¹tsẽ⁵¹siau⁴⁴ɕu⁴⁴mẽ⁴⁴sie³⁵sai³¹］
   楼前修书妹写信

4 ［sɿe³¹ŋu³¹liaŋ⁴⁴khaŋ⁴⁴mɯe³¹pa³⁵je⁵¹］
   是我量宽不比人

5 ［siaŋ⁴⁴fɯ⁴⁴tsa³⁵ȵaŋ⁵¹kua³¹fu³⁵tsiu⁴⁴］
   相会姊娘贵府住

6 ［tsie⁴⁴mai⁴⁴ji⁵⁵ɕoŋ⁴⁴tsiŋ⁵¹mɯe³¹tsiŋ⁵¹］
   谢问一声情不情

7 ［tsẽ⁵¹li⁴⁴tshu⁵⁵jaŋ⁵¹fai⁴⁴la⁵¹pi⁴⁴］
   前朝拆溶分离别

8 ［nẽ⁵¹sɿe³¹lẽ⁵¹tɕe⁴⁴kuo⁵⁵wu³⁵tshai⁴⁴］
   侬是连襟骨肉亲

9 ［tsɿe⁴⁴ji³¹la⁴⁴tɕi⁵¹na⁴⁴tsɿe³⁵li³¹］
   自于虑其日子了

10 ［sɿe⁵¹khɯ⁵⁵sɿe⁵¹sɿe⁵¹ŋ̍³¹fue³¹tsau⁵¹］
   时刻时时暗下愁

11 ［tshaɯ⁵⁵tu⁴⁴ȵu³¹je⁵¹tɕe⁴⁴ma⁵⁵jaŋ⁴⁴］
   错投女人真没用

12 ［tsɿe³⁵sɿe³¹siaŋ³⁵xɯ⁴⁴pa³⁵jỹ³¹xa⁵¹］
   只是想开比远行

13 ［ji³¹sɿe³¹lau⁵¹tɕaŋ⁴⁴ȵu³¹na⁴⁴li³¹］
   已是楼中女日了

056

14 [jiu⁴⁴ ȵe⁴⁴ ȵ⁴⁴ sai⁴⁴ khaŋ⁴⁴ to³¹ je⁵¹]
亦要安心宽待人

15 [mɯe³¹ wue⁴⁴ sɿe⁵¹ sɿe⁵¹ je³⁵ jĩ⁵¹ ku³¹]
不曰时时郁盈过

16 [thẽ⁴⁴ fue³¹ ȵu³¹ je⁵¹ ȵe⁴⁴ ɕua⁵⁵ ɕaŋ⁴⁴]
天下女人要出乡

17 [thu⁴⁴ siaŋ³⁵ xau⁵¹ ɕaŋ⁵¹ tɕhue⁵⁵ mɯe³¹ tɕhi³¹]
他想何尝却不气

18 [jĩ³¹ ma⁵⁵ tso³¹ kue⁴⁴ ji⁵⁵ tsɿe⁴⁴ na⁵¹]
你没在家一字难

19 [fa⁴⁴ ȵĩ⁵¹ fɯ⁵¹ kue⁴⁴ fɯ⁵¹ pai⁵¹ tsaɯ³¹]
非常回家回凭坐

20 [jiu⁴⁴ sɿe³¹ tshẽ⁴⁴ paŋ⁴⁴ jau³¹ tsɿe⁴⁴ na⁵¹]
亦是千般有字难

21 [jiu⁴⁴ sɿe³¹ kau⁴⁴ tshai⁴⁴ wue⁴⁴ nẽ⁵⁵ fue³¹]
若是高亲曰得下

22 [liau⁵¹ tsiu⁴⁴ tso³¹ kue⁴⁴ soŋ⁴⁴ ŋ³¹ nẽ⁵¹]
留住在家三五年

23 [lau³¹ li³⁵ sɿe⁴⁴ tsiŋ⁵¹ jau³¹ ji³⁵ khau³¹]
到底事情有倚靠

24 [tɕau⁴⁴ tɕu⁵⁵ je³¹ ɕe⁴⁴ mɯe³¹ lau³¹ ɕoŋ⁵¹]
教嘱台身不老成

25 [mɯe³¹ pa³⁵ fa⁵¹ ɕaŋ⁵¹ ɕua⁵⁵ su³⁵ lau⁴⁴]
不比非常出耍乐

26 [tɕi³⁵ ai⁴⁴ fɯ⁵¹ kue⁴⁴ jau³¹ tsiaŋ⁵¹ nẽ⁵¹]
几日回家有长年

27　[lẽ⁵¹ tɕe⁴⁴ tsa³⁵ n̠aŋ⁵¹ lau³¹ thu⁴⁴ fu³⁵]
　　连襟姊娘到他府

28　[liau⁴⁴ li³¹ mɯe³¹ tɕỹ⁵¹ jy⁵¹ sa³¹ pẽ⁴⁴]
　　六礼不全如四边

29　[jiu⁴⁴ lo⁵¹ tɕhỹ³¹ ɕoŋ⁴⁴ tsa³⁵ n̠aŋ⁵¹ tshiŋ³¹]
　　亦来劝声姊娘听

30　[mɯe³¹ tɕhi³¹ ɕau⁴⁴ xɯ⁴⁴ soŋ⁴⁴ ai⁴⁴ jỹ⁵¹]
　　不气收开三日完

31　[sai⁴⁴ n̠e⁴⁴ tsiŋ³¹ jĩ⁵¹ tsɿe⁴⁴ ŋ⁴⁴ lau⁴⁴]
　　心要静盈自安乐

32　[ɕe⁴⁴ tsɯ³¹ siau³¹ faŋ⁵¹ maŋ³¹ soŋ⁴⁴ li⁴⁴]
　　身坐绣房满三朝

33　[mɯe³¹ nu⁴⁴ jau⁴⁴ tsau⁵¹ tɕue⁴⁴ tshai⁴⁴ khaŋ³¹]
　　不给忧愁尊亲看

34　[tɕhy³⁵ si³¹ nẽ⁵¹ kue⁴⁴ wu⁵¹ li³¹ je⁵¹]
　　取笑侬家无礼人

35　[fu³¹ mu³¹ sɯ³⁵ sa⁴⁴ sɿe³¹ liau⁴⁴ lo³⁵]
　　父母所生是六个

36　[soŋ⁴⁴ nẽ³⁵ xai⁵¹ fue⁴⁴ wu⁵¹ jaŋ⁴⁴ je⁵¹]
　　三点红花无用人

37　[n̠u³¹ sɿe³¹ li⁴⁴ tau⁵¹ na⁵¹ ji⁵⁵ tsɿe⁴⁴]
　　女是低头难一字

38　[ɕua⁵⁵ tɕhue⁵⁵ tɕau⁴⁴ thu⁴⁴ mɯe³¹ jau⁵¹ nẽ⁵¹]
　　出却就他不由侬

39　[jiu⁴⁴ sɿe³¹ ji⁴⁴ tɕi⁵¹ xau³⁵ tɕaŋ⁴⁴ wue⁴⁴]
　　若是侬其口中曰

40 [ɕe⁴⁴ tsaɯ³¹ kau⁴⁴ lau⁵¹ mɯe³¹ fai⁴⁴ tɕy⁴⁴]
身坐高楼不分居

41 [ɕu⁴⁴ pai³⁵ ti⁵¹ n̠ĩ⁵¹ lo⁵¹ khaŋ³¹ tsha⁵⁵]
书本提言来看察

42 [n̠y⁴⁴ tsi⁴⁴ thẽ⁴⁴ sẽ⁴⁴ liaŋ⁵¹ ɕaŋ⁴⁴ jɯ⁵¹]
遇着天仙龙上遥

43 [tɕi³⁵ sɿe⁵¹ tɕe⁵¹ kua⁴⁴ fa⁴⁴ ɕaŋ⁵¹ jaŋ⁴⁴]
几时同归非常样

44 [liau⁴⁴ lo³⁵ taŋ⁵¹ pai⁵¹ tsai³¹ ji³¹ pẽ⁴⁴]
六个同凭尽于边

45 [n̠u³¹ na⁴⁴ li³¹ te⁵⁵ tsai³¹ mɯe³¹ nẽ⁴⁴]
女日了了尽不念

46 [tsɿe⁴⁴ tɕi³⁵ siaŋ³⁵ xɯ⁴⁴ tshiŋ³⁵ mɯe³¹ tsau⁵¹]
自己想开请不愁

47 [tsɿe³⁵ sɿe³¹ jỹ³¹ tɕi⁵¹ nẽ⁵¹ fu⁵⁵ pu⁴⁴]
只是怨其侬福薄

48 [tshaɯ⁵⁵ tu⁴⁴ lau⁵¹ tɕaŋ⁴⁴ maŋ⁵¹ fu³¹ tsiŋ⁵¹]
错投楼中亡父情

49 [xau³¹ pa³⁵ xo⁴⁴ pẽ⁴⁴ jaŋ⁵¹ liau⁵¹ ɕu⁴⁴]
好比河边杨柳树

50 [xaŋ⁵¹ ɕua³⁵ lau³¹ xu⁵¹ tɕhe⁴⁴ te³¹ ɕe⁴⁴]
洪水到湖冲动身

51 [tɕi³⁵ sɿe⁵¹ ɕe³¹ joŋ⁵¹ thẽ⁴⁴ ɕaŋ⁴⁴ n̠y⁴⁴]
几时胜赢天上月

52 [ai⁴⁴ ai⁴⁴ ɕua⁵⁵ sɿe⁵¹ ai⁴⁴ ai⁴⁴ ɕau⁴⁴]
日日出时日日收

53 [sɿe⁴⁴ tso³¹ mɯe³¹ jau⁵¹ tɕe⁴⁴ jỹ³⁵ wa⁵⁵]
实在不由真枉萎

54 [tso³¹ tsie³⁵ tɕau⁴⁴ tshai⁴⁴ ma⁵⁵ no⁴⁴ xu⁵¹]
再亲交亲没奈何

55 [tsɿe⁴⁴ ji³¹ tshu⁵⁵ jaŋ⁵¹ soŋ⁴⁴ li⁴⁴ maŋ³¹]
自于拆溶三朝满

56 [tɕi⁵⁵ tɕue⁴⁴ ɕaŋ³¹ lau⁵¹ xu⁵⁵ mɯe³¹ sei⁴⁴]
脚跨上楼哭不消

57 [sai³¹ ɕua⁵⁵ lu⁴⁴ tɕaŋ⁴⁴ tɕỹ³¹ ɕe⁴⁴ na⁴⁴]
送出路中转身入

58 [tsɯ³¹ fue³¹ sɿe⁴⁴ tsiaŋ⁵¹ xau³⁵ ɕaŋ⁴⁴ sai⁴⁴]
坐下思详好伤心

59 [jĩ³¹ pɯe⁴⁴ maŋ⁵¹ maŋ⁵¹ soŋ⁴⁴ li⁴⁴ maŋ³¹]
你吧茫茫三朝满

60 [tso³¹ ji³¹ je⁵¹ kue⁴⁴ ti⁵¹ mɯe³¹ ti⁵¹]
在于人家啼不啼

61 [liau⁴⁴ lo³⁵ taŋ⁵¹ piau⁴⁴ soŋ⁴⁴ kau³¹ ti³¹]
六个同胞三个弟

62 [tɕi³⁵ sɿe⁵¹ tshai⁴⁴ tshiŋ⁴⁴ tsai³¹ jỹ⁵¹ tɕỹ⁵¹]
几时操清尽完全

63 [soŋ⁴⁴ nẽ³⁵ xai⁵¹ fue⁴⁴ sɿe³¹ wu⁵¹ jaŋ⁴⁴]
三点红花是无用

64 [kua⁴⁴ tsie³⁵ ɕy⁴⁴ tshau⁴⁴ pɯe⁴⁴ khu³⁵ tsiŋ⁵¹]
归亲虚操白苦情

65 [ȵu³¹ sɿe⁴⁴ ɕy⁵⁵ jy⁵¹ pɯe⁵⁵ li³⁵ jaŋ⁴⁴]
女是设如百鸟样

66 [tʂhu⁵⁵ tsie⁴⁴ fa⁴⁴ xɯ⁴⁴ na⁵¹ fu⁴⁴ tsa⁵¹]
拆席飞开难合齐

67 [tʂhu⁴⁴ ɕu⁴⁴ faŋ³¹ wai⁵¹ ji³¹ tɕhoŋ⁴⁴ pu⁴⁴]
粗书奉文意轻薄

68 [tshiŋ³⁵ ɕi³⁵ ji⁵⁵ kue⁴⁴ maŋ³¹ taŋ⁵¹ xai⁵¹]
请喜一家满堂红

69 [tsa³⁵ ȵaŋ⁵¹ kau⁴⁴ ɕe⁴⁴ siau³¹ faŋ⁵¹ tsaɯ³¹]
姊娘高升绣房坐

70 [tẽ⁵¹ tsiŋ³¹ ŋ⁴⁴ sai⁴⁴ khaŋ⁴⁴ to³¹ je⁵¹]
恬静安心宽待人

(三）贺三朝书——合鸟站莲各飞远

① 漏／字

第三章 高氏女书校勘整理七十五篇

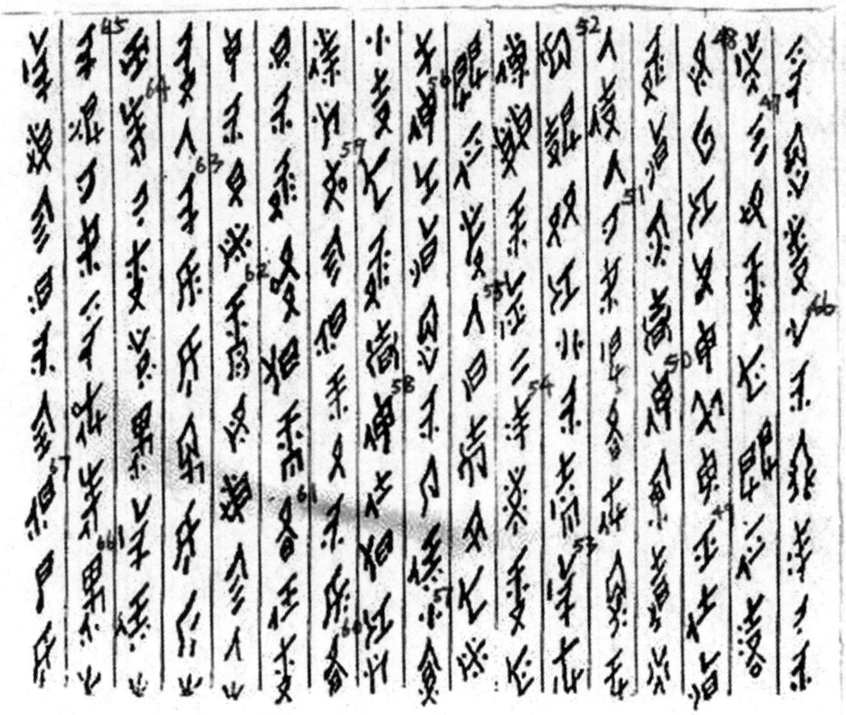

第三章 高氏女书校勘整理七十五篇

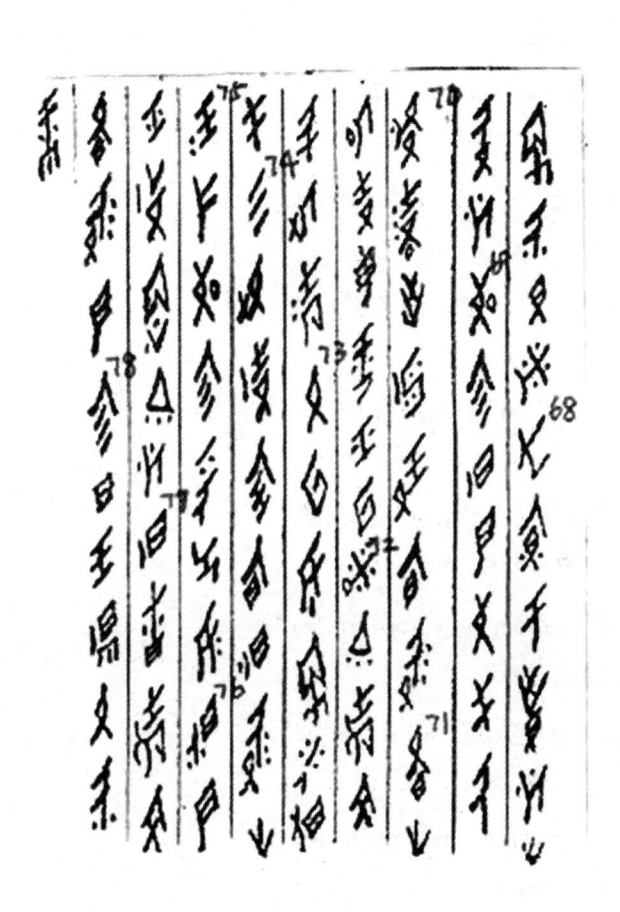

1 ［fu⁴⁴ li³⁵ tɕi³¹ lẽ⁵¹ kau⁵⁵ fa⁴⁴ jỹ³¹］
合鸟站莲各飞远

2 ［ɕu⁴⁴ pai³⁵ tɕỹ⁵¹ ȵĩ⁵¹ lau³¹ kua³¹ kue⁴⁴］
书本传言到贵家

3 ［pɯ³¹ ɕi³⁵ ɕaŋ⁴⁴ sai⁴⁴ ŋa³¹ la⁴⁴ laɯ⁴⁴］
背起伤心眼泪落

4 ［soŋ⁴⁴ lo³⁵ xa⁵¹ wai⁵¹ tɕaŋ⁴⁴ fu³¹ ɕe⁴⁴］
三个行文恭贺身

5 ［tsɿe³⁵ saŋ³¹ to⁴⁴ tsei⁵¹ jau³¹ xaŋ⁴⁴ na⁴⁴］
只算大齐有宽日

6 ［tshẽ⁴⁴ paŋ⁴⁴ sɿe⁴⁴ tsiŋ⁵¹ jau³¹ ji³⁵ ɕe⁴⁴］
千般事情有倚身

7 ［ɕua⁵¹ la⁴⁴ khau³⁵ lai⁵¹ tsai³¹ tshu⁵⁵ sa³¹］
谁知可怜尽拆散

8 ［soŋ⁴⁴ lo³⁵ fɯ⁵¹ jaŋ⁵¹ tsɿe⁴⁴ pa⁴⁴ ɕaŋ⁴⁴］
三个回阳自悲伤

9 ［tɕoŋ³¹ xau³⁵ taŋ⁵¹ xaŋ⁴⁴ sei⁴⁴ jɯ⁵¹ lau⁴⁴］
正好同欢逍遥乐

10 ［tsiau⁴⁴ wue⁴⁴ ɕaŋ⁴⁴ sai⁴⁴ je⁵¹ sai³¹ je⁵¹］
就曰伤心人送人

11 ［xaŋ⁵¹ liaŋ⁵¹ fɯ⁴⁴ ɕua³⁵ xɯ³⁵ li³⁵ tsiu⁴⁴］
黄龙会水海底住

12 ［ɕĩ³⁵ te⁵⁵ ɕau⁴⁴ xɯ⁴⁴ soŋ⁴⁴ ai⁴⁴ jỹ⁵¹］
闪下收开三日完

13 ［xau³⁵ fue⁴⁴ ɕu⁴⁴ tau⁵¹ nu⁴⁴ tɕhua⁴⁴ laɯ⁴⁴］
好花树头给吹落

066

14 ［no³⁵ la⁴⁴ tɕoŋ³¹ laŋ⁴⁴ tsiau⁴⁴ wue⁴⁴ la⁵¹］
哪知正当就曰离

15 ［no⁴⁴ tɕau³⁵ tshiŋ³¹ mai⁵¹ tso³¹ sai³¹ ȵi⁴⁴］
耐久听闻再送义

16 ［kɯ⁴⁴ mɯe³¹ khau³⁵ lai⁵¹ tsai³¹ ɕau⁴⁴ xɯ⁴⁴］
该不可怜尽收开

17 ［je⁵¹ pɯe⁴⁴ lau⁵¹ tɕaŋ⁴⁴ xau³⁵ ku³¹ na⁴⁴］
人吧楼中好过日

18 ［nẽ⁵¹ li⁴⁴ tau³¹ lo⁵¹ wu⁵¹ jaŋ⁴⁴ khaŋ⁴⁴］
侬低头来无用空

19 ［la³¹ ɕaŋ⁴⁴ mɯe³¹ kɯ⁴⁴ nu⁴⁴ tshu⁵⁵ lo³⁵］
理上不该给拆个

20 ［kai⁴⁴ li³¹ mɯe³¹ jau⁵¹ tɕue⁴⁴ laɯ⁴⁴ thu⁴⁴］
跟礼不由均落他

21 ［jiu⁴⁴ tɕhi³¹ jĩ³¹ ɕe⁴⁴ ȵu³¹ na⁴⁴ li³¹］
亦气你身女日了

22 ［tsɿe³⁵ xu⁵⁵ fɯ⁵¹ jaŋ⁵¹ pai⁵¹ nẽ⁴⁴ ȵe⁴⁴］
只哭回阳凭哪位

23 ［sai³¹ ɕua⁵⁵ lu⁴⁴ tɕaŋ⁴⁴ fai⁴⁴ la⁵¹ pi⁴⁴］
送出路中分离别

24 ［soŋ⁴⁴ lo³⁵ tɕoŋ³¹ fɯ⁵¹ ŋa³¹ la⁴⁴ phi⁴⁴］
三个转回眼泪飘

25 ［tsɿe⁴⁴ tsaɯ³¹ tsie³⁵ pẽ⁴⁴ saŋ⁴⁴ liau⁵¹ la⁴⁴］
自坐亲边双流泪

26 ［ɕi³⁵ khaŋ³¹ waŋ⁴⁴ lo⁵¹ xau³⁵ pa⁴⁴ ɕaŋ⁴⁴］
起看望来好悲伤

27 ［sai³¹ ɕua⁵⁵ na³¹ nu⁵¹ mɯe³¹ tẽ⁵¹ tsiŋ³¹］
送出你奴不恬静

28 ［ɕi³⁵ khaŋ³¹ waŋ⁴⁴ lo⁵¹ lau⁴⁴ kɯ⁵⁵ sai⁴⁴］
起看望来刀割心

29 ［khau³⁵ lai⁵¹ ŋu³¹ sẽ⁴⁴ jĩ³¹ jau³¹ na⁴⁴］
可怜我先你有日

30 ［soŋ⁴⁴ lo³⁵ fɯ⁵¹ kue⁴⁴ tɕaŋ⁴⁴ ɕaŋ⁴⁴ liaŋ⁵¹］
三个回家共商量

31 ［jy⁵¹ tɕe⁴⁴ to⁴⁴ tsi⁵¹ li⁴⁴ tau⁵¹ tɕhy³¹］
如今大齐低头去

32 ［pɯ³¹ tsei⁴⁴ tɕi⁵⁵ tɕau⁴⁴ tɕhue⁵⁵ mɯe³¹ tsau⁵¹］
背着结交却不愁

33 ［siaŋ³⁵ ɕi³⁵ wa⁵¹ e⁴⁴ tsiau⁴⁴ sʅe³¹ xu⁵⁵］
想起为恩就是哭

34 ［tsʅe³¹ tɕe⁴⁴ khau³⁵ lai⁵¹ ȵe⁴⁴ pi⁴⁴ ȵe⁴⁴］
至今可怜位别位

35 ［tsai⁵¹ tso³¹ lau⁵¹ tɕaŋ⁴⁴ mɯe³¹ tɕĩ³¹ ku³¹］
齐在楼中不见过

36 ［lau³¹ tshʅe³⁵ tshu⁵⁵ xɯ⁴⁴ xau³⁵ la⁴⁴ liau⁵¹］
到此拆开好泪流

37 ［faŋ⁴⁴ xaŋ⁵¹ ɕi³⁵ ɕe⁴⁴ tsai⁵¹ mai⁵¹ ku³¹］
凤凰起身从门过

38 ［tsai³¹ sʅe³¹ lai⁴⁴ tau⁵¹ tɕhue⁵⁵ mɯe³¹ tsi⁴⁴］
尽是低头却不焦

39 ［tɕi³⁵ siaŋ³⁵ tshu⁵⁵ xɯ⁴⁴ tɕhue⁵⁵ mɯe³¹ tɕhi³¹］
记想拆开却不气

40 ［xau³⁵ wue⁴⁴ fu⁴⁴ kua⁴⁴ tsiau⁴⁴ sʅe³¹ na⁵¹］
口曰合归就是难

41 ［xau³⁵ pa³⁵ la³¹ ŋu⁵¹ xɯ³⁵ li³⁵ tsiu⁴⁴］
好比鲤鱼海底住

42 ［tsʅe⁵¹ taŋ⁵¹ ɕua³⁵ ɕe⁴⁴ na⁵¹ tɕaŋ⁴⁴ pai⁵¹］
池塘水深难共凭

43 ［jĩ³¹ pɯe⁴⁴ ɕau⁴⁴ xɯ⁴⁴ mɯe³¹ tɕĩ³¹ ku³¹］
你吧收开不见过

44 ［maŋ⁵¹ xɯ⁵⁵ maŋ⁵¹ maŋ⁵¹ maŋ³¹ soŋ⁴⁴ li⁴⁴］
蒙黑茫茫满三朝

45 ［khua⁴⁴ je³¹ khau³⁵ lai⁵¹ wu⁵¹ pai⁵¹ khau³¹］
亏台可怜无凭靠

46 ［ɕaŋ⁴⁴ mɯe³¹ ɕoŋ⁵¹ sʅe⁴⁴ fue³¹ mɯe³¹ ŋ̍⁴⁴］
上不成事下不安

47 ［soŋ⁴⁴ lo³⁵ ɕaŋ⁴⁴ sai⁴⁴ ŋa³¹ la⁴⁴ laɯ⁴⁴］
三个伤心眼泪落

48 ［sɯ⁵⁵ wue⁴⁴ xa⁵¹ wai⁵¹ tɕaŋ⁴⁴ fu³¹ ɕe⁴⁴］
始曰行文恭贺身

49 ［pai³⁵ sʅe³¹ taŋ⁵¹ xaŋ⁴⁴ taŋ⁵¹ su³⁵ laɯ⁴⁴］
本是同欢同耍乐

50 ［tsiau⁴⁴ nu⁴⁴ tshu⁵⁵ xɯ⁴⁴ je⁵¹ sai³¹ je⁵¹］
就给拆开人送人

51 ［khau³⁵ lai⁵¹ liaŋ⁵¹ tsi⁵¹ ɕau⁴⁴ pi⁴⁴ tɕhy³¹］
可怜龙齐收别去

52 ［xu⁵¹ tsie⁴⁴ saŋ⁴⁴ xa⁵¹ fa⁴⁴ mɯe³¹ kau⁴⁴］
蝴蝶双行飞不高

53 [tsʅe⁴⁴ji³¹kua³¹tshai⁴⁴lo⁵¹tsiŋ⁴⁴na⁴⁴]
自于贵亲来定日

54 [sʅe⁵¹khɯ⁵⁵ɕaŋ⁴⁴sai⁴⁴ŋa³¹la⁴⁴ɕua⁵¹]
时刻伤心眼泪垂

55 [je⁵¹pɯe⁴⁴tɕi⁵⁵tɕau⁴⁴xau³⁵ku³¹na⁴⁴]
人吧结交好过日

56 [tɕaŋ⁴⁴tsaɯ³¹taŋ⁵¹pai⁵¹mɯe³¹la⁴⁴tsi⁴⁴]
共坐同凭不知焦

57 [sei³¹ɕy⁵⁵sei³¹ȵĩ⁵¹xau³⁵xaŋ⁴⁴lau⁴⁴]
细说细言好欢乐

58 [tsiau⁴⁴sʅe³¹jau³¹xa⁵¹ȵe⁴⁴ko³⁵ȵe⁴⁴]
就是有烦位解位

59 [jy⁵¹tɕe⁴⁴siaŋ³⁵lo⁵¹tɕhue⁵⁵mɯe³¹tɕhi³¹]
如今想来却不气

60 [tsi⁵¹tshiŋ³⁵mɯe³¹xaŋ⁴⁴kau⁵⁵jau³¹tsau⁵¹]
齐请不欢各有愁

61 [tsi⁵¹tso³¹lau⁵¹tsaŋ⁴⁴mɯe³¹tɕĩ³¹ku³¹]
齐在楼中不见过

62 [siau³¹sɯ⁵⁵ti⁵¹tɕe⁴⁴je⁵¹mai⁴⁴je⁵¹]
绣色提针人问人

63 [tsʅe³⁵tɕhi³¹sẽ⁴⁴la⁵¹sẽ⁴⁴ma⁵⁵jaŋ⁴⁴]
只气先离先没用

64 [paŋ³¹fue³¹lau⁵¹tsẽ⁵¹tu⁴⁴tsʅe⁴⁴tsi⁴⁴]
放下楼前独自焦

65 [tsʅe³⁵xai⁴⁴khau³⁵lai⁵¹wu⁵¹siaŋ⁴⁴paŋ³¹]
只恨可怜无相伴

66 ［tu⁴⁴ tsɿe⁴⁴ ti⁵¹ tɕe⁴⁴ pʰɯ³¹ mɯe³¹ tɕỹ⁵¹］
独自提针配不全

67 ［siaŋ³⁵ ɕi³⁵ sẽ⁴⁴ la⁵¹ mɯe³¹ tɕĩ³¹ ku³¹］
想起仙栏不见过

68 ［xau³⁵ ɕy⁵⁵ tsʰẽ⁴⁴ xaŋ⁵¹ ȵe⁴⁴ mai⁴⁴ ȵe⁴⁴］
口说千行位问位

69 ［jy⁵¹ tɕe⁴⁴ pɯ³¹ ɕi³⁵ ȵu³¹ na⁴⁴ li³¹］
如今悖起女日了

70 ［kau⁵⁵ laɯ⁴⁴ tʰu⁴⁴ faŋ⁵¹ na⁵¹ fu⁴⁴ xaŋ⁴⁴］
各落他房难合欢

71 ［tsi⁵¹ tsʰiŋ³¹ ȵĩ⁵¹ tɕaŋ⁴⁴ ɕu⁴⁴ pai³⁵ wue⁴⁴］
齐听言章书本曰

72 ［tɕi³¹ nẽ⁴⁴ tɕi⁵⁵ tɕau⁴⁴ tsɿ³⁵ lo³⁵ tsiŋ⁵¹］
记念结交子个情

73 ［tɕʰue⁵⁵ wue⁴⁴ sẽ⁴⁴ la⁵¹ jĩ³¹ jau³¹ na⁴⁴］
却曰仙栏你有曰

74 ［soŋ⁴⁴ lo³⁵ fɯ⁵¹ tɕỹ⁵¹ fu⁴⁴ kua⁴⁴ xaŋ⁴⁴］
三个回程合归欢

75 ［lau³¹ tsʰɿe³⁵ jy⁵¹ tɕe⁴⁴ wu⁵¹ ɕua⁵⁵ tɕʰi³¹］
到此如今无出气

76 ［siaŋ³⁵ ɕi³⁵ tɕỹ³¹ fɯ⁵¹ pai⁵¹ nẽ⁴⁴ ȵe⁴⁴］
想起转回凭哪位

77 ［pʰɯ³¹ tsi⁴⁴ tɕi⁵⁵ tɕau⁴⁴ tsi⁵¹ xaŋ⁴⁴ ɕi³⁵］
配着结交齐欢喜

78 ［tɕe⁴⁴ ai⁴⁴ jỹ⁵¹ e⁴⁴ tɕʰue⁵⁵ mɯe³¹ tsau⁵¹］
今日完恩却不愁

（四）相邀结交书——我自心红自欢乐

① 应为 〤

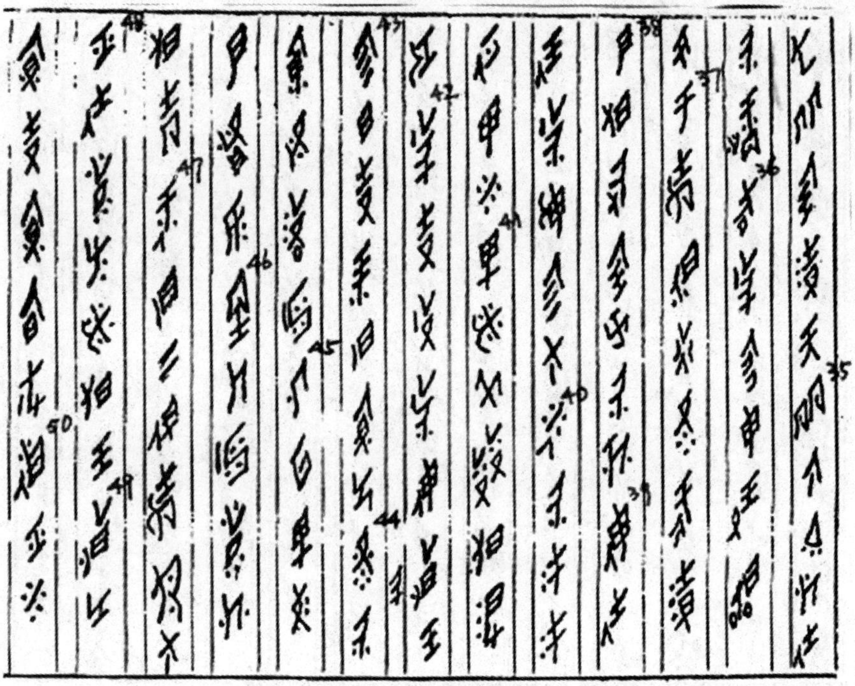

第三章　高氏女书校勘整理七十五篇

①漏．莘字。

①应为 吾

①应为 [女书字符]

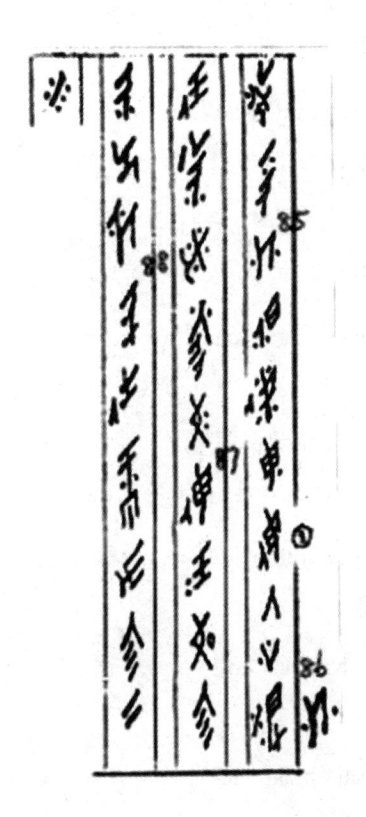

1 [ŋu³¹ tsʅe⁴⁴ sai⁴⁴ xai⁵¹ tsʅe⁴⁴ xaŋ⁴⁴ lau⁴⁴]
我自心红自欢乐

2 [na⁵¹ ɕe⁵¹ tsa³⁵ ȵaŋ⁵¹ tɕe⁴⁴ jau³¹ sai⁴⁴]
难承姊娘真有心

3 [tsi⁵⁵ fue³¹ ma⁴⁴ tsiaŋ⁵¹ tu⁴⁴ tɕi³⁵ lau³¹]
接下慢详读几道

4 [tshiŋ³¹ nẽ⁵⁵ sai⁴⁴ xaŋ⁴⁴ sai⁴⁴ tsʅe⁴⁴ xai⁵¹]
听得心欢心自红

5 [tɕu³¹ tɕu³¹ tɕhoŋ⁴⁴ ȵĩ⁵¹ pai³⁵ jau³¹ la³¹]
句句轻言本有理

6 [fu⁴⁴ ji³¹ tsa³⁵ ȵaŋ⁵¹ wu⁵⁵ tɕi⁵⁵ tɕau⁴⁴]
合意姊娘邀结交

7 [thẽ⁴⁴ sẽ⁴⁴ phɯ³¹ ɕoŋ⁵¹ nẽ⁵¹ liaŋ³¹ lo³⁵]
天仙配成侬两个

8 [na⁵¹ nẽ⁵⁵ jĩ³¹ ɕe⁴⁴ sʅe³¹ mɯe³¹ ɕĩ⁵¹]
难得你身是不嫌

9 [jĩ³¹ lau³¹ li⁴⁴ mai⁵¹ tsiu⁴⁴ tɕi³⁵ ai⁴⁴]
你到低门住几日

10 [je³¹ jiu⁴⁴ tshu⁴⁴ sai⁴⁴ ji³⁵ ku³¹ te⁵⁵]
台亦粗心倚过了

11 [tsʅe⁴⁴ tsai⁵¹ fai⁴⁴ xɯ⁴⁴ jy⁵¹ ɕua³⁵ laŋ⁴⁴]
自从分开如水浪

12 [na⁵¹ ɕue³⁵ na⁵¹ la⁵¹ pi⁴⁴ jĩ³¹ ɕe⁴⁴]
难舍难离别你身

13 [ŋu³¹ tsiau⁴⁴ tshẽ⁴⁴ xaŋ⁵¹ na⁵¹ pa³⁵ jĩ³¹]
我就千行难比你

14 ［waŋ⁴⁴ wue⁴⁴ liaŋ⁴⁴ khaŋ⁴⁴ tshiŋ³⁵ mɯe³¹ ɕĩ⁵¹］
　　望曰量宽请不嫌

15 ［to⁴⁴ tsi⁵¹ khau³⁵ khua⁴⁴ xaŋ⁵¹ sai⁴⁴ to⁴⁴］
　　大齐口亏寒心大

16 ［liaŋ³¹ lo³⁵ pai⁵¹ tsa⁵¹ ȵe⁴⁴ ko³⁵ ȵe⁴⁴］
　　两个凭齐位解位

17 ［sei³¹ tɕhu³⁵ miŋ⁵¹ ɕoŋ⁴⁴ wa⁵¹ tɕi⁵⁵ po³¹］
　　笑取名声为结拜

18 ［pai³⁵ sɿe³¹ tshẽ⁴⁴ xaŋ⁵¹ mɯe³¹ ȵe⁴⁴ tɕe⁴⁴］
　　本是千行不认真

19 ［no⁴⁴ no⁴⁴ pai⁵¹ tsa⁵¹ saŋ³¹ ko³⁵ ji³¹］
　　耐耐凭齐算解意

20 ［tsi⁵¹ jau³¹ je³⁵ jĩ⁵¹ ȵe⁴⁴ xai⁴⁴ ȵe⁴⁴］
　　齐有郁盈位恨位

21 ［tshiŋ³¹ jĩ³¹ lo⁵¹ ȵĩ⁵¹ miŋ⁴⁴ tsẽ⁴⁴ pu⁴⁴］
　　听你来言命贱薄

22 ［je³¹ jiu⁴⁴ xai⁴⁴ ɕoŋ⁴⁴ xau³⁵ xu⁵⁵ tsau⁵¹］
　　台亦恨声好哭愁

23 ［fɯ⁵¹ ɕu⁴⁴ tɕhỹ³¹ ɕoŋ⁴⁴ tsa³⁵ siaŋ⁴⁴ tshiŋ³¹］
　　回书劝声姊相听

24 ［tsiau⁴⁴ sɿe³¹ khaŋ⁴⁴ faŋ⁵¹ jiu⁴⁴ xau³⁵ laŋ⁴⁴］
　　就是空房亦肯当

25 ［liaŋ³¹ nẽ³⁵ xai⁵¹ fue⁴⁴ taŋ⁵¹ tɕaŋ⁴⁴ paŋ³¹］
　　两点红花同共伴

26 ［ɕi³⁵ khaŋ³¹ waŋ⁴⁴ lo⁵¹ xɯ⁴⁴ nẽ⁵⁵ sai⁴⁴］
　　起看望来开得心

27 [fu³¹ mu³¹ pɯe³⁵ laŋ⁴⁴ ŋ̍e⁴⁴ ɕĩ⁴⁴ sʅe⁴⁴]
父母把当要现事

28 [jiu⁴⁴ jau³¹ lẽ⁵¹ tɕe⁴⁴ ti³¹ liaŋ³¹ miŋ⁵¹]
亦有连襟弟两名

29 [ɕe⁴⁴ pẽ⁴⁴ wu⁵¹ ai⁵¹ tsai³¹ mɯe³¹ tɕhi³¹]
身边无儿尽不气

30 [tshiŋ³¹ ŋu³¹ tshu⁴⁴ ŋ̍ĩ⁵¹ tsʅe⁴⁴ siaŋ³⁵ xɯ⁴⁴]
听我粗言自想开

31 [ku³¹ to⁴⁴ liaŋ³¹ nẽ³⁵ xai⁵¹ fue⁴⁴ ŋ̍u³¹]
顾大两点红花女

32 [tɕau⁴⁴ tɕhue⁵⁵ ɕua⁵⁵ ɕaŋ⁴⁴ paŋ³¹ tɕhoŋ⁴⁴ sai⁴⁴]
交嘱出乡放轻心

33 [ŋ⁴⁴ lau⁴⁴ khaŋ⁴⁴ faŋ⁵¹ mɯe³¹ la⁴⁴ siaŋ³⁵]
安乐空房不多想

34 [tsa³⁵ ŋ̍aŋ⁵¹ xau³⁵ miŋ⁵¹ tɕỹ⁵¹ jỹ³¹ thẽ⁴⁴]
姊娘好名传远天

35 [no³⁵ kau³¹ nẽ⁴⁴ ŋ̍e⁴⁴ sʅe³¹ mɯe³¹ ɯ³¹]
哪个哪位是不爱

36 [ji⁵⁵ tsʅe⁴⁴ miŋ⁴⁴ tɕaŋ⁴⁴ na⁵¹ tɕhaŋ³⁵ tɕau⁵¹]
一字命中难强求

37 [tshẽ⁴⁴ tɕi⁵⁵ siaŋ³⁵ xɯ⁴⁴ tsai³¹ kaɯ⁴⁴ jỹ³¹]
千急想开尽搁远

38 [ɕi³⁵ jau³¹ xau³⁵ tɕỹ⁵¹ wa⁴⁴ mɯe³¹ jau⁴⁴]
少有好全万不忧

39 [tsiau⁴⁴ sʅe³¹ tso³¹ kue⁴⁴ lẽ⁵¹ tɕe⁴⁴ ŋ̍i⁴⁴]
就是在家连襟义

40 ［jĩ³¹ mɯe³¹ sɿe⁵¹ sɿe⁵¹ la⁴⁴ kue³⁵ sai⁴⁴］
你不时时虑股心

41 ［tsa³⁵ ke³¹ fu³¹ tshai⁴⁴ jau³¹ lɯ⁵⁵ xa⁵¹］
姊者父亲有德行

42 ［tsɿe⁴⁴ n̠ĩ⁵¹ fɯ⁵¹ kue⁴⁴ tɕaŋ⁴⁴ taŋ⁵¹ jỹ⁵¹］
自然回家共团圆

43 ［tɕe⁴⁴ ai⁴⁴ n̠ĩ⁵¹ lo⁵¹ pɯe⁴⁴ ɕy⁵⁵ ɕua⁵⁵］
今日言来白说出

44 ［tɕaŋ³⁵ tsɿ³⁵ mɯe³¹ nu⁴⁴ sɯ⁵⁵ la⁴⁴ faŋ⁵¹］
长子不给失落房

45 ［tai⁴⁴ wue⁴⁴ tsa³⁵ n̠aŋ⁵¹ ɕi³⁵ lu⁴⁴ tɕhi³¹］
才曰姊娘少路气

46 ［khaŋ⁴⁴ tɕau³⁵ faŋ⁵¹ tsẽ⁵¹ jiu⁴⁴ jau³¹ ɕoŋ⁴⁴］
空守房前亦有声

47 ［ŋu³¹ pɯe⁴⁴ liaŋ³¹ lo³⁵ tɕi⁵⁵ wa⁵¹ n̠i⁴⁴］
我吧两个结为义

48 ［pai³⁵ sɿe³¹ tsẽ⁵¹ sa⁴⁴ ke³¹ jau³¹ jỹ⁵¹］
本是前生者有缘

49 ［taŋ⁵¹ tsaɯ³¹ ɕy⁵⁵ n̠ĩ⁵¹ tɕe⁴⁴ fu⁴⁴ ji³¹］
同坐说言真合意

50 ［je³¹ pai³⁵ sai⁴⁴ xaŋ⁴⁴ wa⁵¹ fue³¹ tsiŋ⁵¹］
台本心欢为下情

51 ［su³¹ tu⁴⁴ tso³¹ kue⁴⁴ tsɿe⁴⁴ sɿe⁵¹ na⁴⁴］
诉读在家之时日

52 ［liau⁴⁴ tsiaŋ⁴⁴ jy⁵¹ je⁵¹ ɕe³¹ sa³¹ pẽ⁴⁴］
略将如人胜四边

53　[fu³¹ mu³¹ saŋ⁴⁴ tɕỹ⁵¹ tso³¹ ɕi³¹ ɕaŋ⁴⁴]
　　父母双全在世上

54　[ku⁴⁴ jiu⁴⁴ ji⁵⁵ miŋ⁵¹ sau³⁵ ji⁵⁵ ȵe⁴⁴]
　　哥亦一名嫂一位

55　[ji⁵⁵ kau³¹ tsa³⁵ ȵaŋ⁵¹ la⁴⁴ je⁴⁴ fu³⁵]
　　一个姊娘落阴府

56　[ma⁵⁵ miŋ⁴⁴ ɕi³¹ ka⁴⁴ lau³¹ thu⁴⁴ mai⁵¹]
　　没命世间到他门

57　[tso³¹ tɕhi³¹ tɕi⁴⁴ ɕue⁴⁴ jau³¹ liaŋ³¹ kau³¹]
　　再气娇孙有两个

58　[khau³⁵ lai⁵¹ mɯe³¹ kɯ⁴⁴ au³¹ sɯ⁵⁵ lu⁵¹]
　　可怜不该沤失掉

59　[tɕi³⁵ jaŋ⁴⁴ tsɿe⁵¹ pa⁴⁴ tɕe⁴⁴ liau⁵¹ la⁴⁴]
　　几样慈悲真流泪

60　[sɿe³¹ siaŋ³⁵ lai⁴⁴ sɿe⁵¹ jiu⁴⁴ tɕhi³¹ sei⁴⁴]
　　是想东时亦气西

61　[laɯ⁴⁴ na⁴⁴ xaŋ⁵¹ mai⁵¹ tsha⁵⁵ po⁵⁵ tso³¹]
　　落入黄门七八载

62　[mɯe³¹ nẽ⁵⁵ tshiŋ³⁵ xaŋ⁴⁴ xau³⁵ ke³¹ sɿe⁵¹]
　　不得请欢好者时

63　[fa⁴⁴ wue⁴⁴ jue⁵¹ ȵaŋ⁵¹ tso³¹ ɕi³¹ ɕaŋ⁴⁴]
　　虽曰爷娘在世上

64　[jiu⁴⁴ jau³¹ lẽ⁵¹ tɕe⁴⁴ naɯ⁴⁴ ni⁴⁴ jɯ⁵¹]
　　亦有连襟闹热遥

65　[tsɿe³⁵ xu⁵⁵ khau³⁵ lai⁵¹ je³¹ je⁵¹ ɕi³¹]
　　只哭可怜台人世

66 [jiu⁴⁴ ma⁵⁵ laŋ⁴⁴ kue⁴⁴ tsɿ⁳¹ ni⁴⁴ je⁵¹]
亦没当家治业人

67 [jĩ³¹ wue⁴⁴ ce³¹ jy⁵¹ ce⁵¹ sẽ⁴⁴ jaŋ⁴⁴]
你曰胜如神仙样

68 [tɕi³¹ ŋu³¹ sɿe⁵¹ sɿe⁵¹ siaŋ³⁵ mɯe³¹ xɯ⁴⁴]
叫我时时想不开

69 [ŋa³¹ tsẽ⁵¹ ce⁵¹ sẽ⁴⁴ jaŋ⁵¹ ji³¹ ku³¹]
眼前神仙容易过

70 [tɕau³⁵ jau³¹ nẽ⁵¹ lo⁵¹ ji³⁵ nẽ⁴⁴ ȵe⁴⁴]
久有年来倚哪位

71 [tɕe⁴⁴ ɕu⁴⁴ ɕy⁵⁵ ɕu⁵⁵ tsa³⁵ ȵaŋ⁵¹ tshiŋ³¹]
今书说出姊娘听

72 [mẽ⁴⁴ pɯe⁴⁴ ɕi³⁵ li³¹ caŋ³¹ kau⁴⁴ mai⁵¹]
妹吧少礼上高门

73 [sɿe³¹ nẽ⁵¹ liaŋ³¹ lo³⁵ tsi⁵¹ tshiŋ³⁵ tsi⁴⁴]
是侬两个齐请着

74 [sa⁴⁴ tshaɯ⁵⁵ ŋ̩³¹ xa⁵¹ sɿe⁴⁴ fai⁴⁴ khua⁴⁴]
生错五行十分亏

75 [jĩ³¹ ȵe⁴⁴ ɕue³⁵ ce⁴⁴ caŋ⁵¹ lo⁵¹ tsiu⁴⁴]
你要舍身常来住

76 [tai⁴⁴ wue⁴⁴ pai⁵¹ tsa⁵¹ saŋ³¹ xɯ⁴⁴ sai⁴⁴]
才曰凭齐算开心

77 [tsiau⁴⁴ sɿe³¹ tsiaŋ⁴⁴ ce⁴⁴ wu⁵¹ nẽ³⁵ fai⁴⁴]
就是将身无点分

78 [lau⁴⁴ na⁴⁴ xaŋ⁵¹ mai⁵¹ tshiŋ³⁵ mɯe³¹ xaŋ⁴⁴]
落入黄门请不欢

79 [sɿe⁵¹ sɿe⁵¹ na⁴⁴ sai⁴⁴ xau³⁵ tsau⁵¹ xu⁵⁵]
时时入心好愁哭

80 [mɯe³¹ jy⁵¹ sa³¹ pẽ⁴⁴ tsɿe⁴⁴ li⁴⁴ tau⁵¹]
不如四边自低头

81 [laɯ⁴⁴ na⁴⁴ je⁵¹ mai⁵¹ ke³¹ fu³¹ mu³¹]
落入人门者父母

82 [tshẽ⁴⁴ jaŋ⁴⁴ sɿe⁴⁴ tsiŋ⁵¹ je³¹ ji⁴⁴ sai⁴⁴]
千样事情台依心

83 [ku³¹ su³¹ tsa³⁵ n̠aŋ⁵¹ jĩ³¹ la⁴⁴ tsi⁴⁴]
告诉姊娘你虑着

84 [tu⁴⁴ la³¹ ɕaŋ⁴⁴ sai⁴⁴ tsho⁵⁵ au³¹ lu⁵¹]
都些伤心插沤掉

85 [jiu⁴⁴ siaŋ³⁵ tsiaŋ⁴⁴ ɕe⁴⁴ tsɿe⁵¹ je⁵¹ ɕi³¹]
亦想将身辞人世

86 [jiu⁴⁴ xai⁴⁴ tso³¹ kue⁴⁴ ke³¹ jue⁵¹ n̠aŋ⁵¹]
亦恨在家者爷娘

87 [tsiau⁴⁴ lau³¹ jy⁵¹ tɕe⁴⁴ mɯe³¹ ɕua⁵⁵ jue⁴⁴]
就到如今不出运

88 [tsɿe³⁵ sɿe³¹ tsau⁵¹ ma⁵¹ tɕe⁴⁴ na⁴⁴ sai⁴⁴]
只是愁眉真入心

(五) 相邀结交书——湖海湖南龙出洞

①漏 ⿰ ⿱ 二字

②应为 ⿰

第三章 高氏女书校勘整理七十五篇

1　[xu⁵¹ xɯ³⁵ xu⁵¹ noŋ⁵¹ liaŋ⁵¹ ɕua⁵⁵ te⁴⁴]
　　湖海湖南龙出洞

2　[tsiaŋ⁵¹ ɕi³¹ tɕhỹ⁴⁴ tɕu⁴⁴ thau³¹ lai³⁵ miŋ⁵¹]
　　长戏撑珠透底明

3　[tɕhy³⁵ ɕau³⁵ sɿ⁴⁴ ɕu⁴⁴ faŋ³¹ ku³¹ jĩ³¹]
　　取首诗书奉过你

4　[ŋu³¹ jiu⁴⁴ tsɿ⁴⁴ la⁴⁴ mɯe³¹ pa³⁵ tsiŋ⁵¹]
　　我亦自知不比情

5　[na⁵¹ ɕe⁵¹ le³¹ taŋ⁵¹ mɯe³¹ ɕĩ⁵¹ tɕhi³¹]
　　难承老同不嫌弃

6　[phɯ³¹ fu⁴⁴ ŋu³¹ nu⁵¹ kau⁴⁴ sɿe⁴⁴ fai⁴⁴]
　　配合我奴高个分

7　[kua³¹ fu³⁵ ɕĩ⁵¹ tɕy⁴⁴ ȵu³¹]
　　贵府贤闺女

8　[tshaŋ⁴⁴ miŋ⁵¹ tɕi³¹ xɯ⁴⁴ ȵe⁴⁴]
　　聪明占开位

9　[ɕy⁵⁵ ȵĩ⁵¹ ɕoŋ⁴⁴ tɕy⁴⁴ sei³⁵]
　　说言声俱小

10　[kau⁴⁴ sa⁴⁴ fɯ⁴⁴ ma⁵¹ ɕĩ⁵¹]
　　高山画眉形

11　[su⁴⁴ tsaŋ⁴⁴ jy⁵¹ ɕua³⁵ liaŋ⁴⁴]
　　梳妆如水亮

12　[xa⁵¹ taŋ⁵¹ tsiaŋ³¹ kaŋ⁴⁴ je⁴⁴]
　　行堂像观音

13 ［xu⁵¹ lu⁴⁴ ɕua⁵⁵ pa³⁵ ɕĩ³¹］
葫芦出折扇

14 ［kua³¹ faŋ⁴⁴ ŋu³¹ ɯ³¹ pai⁵¹］
贵凤我爱朋

15 ［lau³¹ taŋ⁵¹ tɕe⁴⁴ siaŋ⁴⁴ tai⁴⁴］
老同真相同

16 ［fɯ⁵¹ ɕu⁴⁴ paŋ³¹ sʅe⁴⁴ n̠ĩ⁵¹］
回书放实言

17 ［pɯe⁵⁵ ɕaŋ⁴⁴ siau⁴⁴ ji³¹ n̠u³¹］
百香修于女

18 ［pɯe⁵⁵ fue⁴⁴ siaŋ⁴⁴ ŋau³¹ lẽ⁵¹］
百花镶藕莲

19 ［ɕy⁴⁴ tau⁴⁴ mu⁴⁴ kue⁴⁴ tsʅe³⁵］
雪豆木瓜子

20 ［tai⁵¹ tsiaŋ⁵¹ ka⁴⁴ jiu⁴⁴ ɕe⁴⁴］
藤长根亦深

21 ［wa⁵¹ tsiaŋ⁵¹ tsi⁴⁴ ka⁴⁴ ɕu⁴⁴］
围墙蕉根树

22 ［ka⁴⁴ ɕe⁴⁴ tɕe³¹ tshẽ⁴⁴ nẽ⁵¹］
根深近千年

23 ［to⁴⁴ tsei⁵¹ tɕue⁴⁴ tsʅe³⁵ n̠u³¹］
大齐君子女

24 ［xau³⁵ faŋ⁴⁴ n̠e⁴⁴ siaŋ⁴⁴ pai⁵¹］
好凤要相朋

25 [jue⁵¹ ȵaŋ⁵¹ tɕe⁴⁴ fu⁴⁴ ji³¹]
爷娘真合意

26 [le³¹ taŋ⁵¹ ɕi³⁵ xaŋ⁴⁴ sai⁴⁴]
老同喜欢心

27 [tɕi⁴⁴ nẽ⁴⁴ ji⁵⁵ nẽ⁴⁴ khaŋ⁴⁴ ku³¹ na⁴⁴]
今年一年空过日

28 [tso³¹ xau³¹ lo⁵¹ nẽ⁵¹ tsau³⁵ jaŋ⁴⁴ se⁴⁴]
再有来年早用心

29 [ɕy⁵⁵ ɕua⁵⁵ tɕe⁴⁴ ȵĩ⁵¹ fɯ⁴⁴]
说出真言话

30 [ji⁴⁴ sai⁴⁴ liaŋ³¹ wa⁴⁴ ȵe⁴⁴ siaŋ⁴⁴ pe⁵¹]
依心两位要相朋

31 [jue⁵¹ ȵaŋ⁵¹ tɕe⁴⁴ fu⁴⁴ ji³¹]
爷娘真合意

32 [ɕoŋ⁴⁴ sau³⁵ xau³⁵ si³¹ sai⁴⁴]
兄嫂有细心

33 [khau⁵⁵ ma⁵¹ thẽ⁴⁴ sẽ⁴⁴ jaŋ⁴⁴]
确蛮天仙样

34 [saŋ⁴⁴ liaŋ⁵¹ tɕhy³¹ te⁵⁵ tai⁴⁴]
双龙去了洞

35 [ji⁴⁴ tshai⁴⁴ wa⁵¹ fue³¹ ȵi⁴⁴]
依亲为下义

36 [tɕua⁵¹ sɿe⁵¹ mɯe³¹ ȵe⁴⁴ tɕe⁴⁴]
随时不认真

37 [fɯ⁵¹ wai⁵¹ lau³¹ ŋu³¹ fu³⁵]
回文到我府

38 [tɕaŋ⁴⁴ pe⁵¹ tsiu⁴⁴ tɕi³⁵ li⁴⁴]
共凭住几朝

39 [ŋu³¹ nu⁵¹ ji⁵⁵ sai⁴⁴ tɕoŋ³¹]
我奴一心敬

40 [mai⁴⁴ faŋ⁴⁴ tsɿe⁵¹ mɯe³¹ tsɿe⁵¹]
问凤辞不辞

41 [faŋ⁴⁴ xaŋ⁵¹ lo⁵¹ ɕi³¹ ɕua³⁵]
凤凰来戏水

42 [lau³¹ taŋ⁵¹ tɕe⁴⁴ mɯe³¹ tɕe⁴⁴]
老同真不真

43 [ji⁴⁴ sai⁴⁴ wa⁵¹ fue³¹ ȵi⁴⁴]
依心为下义

44 [ɕy⁵⁵ ȵĩ⁵¹ mɯe³¹ nu⁴⁴ ɕy⁴⁴]
说言不给虚

45 [nẽ⁵¹ sɿe³¹ tɕue⁴⁴ tsɿe³⁵ ȵu³¹]
侬是君子女

46 [tsiaŋ⁵¹ xa⁵¹ tɕau³⁵ mɯe³¹ ɕau⁴⁴]
长行久不收

47 [ji⁵⁵ lie³¹ jĩ⁴⁴ jaŋ⁴⁴ e⁴⁴ ku³¹ xɯ³⁵]
一对鸳鸯入过海

48 [liau⁵¹ xɯ³⁵ ɕi³¹ ɕĩ⁵¹ ɕua³⁵ jaŋ⁴⁴ ɕe⁴⁴]
刘海戏蟾水样深

49 [thẽ⁴⁴ sẽ⁴⁴ phɯ³¹ ɕoŋ⁵¹ nẽ⁵¹ liaŋ³¹ lo³⁵]

天仙配成侬两个

50 ［ji⁵⁵ɕi³¹ tsiaŋ⁵¹ xa⁵¹ mɯe³¹ su⁴⁴ fe⁴⁴］
一世长行不疏分

51 ［sa³¹ pẽ⁴⁴ je⁵¹ lu³¹ tɕĩ³¹］
四边人妒见

52 ［xau³⁵ ai⁴⁴ pu⁴⁴ mɯe³¹ la⁵¹］
好恩步不离

53 ［jue⁵¹ ȵaŋ⁵¹ tɕe⁴⁴ fu⁴⁴ ji³¹］
爷娘真合意

54 ［xau³⁵ ai⁴⁴ tsi⁵⁵ ɕaŋ³¹ mai⁵¹］
好日接上门

55 ［liaŋ³¹ wa⁴⁴ kau⁴⁴ lau⁵¹ tsau̯³¹］
两位高楼坐

56 ［tɕhỹ⁴⁴ tɕe⁴⁴ je⁵¹ mai⁴⁴ je⁵¹］
穿针人问人

57 ［fu³¹ mu³¹ tɕe⁴⁴ xaŋ⁴⁴ ɕi³⁵］
父母真欢喜

58 ［na⁴⁴ je⁵¹ pai³⁵ fu⁴⁴ sai⁴⁴］
二人本合心

59 ［xau⁵¹ lai⁵¹ fue⁴⁴ ŋ³¹ sɯ⁵⁵］
荷菱花五色

60 ［tɕaŋ⁴⁴ pai⁵¹ tsiu⁴⁴ tɕi³⁵ li⁴⁴］
共凭住几朝

61 ［taŋ⁵¹ xa⁵¹ mɯe³¹ su⁴⁴ paŋ³¹］
同行不疏伴

62 ［ji⁵⁵ tsi⁵¹ lau³¹ ŋu³¹ kue⁴⁴］
一齐到我家

63 ［lau³¹ ŋu³¹ kue⁴⁴ tɕaŋ⁴⁴ tsiu⁴⁴ tɕi³⁵ ai⁴⁴］
到我家中住几日

64 ［faŋ³¹ sai³¹ lau³¹ taŋ⁵¹ tɕỹ³¹ fɯ⁵¹ kue⁴⁴］
奉送老同转回家

［ke⁴⁴ n̠e⁵¹ sẽ⁴⁴ siau⁴⁴ ɕu⁴⁴ tɕỹ⁵¹ we⁵¹］
高银仙修书传文

（六）相邀结交书——接起贵文读几到

第三章　高氏女书校勘整理七十五篇

1　[tsei⁵⁵ ɕi³⁵ kua³¹ wai⁵¹ tu⁴⁴ tɕi³⁵ lau³¹]
　接起贵文读几到

2　[tshiŋ³¹ nẽ⁵⁵ sai⁴⁴ xaŋ⁴⁴ sai⁴⁴ tsɿe⁴⁴ xai⁵¹]
　听得心欢心自红

3　[tɕu³¹ tɕu³¹ tɕhoŋ⁴⁴ n̠ĩ⁵⁵ pai³⁵ jau³¹ la³¹]
　句句轻言本有理

4　[fu⁴⁴ ji³¹ lau³¹ taŋ⁵¹ nẽ⁵¹ tɕi⁵⁵ tɕau⁴⁴]
　合意老同侬结交

5　[thẽ⁴⁴ sẽ⁴⁴ phɯ³¹ ɕoŋ⁵¹ nẽ⁵¹ liaŋ³¹ lo³⁵]
　天仙配成侬两个

6　[fu⁴⁴ ji³¹ ji⁵⁵ sai⁴⁴ n̠e⁴⁴ siaŋ⁴⁴ pai⁵¹]
　合意一心要相凭

7　[fɯ⁵¹ wai⁵¹ lau³¹ na³¹ fu³⁵]
　回文到你府

8　[lau³¹ taŋ⁵¹ ji⁴⁴ mɯe³¹ ji⁴⁴]
　老同侬不侬

9　[ŋ³¹ n̠y⁴⁴ khaŋ⁴⁴ ku³¹ na⁴⁴]
　五月空过日

10　[po⁵⁵ n̠y⁴⁴ tɕaŋ⁴⁴ tshiau⁴⁴ nẽ⁵¹ ɕaŋ³¹ mai⁵¹]
　八月中秋侬上门

11　[jue⁵¹ n̠aŋ⁵¹ tɕe⁴⁴ fu⁴⁴ ji³¹]
　爷娘真合意

12　[xau³⁵ faŋ⁴⁴ n̠e⁴⁴ siaŋ⁴⁴ pai⁵¹]
　好凤要相凭

13　[to⁴⁴ tsi⁵¹ tɕue⁴⁴ tsɿe³⁵ n̠u³¹]
　大齐君子女

14 ［ɕy⁵⁵ ȵĩ⁵¹ mɯe³¹ nu⁴⁴ ɕy⁴⁴］
说言不给虚

15 ［sa³¹ pẽ⁴⁴ je⁵¹ lu³¹ tɕĩ³¹］
四边人妒见

16 ［ji⁵⁵ lie³¹ jĩ⁴⁴ jaŋ⁴⁴ tsau³⁵ ɕoŋ⁵¹ xaŋ⁵¹］
一对鸳鸯走成行

17 ［liaŋ³¹ wa⁴⁴ kau⁴⁴ lau⁵¹ tsaɯ³¹］
两位高楼坐

18 ［tɕhỹ⁴⁴ tɕe⁴⁴ phɯ³¹ sɯ⁵⁵ tɕỹ⁵¹］
穿针配色全

19 ［tɕhy³⁵ tsaɯ³¹ jaŋ⁴⁴ paŋ⁴⁴ fu⁴⁴］
取做样般合

20 ［jue⁵¹ ȵaŋ⁵¹ sai⁴⁴ tɕaŋ⁴⁴ tɕe⁴⁴ fu⁴⁴ ji³¹］
爷娘心中真合意

21 ［liaŋ³¹ nẽ³⁵ xai⁵¹ fue⁴⁴ tso³¹ lau⁵¹ ɕaŋ⁴⁴］
两点红花在楼上

22 ［tɕhỹ⁴⁴ tɕe⁴⁴ nẽ³⁵ sẽ³¹ pai³⁵ fu⁴⁴ sai⁴⁴］
穿针点线本合心

23 ［tɕĩ³¹ jaŋ⁴⁴ sɿe⁴⁴ tsiŋ⁵¹ ma⁵⁵ ji⁵⁵ na⁴⁴］
件样事情没一二

24 ［pai³⁵ sɿe³¹ ji⁴⁴ sai⁴⁴ ȵu³¹ ɕaŋ⁴⁴ tau⁵¹］
本是依心我上头

25 ［lau³¹ taŋ⁵¹ tɕe⁴⁴ fu⁴⁴ ji³¹］
老同真合意

26 ［jue⁵¹ ȵaŋ⁵¹ jiu⁴⁴ sai⁴⁴ xaŋ⁴⁴］
爷娘亦心欢

27 [xa⁵¹ɕoŋ⁵¹ji⁵⁵kue⁴⁴n̠i⁴⁴]
行成一家义

28 [to⁴⁴tsi⁵¹mɯe³¹n̠e⁴⁴tɕe⁴⁴]
大齐不认真

29 [ji⁴⁴tshai⁴⁴wa⁵¹fue³¹n̠i⁴⁴]
依亲为下义

30 [tsiaŋ⁵¹xa⁵¹n̠i⁴⁴jiu⁴⁴ɕe⁴⁴]
长行义亦深

31 [lau³¹taŋ⁵¹xau³⁵tsiŋ⁵¹n̠i⁴⁴]
老同好情义

32 [ɕoŋ⁴⁴sau³⁵jiu⁴⁴n̠e⁴⁴xa⁵¹]
兄嫂亦要行

33 [sɯ⁵⁵nẽ⁵¹jau³¹tɕhy³¹wa⁴⁴]
始侬有趣味

34 [je⁵¹ko⁴⁴lu³¹tɕĩ³¹nẽ⁵¹]
人皆妒见侬

35 [ji⁵⁵ka⁴⁴nẽ³⁵fu³⁵ɕaŋ³¹lau⁵¹tsaɯ³¹]
一更点火上楼坐

36 [tsiŋ³¹tsaɯ³¹khaŋ⁴⁴sei⁴⁴ŋa³¹la⁴⁴ɕua⁵¹]
静坐空悋眼泪垂

37 [na⁴⁴ka⁴⁴ɕaŋ³⁵lau⁴⁴je⁵¹je⁵¹ɕua⁴⁴]
二更响漏人人睡

38 [ɕau³⁵lo⁴⁴jĩ⁴⁴tai⁵¹saŋ³¹xɯ⁴⁴sai⁴⁴]
手拿烟筒算开心

39 ［soŋ⁴⁴ka⁴⁴xɯ⁴⁴xɯ⁴⁴tu⁴⁴mai⁵¹khaŋ³¹］
三更开开楗门看

40 ［mɯe³¹tɕĩ³¹tɕe⁴⁴siŋ⁴⁴paŋ³¹ȵy⁴⁴xa⁵¹］
不见金星伴月行

(七) 相邀结交书——京海金龙住

第三章 高氏女书校勘整理七十五篇

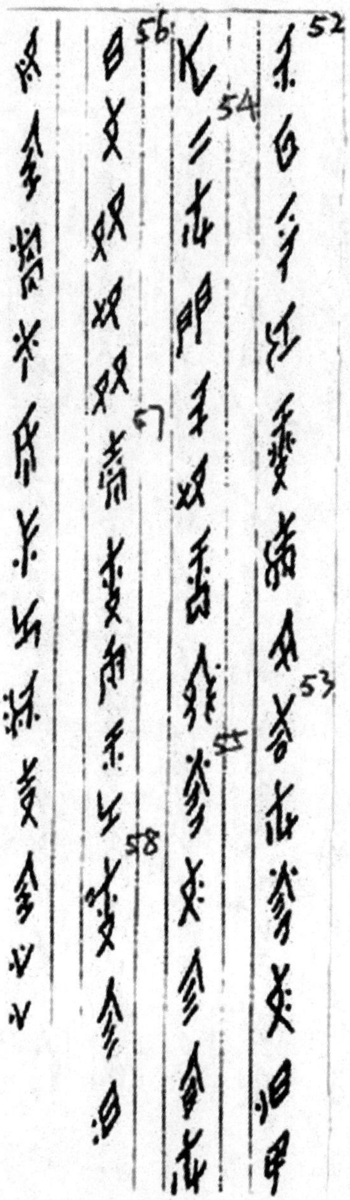
52
53
54
55
56
57
58

1 ［tɕoŋ⁴⁴ xɯ³⁵ tɕe⁴⁴ liaŋ⁵¹ tsiu⁴⁴］
京海金龙住

2 ［la³¹ ŋu⁵¹ la³¹ thu³¹ tɕu⁴⁴］
鲤鱼鲤吐珠

3 ［sẽ⁴⁴ lo⁵¹ phiɯ⁴⁴ jaŋ⁴⁴ ji³¹］
先来抛用意

4 ［mai⁴⁴ tsiŋ⁵¹ tɕe⁴⁴ mɯe³¹ tɕe⁴⁴］
问情真不真

5 ［faŋ⁴⁴ xaŋ⁵¹ lo⁵¹ ɕi³¹ ɕua³⁵］
凤凰来戏水

6 ［lau³¹ taŋ⁵¹ ji⁴⁴ mɯe³¹ ji⁴⁴］
老同依不依

7 ［ŋu³¹ nu⁵¹ ji⁵⁵ sai⁴⁴ tɕoŋ³¹］
我奴一心敬

8 ［mai⁴⁴ faŋ⁴⁴ pai⁵¹ mɯe³¹ pai⁵¹］
问凤朋不朋

9 ［ɕy⁵⁵ tau⁴⁴ mu⁴⁴ kue⁴⁴ tɕɿe³⁵］
雪豆木瓜子

10 ［tai⁵¹ tsiaŋ⁵¹ ka⁴⁴ jiu⁴⁴ ɕe⁴⁴］
藤长根亦深

11 ［wa⁵¹ tsiaŋ⁵¹ tsi⁴⁴ ka⁴⁴ ɕu⁴⁴］
围墙蕉根树

12 ［ka⁴⁴ ɕe⁴⁴ tɕe³¹ tshẽ⁴⁴ nẽ⁵¹］
根深近千年

13 ［ji⁴⁴ tshai⁴⁴ wa⁵¹ fue³¹ ȵi⁴⁴］
依亲为下义

14 ［tɕua⁵¹ sɿe⁵¹ mɯe³¹ ȵe⁴⁴ tɕe⁴⁴］
随时不认真

15 ［ji⁵⁵ saŋ⁴⁴ fue⁴⁴ ma⁵¹ li³⁵］
一双画眉鸟

16 ［saŋ⁴⁴ saŋ⁴⁴ tsiaŋ³¹ ŋu⁵¹ ma⁵¹］
双双像蛾眉

17 ［jue⁵¹ ȵaŋ⁵¹ kua⁴⁴ kue⁵⁵ xau³⁵］
爷娘规矩好

18 ［to⁴⁴ tsi⁵¹ ɕi³⁵ xaŋ⁴⁴ sai⁴⁴］
大齐喜欢心

19 ［lau³¹ taŋ⁵¹ tɕe⁴⁴ fu⁴⁴ ji³¹］
老同真合意

20 ［na⁴⁴ wa⁴⁴ ȵe⁴⁴ siaŋ⁴⁴ pai⁵¹］
二位要相朋

21 ［tsha⁵⁵ ȵy⁴⁴ tshu⁴⁴ sa³¹ ai⁴⁴］
七月初四日

22 ［ŋu³¹ tɕhue⁴⁴ sɿe³¹ pɯe⁴⁴ ɕỹ⁵¹］
我村是划船

23 ［tshu⁴⁴ na⁴⁴ je³¹ lo⁵¹ tsi⁵⁵］
初二台来接

24 ［ɕy⁵⁵ ȵĩ⁵¹ mɯe³¹ nu⁴⁴ ɕy⁴⁴］
说言不给虚

25 ［nẽ⁵¹ tsi⁵¹ tɕue⁴⁴ tsɿe³⁵ ȵu³¹］
侬齐君子女

26 ［xau³⁵ faŋ⁴⁴ ȵe⁴⁴ siaŋ⁴⁴ pai⁵¹］
好凤要相朋

27 ［xa⁵¹ɕoŋ⁵¹ji⁵⁵kue⁴⁴ȵi⁴⁴］
行成一家义

28 ［sa³¹pẽ⁴⁴lu³¹tɕĩ³¹nẽ⁵¹］
四边妒见侬

29 ［pɯe⁵⁵ɕaŋ⁴⁴siau⁴⁴ji³¹ȵu³¹］
百香修于女

30 ［pɯe⁵⁵fue⁴⁴siaŋ⁴⁴ŋau³¹lẽ⁵¹］
百花镶藕莲

31 ［lau³¹taŋ⁵¹tɕe⁴⁴sɯ³⁵ɯ³¹］
老同真所爱

32 ［nẽ⁵¹tsi⁵¹pai³⁵fu⁴⁴sai⁴⁴］
侬齐本合心

33 ［liaŋ³¹wa⁴⁴kau⁴⁴lau⁵¹tsaɯ³¹］
两位高楼坐

34 ［tɕhỹ⁴⁴tɕe⁴⁴phɯ³¹sɯ⁵⁵tɕỹ⁵¹］
穿针配色全

35 ［jue⁵¹ȵaŋ⁵¹tɕe⁴⁴fu⁴⁴ji³¹］
爷娘真合意

36 ［lau³¹taŋ⁵¹nẽ⁵¹sai⁴⁴xaŋ⁴⁴］
老同侬心欢

37 ［ŋ̍³¹ȵy⁴⁴sɿe⁵¹lo⁵¹laŋ⁴⁴ŋu³¹tsi⁵⁵］
五月时来端午节

38 ［pɯe⁵⁵li³⁵fa⁴⁴kau⁴⁴tsai³¹ɕoŋ⁵¹xaŋ⁵¹］
百鸟飞高尽成行

39 ［khaŋ³¹tɕĩ³¹je⁵¹xa⁵¹siaŋ⁴⁴ku³¹lu⁶¹］
看见人行相过路

40 ［saŋ³¹ kɯ⁵⁵ lau³¹ taŋ⁵¹ je³¹ sai⁴⁴ xaŋ⁴⁴］
算格老同台心欢

41 ［ɕi³⁵ lo⁵¹ su⁴⁴ tsaŋ⁴⁴ kau⁴⁴ tsha³¹ tsoŋ³¹］
起来梳妆高掌镜

42 ［mɯe³¹ tɕĩ³¹ lau³¹ taŋ⁵¹ tso³¹ nẽ⁴⁴ faŋ⁴⁴］
不见老同在哪方

43 ［ji⁵⁵ ka⁴⁴ nẽ³⁵ fu³⁵ ɕaŋ³¹ lau⁵¹ tsaɯ³¹］
一更点火上楼坐

44 ［tsiŋ³¹ tsaɯ³¹ khaŋ⁴⁴ sei⁴⁴ ŋa³¹ la⁴⁴ ɕua⁵¹］
静坐空悎眼泪垂

45 ［na⁴⁴ ka⁴⁴ ɕaŋ³⁵ lau⁴⁴ je⁵¹ je⁵¹ ɕua⁴⁴］
二更响漏人人睡

46 ［ɕau³⁵ lo⁴⁴ jĩ⁴⁴ tai⁵¹ saŋ³¹ xɯ⁴⁴ sai⁴⁴］
手拿烟筒算开心

47 ［soŋ⁴⁴ ka⁴⁴ xɯ⁴⁴ xɯ⁴⁴ tu⁴⁴ mai⁵¹ khaŋ³¹］
三更开开楼门看

48 ［mɯe³¹ tɕĩ³¹ tɕe⁴⁴ siŋ⁴⁴ paŋ³¹ ȵy⁴⁴ xa⁵¹］
不见金星伴月行

49 ［tsʅe³⁵ sʅe³¹ ji⁵⁵ siŋ⁴⁴ paŋ³¹ ji⁵⁵ ȵy⁴⁴］
只是一星伴一月

50 ［mɯe³¹ nu⁴⁴ laŋ⁴⁴ siŋ⁴⁴ kai⁴⁴ ȵy⁴⁴ xa⁵¹］
不给乱星跟月行

51 ［nẽ⁵¹ sʅe³¹ lau⁵¹ tsẽ⁵¹ tshẽ⁴⁴ tɕe⁴⁴ ȵu³¹］
侬是楼前千金女

52 ［mɯe³¹ wue⁴⁴ wu⁵¹ xa⁵¹ laŋ⁵¹ tɕi⁵⁵ tɕau⁴⁴］
不曰无行乱结交

53 ［ji⁵⁵ ji³¹ jue⁵¹ ȵaŋ⁵¹ kua⁴⁴ kue⁵⁵ xau³⁵］
一要爷娘规矩好

54 ［na⁴⁴ ji³¹ tɕue⁴⁴ tsʅe³⁵ lie³¹ tsʅe³¹ ɕoŋ⁵¹］
二要君子对志诚

55 ［jue⁵¹ ȵaŋ⁵¹ tɕe⁴⁴ fu⁴⁴ ji³¹］
爷娘真合意

56 ［ai⁵¹ ȵu³¹ saŋ⁴⁴ lie³¹ saŋ⁴⁴］
儿女双对双

57 ［kau⁴⁴ lau⁵¹ liaŋ³¹ wa⁴⁴ tsɯ³¹］
高楼两位坐

58 ［tɕhỹ⁴⁴ tɕe⁴⁴ phɯ³¹ sɯ⁵⁵ tɕỹ⁵¹］
穿针配色全

［kau⁴⁴ ȵe⁵¹ sẽ⁴⁴ sie³⁵ ɕua⁵⁵ tshu⁴⁴ ȵĩ⁵¹ tɕỹ⁵¹ ɕi³¹ ɕaŋ⁴⁴］
高银仙写出粗言传世上

(八) 告诉弟郎说知听

①应为 [女书字符]

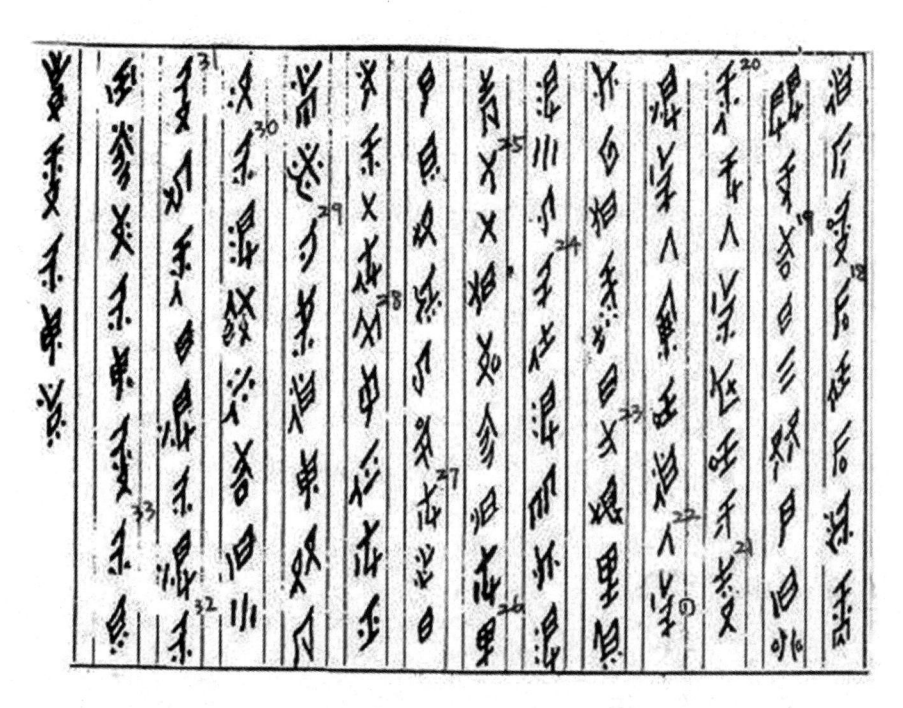

1 ［ku³¹ su³¹ ti³¹ laŋ⁵¹ ɕy⁵⁵ la⁴⁴ tshiŋ³¹］
告诉弟郎说知听

2 ［tshẽ⁴⁴ paŋ⁴⁴ khau³⁵ lai⁵¹ ti³¹ mɯe³¹ la⁴⁴］
千般可怜弟不知

3 ［tɕue⁵⁵ ŋ³⁵ saŋ⁴⁴ tsiu⁴⁴ ma⁵⁵ fai⁴⁴ fu³¹］
只碗双箸没吩咐

4 ［faŋ⁵¹ wu⁵⁵ tɕy⁴⁴ pau⁴⁴ ma⁵⁵ ŋ⁴⁴ ɕe⁴⁴］
房屋居伏没安身

5 ［jue⁴⁴ ka⁴⁴ ɕaŋ³¹ tu⁵¹ tshau³⁵ saŋ³¹ po³¹］
夜间上榻草算被

6 ［je³¹ jiu⁴⁴ tɕhue³⁵ xaŋ⁴⁴ ku³¹ sʅ e⁵¹ ɕe⁵¹］
台亦扯宽过时辰

7 ［ɕi³⁵ lo⁵¹ wu⁵¹ li⁴⁴ jiu⁴⁴ wu⁵¹ mi³¹］
起来无朝亦无米

8 ［je³¹ saŋ³¹ xai⁵¹ fue⁴⁴ ji⁵⁵ jaŋ⁴⁴ xai⁵¹］
台算红花一样红

9 ［tshe³¹ ji⁵⁵ ɕe⁴⁴ lo⁵¹ je⁴⁴ ji⁵⁵ kuo⁵⁵］
砻一升来饮一掬

10 ［je³¹ jiu⁴⁴ tɕhue³⁵ xaŋ⁴⁴ ku³¹ sʅ e⁵¹ ɕe⁵¹］
台亦扯宽过时辰

11 ［tsiaŋ⁴⁴ lo⁵¹ tɕi⁴⁴ nẽ⁴⁴ tsʅ³⁵ jiu⁴⁴ to⁴⁴］
将来今年子亦大

12 ［jiu⁴⁴ tɕhi³¹ ŋu³¹ tsʅ³⁵ mɯe³¹ ɕoŋ⁵¹ kue⁴⁴］
亦气我子不成家

13 ［thau³⁵ na⁴⁴ pɯ³¹ ȵaŋ⁵¹ jiu⁴⁴ pai³⁵ khau³⁵］
讨入妇娘亦本可

14 [pa³¹ wa⁴⁴ ɕoŋ⁵¹ je⁵¹ ɕo⁵⁵ pẽ³¹ sai⁴⁴]
　　被为凡人耍变心

15 [ɕo⁵⁵ ɕi³⁵ ŋu³¹ ai⁵¹ pai⁴⁴ xɯ⁴⁴ je³¹]
　　耍起我儿分开台

16 [sau³⁵ je³¹ tu⁴⁴ tsɿe⁴⁴ liŋ³¹ tshiau⁴⁴ tshiau⁴⁴]
　　扫台独自冷悄悄

17 [xau³¹ sɿe⁵¹ xau³¹ tsi⁵⁵ je³¹ ma⁵⁵ pai⁴⁴]
　　有时有节台没份

18 [xau³¹ tsho³¹ xau³¹ su⁴⁴ tsie³¹ ŋa³¹ khaŋ⁴⁴]
　　有菜有蔬借眼看

19 [ji⁵⁵ ai⁴⁴ soŋ⁴⁴ tshaŋ⁴⁴ tɕhi⁵⁵ pɯ⁴⁴ po⁴⁴]
　　一日三餐吃白饭

20 [ŋu³¹ tɕhy³¹ je⁵¹ kue⁴⁴ thau³⁵ lau⁵⁵ thaŋ⁴⁴]
　　我去人家讨些汤

21 [thoŋ³¹ xai⁴⁴ tsɿe⁴⁴ je⁵¹ nu⁴⁴ lau⁵⁵ je³¹]
　　痛疼之人给些台

22 [je⁵¹ kue⁴⁴ jiu⁴⁴ wue⁴⁴ jau³¹ tɕi⁴⁴ ai⁵¹]
　　人家亦曰有娇儿

23 [to⁴⁴ xo⁴⁴ la³¹ ŋu⁵¹ lɯ⁵⁵ ɕua³⁵ te³¹]
　　大河鲤鱼得水动

24 [tsɿe³⁵ sɿe³¹ lɯ⁵⁵ miŋ⁵¹ jiu⁴⁴ lɯ⁵⁵ ɕoŋ⁴⁴]
　　只是得名亦得声

25 [tsha⁵⁵ sɿe⁴⁴ jau³¹ jy⁵¹ miŋ⁴⁴ kua⁴⁴ je⁴⁴]
　　七十有余命归阴

26 [tsau³⁵ ɕi³⁵ nẽ³⁵ lie³¹ xai⁵¹ lai⁴⁴ tɕu⁵⁵]
　　早起点对红灯烛

27 [je⁴⁴pu⁴⁴ai⁴⁴kaŋ⁴⁴wa⁴⁴sɿe⁴⁴ɕau⁴⁴]
饮晡入棺万事休

28 [fu³¹mu³¹la⁴⁴je⁴⁴pai³⁵laŋ⁴⁴ke³¹]
父母落阴本当者

29 [khau³⁵lai⁵¹je³¹ɕe⁴⁴saŋ⁴⁴la⁴⁴liau⁵¹]
可怜台身双泪流

30 [mɯe³¹nẽ⁵⁵je⁴⁴jĩ³¹ji⁵⁵pɯ⁴⁴ɕua³⁵]
不得饮你一杯水

31 [mai⁴⁴lo⁵⁵ŋu³¹ai⁵¹xai⁴⁴mɯe³¹xai⁴⁴]
问下我儿疼不疼

32 [mɯe³¹jaŋ³¹jue⁵¹ȵaŋ⁵¹mɯe³¹ɕe⁴⁴mi³¹]
不养爷娘不剩米

33 [mɯe³¹nẽ³⁵xaŋ⁵¹ɕaŋ⁴⁴mɯe³¹ɕe⁴⁴tsẽ⁵¹]
不点黄香不剩钱

二 抒情诗

(一) 八四年九月二七接封信

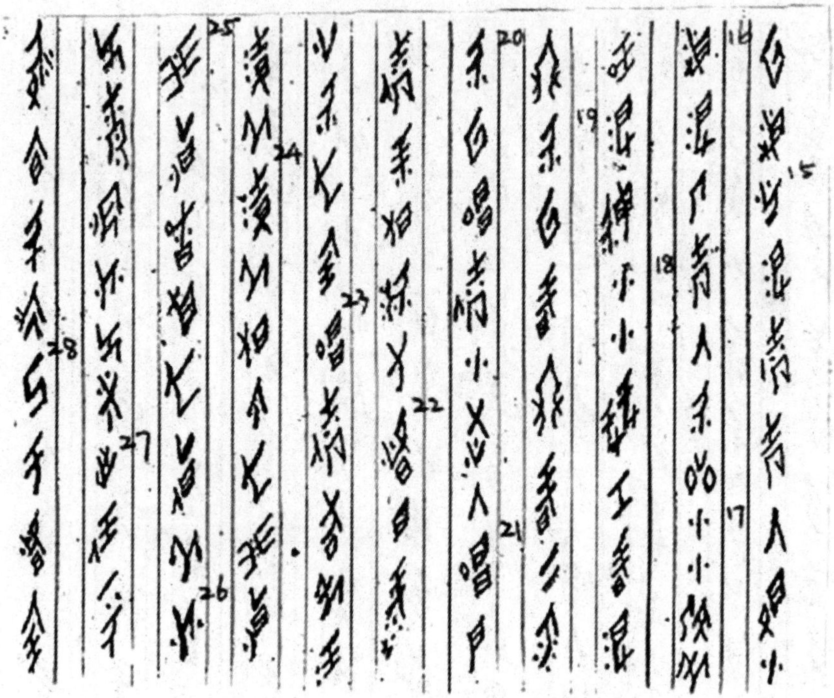

第三章 高氏女书校勘整理七十五篇

1 [po⁵⁵ sa³¹ nẽ⁵¹ tɕau³⁵ ȵy⁴⁴ na⁴⁴ tsha⁵⁵ tsi⁵⁵ faŋ⁴⁴ sai³¹]
八四年九月二七接封信

2 [xaŋ⁴⁴ xaŋ⁴⁴ ɕi³⁵ ɕi³⁵ jỹ³¹ tsẽ⁵¹ xa⁵¹]
欢欢喜喜往前行

3 [tsa³⁵ mẽ⁴⁴ soŋ⁴⁴ ȵe⁴⁴ tɕaŋ⁴⁴ ɕaŋ⁴⁴ ȵi⁴⁴]
姊妹三位共商议

4 [tshiŋ³⁵ ɕi³⁵ to⁴⁴ tsa³⁵ lo⁵¹ xa⁵¹ wai⁵¹]
请起大姊来行文

5 [siau⁴⁴ ɕu⁴⁴ sie³⁵ ɕua⁵⁵ ku⁴⁴ ji⁵⁵ tau⁵¹]
修书写出歌一头

6 [mɯe³¹ pa³⁵ sei⁴⁴ sa⁴⁴ sei³¹ ɕy⁵⁵ jau⁵¹]
不比先生细说由

7 [sei³¹ sei³¹ wue⁵⁵ tsʅ³⁵ tɕu³¹ xaŋ⁵¹ xaŋ⁵¹]
细细鸭子嘴黄黄

8 [mɯe³¹ wue⁴⁴ je⁴⁴ ku⁵⁵ sẽ⁴⁴ fue³¹ taŋ⁵¹]
不会饮谷先下塘

9 [fue³¹ taŋ⁵¹ mɯe³¹ la⁴⁴ ɕua³⁵ ɕe⁴⁴ tshẽ³⁵]
下塘不知水深浅

10 [tɕhaŋ³¹ ku⁴⁴ mɯe³¹ la⁴⁴ tɕhaŋ³¹ nẽ⁴⁴ tau⁵¹]
唱歌不知唱哪头

11 [tɕhaŋ³¹ li³¹ tau⁵¹ lo⁵¹ maŋ⁵¹ tɕi³¹ mo³¹]
唱了头来忘记尾

12 [tɕhaŋ³¹ li³¹ tɕaŋ⁴⁴ ka⁴⁴ liaŋ³¹ tau⁵¹ wu⁵¹]
唱了中间两头无

13 [ŋu³¹ sʅ³¹ ɕua⁵⁵ sa⁴⁴ ȵue⁴⁴ jaŋ⁵¹ li³⁵]
我是出山嫩阳鸟

116

14 ［phɯe⁵⁵ ɕi³⁵ ɕi⁵⁵ lo⁵¹ mɯe³¹ wɯ⁴⁴ ti⁵¹］
拍起翅来不会啼

15 ［ti⁵¹ nẽ⁵⁵ kau⁴⁴ ɕoŋ⁴⁴ je⁵¹ tɕhy³¹ sei³¹］
啼得高声人取笑

16 ［ti⁵¹ nẽ⁵⁵ li⁴⁴ ɕoŋ⁴⁴ je⁵¹ mɯe³¹ mai⁵¹］
啼得低声人不闻

17 ［sei³¹ sei³¹ pu⁵⁵ tau⁵¹ lau³⁵ nẽ⁵⁵ ɕu⁴⁴］
细细斧头倒得树

18 ［sei³¹ sei³¹ liau⁵⁵ kau⁴⁴ tɕhue⁴⁴ nẽ⁵⁵ ɕoŋ⁵¹］
细细竹篙撑得船

19 ［mɯe³¹ wue⁴⁴ tɕhue⁴⁴ ɕoŋ⁵¹ tɕhue⁴⁴ na⁴⁴ xɯ³⁵］
不会撑船撑入海

20 ［mɯe³¹ wue⁴⁴ tɕhaŋ³¹ ku⁴⁴ sei³¹ so⁵⁵ je⁵¹］
不会唱歌笑死人

21 ［tɕhaŋ³¹ ɕi³⁵ ku⁴⁴ lo⁵¹ jau³¹ tshu⁴⁴ tsha⁵⁵］
唱起歌来有差错

22 ［lu⁴⁴ ai⁴⁴ tɕi⁴⁴ ɕaŋ⁴⁴ mɯe³¹ xau³⁵ tɕỹ⁵¹］
录音机上不好传

23 ［tɕhaŋ³¹ ku⁴⁴ ji⁵⁵ tau⁵¹ lau³¹ jỹ³¹ faŋ⁴⁴］
唱歌一头到远方

24 ［jỹ³¹ faŋ⁴⁴ jau³¹ kau³¹ xau³⁵ ɕau⁴⁴ taŋ⁵¹］
远方有个好学堂

25 ［ɕau⁴⁴ taŋ⁵¹ xu⁵¹ pɯ⁵⁵ xau³⁵ ta⁴⁴ faŋ⁴⁴］
学堂湖北好地方

26 ［jiu⁴⁴ ɕua⁵⁵ siau³¹ tso⁵¹ jiu⁴⁴ ɕua⁵⁵ kaŋ⁴⁴］
亦出秀才亦出官

27 [thu⁴⁴tso³¹wu³¹xaŋ³¹fu⁴⁴tsɿe³⁵jỹ³⁵]
他在武汉夫子院

28 [tɕi³⁵tshẽ⁴⁴lu⁴⁴tɕỹ⁵¹lo⁵¹siaŋ⁴⁴fɯ⁴⁴]
几千路程来相会

29 [lo⁵¹lau³¹xu⁵¹noŋ⁵¹tɕaŋ⁴⁴joŋ³¹jỹ⁴⁴]
来到湖南江永县

30 [khau⁵⁵pa³⁵ni⁴⁴tau⁵¹n̩y⁴⁴liaŋ⁵¹kaŋ⁴⁴]
确比热头月亮光

31 [taŋ⁵¹tso³¹jỹ⁴⁴ɕoŋ⁵¹paŋ³¹kau³¹n̩y⁴⁴]
同在县城半个月

32 [mɯe³¹nẽ⁵⁵sɿe⁴⁴xa⁵¹tɕhaŋ³¹tau⁵¹ku⁴⁴]
不得实行唱头歌

33 [khau³⁵xai⁴⁴la⁴⁴sɿe⁵¹fai⁴⁴la⁵¹tɕhy³¹]
可恨立时分离去

34 [mɯe³¹la⁴⁴tɕi³⁵sɿe⁵¹tso³¹siaŋ⁴⁴fue⁴⁴]
不知几时再相会

35 [jy⁵¹ku³⁵jau³¹jỹ⁵¹tso³¹siaŋ⁴⁴fɯ⁴⁴]
如果有缘再相会

36 [xau³¹lo⁵¹siaŋ³⁵ɕua⁵⁵tɕhaŋ³¹kua⁴⁴tau⁵¹]
后来想出唱归头

(二) 石上记名红信纸

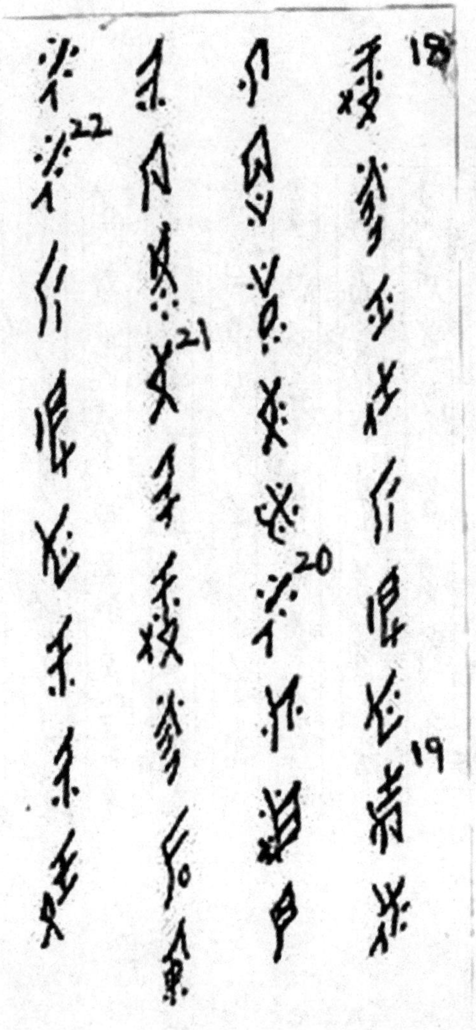

1 ［ɕue⁴⁴ ɕaŋ⁴⁴ tɕi³¹ miŋ⁵¹ xai⁵¹ sai³¹ tsʅe³⁵］
石上记名红信纸

2 ［ŋu³¹ jaŋ³¹ ȵu³¹ ai⁵¹ ma⁵⁵ ai⁴⁴ tsiŋ⁵¹］
我养女儿没恩情

3 ［ma⁵⁵ ai⁴⁴ ti⁵¹ nẽ³⁵ ŋu³¹ tshai⁴⁴ ȵaŋ⁵¹］
没日提点我亲娘

4 ［pai⁴⁴ naŋ³¹ mɯe³¹ nu⁴⁴ ŋ⁴⁴ kue⁴⁴ tɕi³¹］
分暖不给安家站

5 ［tsaɯ³¹ tshiŋ⁴⁴ kue⁴⁴ kue⁴⁴ laŋ⁴⁴ xɯ⁵⁵ thẽ⁴⁴］
坐厅家家乱黑天

6 ［jue⁴⁴ ka⁴⁴ mɯe³¹ nu⁴⁴ miŋ⁵¹ siŋ⁴⁴ la³¹］
夜间不给明星里

7 ［tɕy̌⁵¹ pau³⁵ tɕi⁵⁵ thɯ⁵⁵ mɯe³¹ liau⁵¹ tsiŋ⁵¹］
拳打脚踢不留情

8 ［fu⁴⁴ tshai⁴⁴ pai³⁵ sʅe³¹ mɯe³¹ taŋ⁵¹ lie³¹］
夫妻本是不同对

9 ［tsẽ⁵¹ ɕi³¹ ɕi⁴⁴ te⁵⁵ taŋ³¹ tau⁵¹ ɕaŋ⁴⁴］
前世烧了断头香

10 ［liaŋ³¹ liŋ⁴⁴ liaŋ³¹ xaŋ⁵¹ tɕhue³⁵ pɯe⁴⁴ sẽ³¹］
两边两行扯白线

11 ［li⁴⁴ jaŋ⁴⁴ ji⁵⁵ tɕue⁵⁵ pɯe⁴⁴ sẽ³¹ tẽ⁵¹］
中央一只白线填

12 ［je⁵¹ ke³¹ kue⁴⁴ taŋ⁵¹ thi⁵⁵ xai⁵¹ tsʅe³⁵］
人者家堂贴红纸

13 ［je³¹ ke³¹ kue⁴⁴ taŋ⁵¹ nẽ³⁵ ɕau³¹ ɕaŋ⁴⁴］
台者家堂点寿香

14 ［ku⁴⁴ jue⁵¹ xu³¹ kua⁴⁴ phi⁴⁴ jau⁵¹ fue⁴⁴］
姑爷出归批油灰

15 ［phi⁴⁴ ɕua⁵⁵ jau⁵¹ fue⁴⁴ soŋ⁴⁴ ŋ̍³¹ ai⁴⁴］
批出油灰三五日

16 ［jĩ³¹ phi⁴⁴ ɕua⁵⁵ ŋu³¹ ɕua⁵⁵ tsẽ⁵¹］
你批出 我出钱

17 ［paŋ⁴⁴ tẽ⁵¹ sɿe⁴⁴ kai⁴⁴ jĩ³¹ ɕau⁴⁴ ku⁵⁵］
塝田十工你收谷

18 ［ku⁴⁴ jue⁵¹ pe³⁵ sɿe³¹ ma⁵⁵ liaŋ⁵¹ sai⁴⁴］
姑爷本是没良心

19 ［tɕi⁵⁵ tsho³⁵ tai⁵¹ pai⁵¹ tsẽ⁵¹ ȵaŋ⁵¹ ke³¹］
脚踩铜盆前娘者

20 ［jĩ³¹ jiu⁴⁴ ti⁵¹ ɕi³⁵ mɯe³¹ la⁴⁴ siau⁴⁴］
你亦提起不知羞

21 ［ȵu³¹ tsɿe³⁵ ku⁴⁴ jue⁵¹ xau³¹ nu⁴⁴ jĩ³¹］
女子姑爷有给你

22 ［jĩ³¹ ma⁵⁵ liaŋ⁵¹ sai⁴⁴ wa⁴⁴ mɯe³¹ nai⁵¹］
你没良心万不能

（三）正月逍遥好耍乐

①漏 字

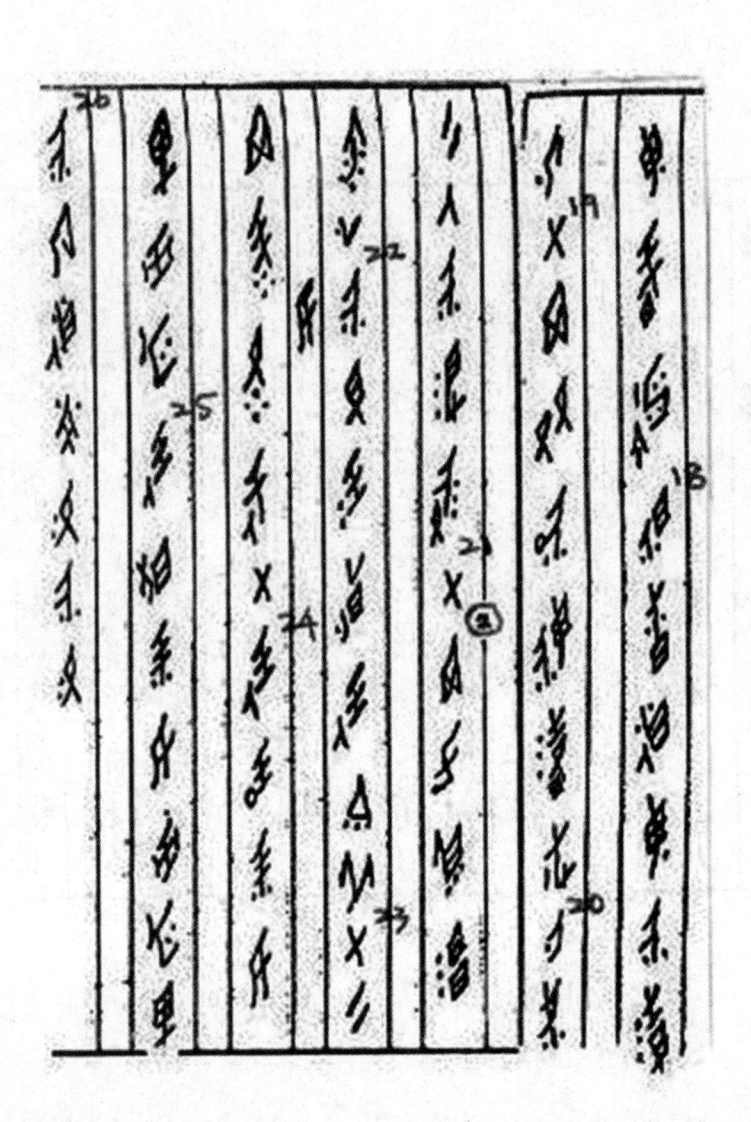

②漏／字

1 ［tɕoŋ⁴⁴ ȵy⁴⁴ sei⁴⁴ jɯ⁵¹ xau³⁵ su³⁵ lau⁴⁴］
正月逍遥好耍乐

2 ［na⁴⁴ wa⁴⁴ mɯe³¹ pai⁵¹ sai⁴⁴ mɯe³¹ xaŋ⁴⁴］
二位不凭心不欢

3 ［na⁴⁴ ȵy⁴⁴ sʅ⁵¹ lo⁵¹ pɯe⁵⁵ ɕu⁴⁴ fo⁵⁵］
二月时来百树发

4 ［pɯ⁵⁵ ɕaŋ⁴⁴ liu⁴⁴ la⁵¹ tɕoŋ³¹ sʅe³¹ ɕaŋ⁴⁴］
陌上绿蓝正是乡

5 ［soŋ⁴⁴ ȵy⁴⁴ tɕhue⁴⁴ tɕe³⁵ maŋ⁵¹ maŋ⁵¹ ku³¹］
三月春紧忙忙过

6 ［wu⁵⁵ ŋu³¹ ɕau⁴⁴ tɕhue⁴⁴ tsaɯ³¹ sʅe⁴⁴ tsiŋ⁵¹］
邀我收车做事情

7 ［sa³¹ ȵy⁴⁴ jaŋ⁵¹ mẽ⁵¹ tɕe⁴⁴ sɯ⁵⁵ tɕoŋ³¹］
四月杨梅金色正

8 ［tɕi³¹ na³¹ lau³¹ lo⁵¹ taŋ⁵¹ tɕaŋ⁴⁴ saŋ⁴⁴］
叫你到来同共双

9 ［ŋ³¹ ȵy⁴⁴ ni⁴⁴ thẽ⁴⁴ ni⁴⁴ jĩ⁵¹ jĩ⁵¹］
五月热天热炎炎

10 ［ŋu³¹ tso³¹ lau⁵¹ tɕaŋ⁴⁴ siau³¹ sɯ⁵⁵ tɕỹ⁵¹］
我在楼中秀色全

11 ［liau⁴⁴ ȵy⁴⁴ na⁴⁴ tsiaŋ⁵¹ xau³⁵ su³⁵ lau⁴⁴］
六月日长好耍乐

12 ［ji⁵⁵ lie³¹ jĩ⁴⁴ jaŋ⁴⁴ mɯe³¹ ɕoŋ⁵¹ xaŋ⁵¹］
一对鸳鸯不成行

13 ［tsha⁵⁵ ȵy⁴⁴ ji⁵⁵ tsi⁵¹ ɕau⁴⁴ tɕe⁴⁴ sẽ³¹］
七月一齐收针线

14 [mɯe³¹ nẽ⁵⁵ pai⁵¹ tsa⁵¹ tsaɯ³¹ ji⁵⁵ tɕe⁴⁴]
不得凭齐做一针

15 [po⁵⁵ ȵy⁴⁴ ɕe⁵¹ taŋ⁵¹ tsi⁵⁵ fue⁵⁵ lau³¹]
八月神堂接客到

16 [ŋu³¹ tso³¹ kau⁴⁴ lau⁵¹ ŋa³¹ la⁴⁴ phi⁴⁴]
我在高楼眼泪飘

17 [tɕau³⁵ ȵy⁴⁴ ji⁵⁵ tsi⁵¹ ɕe⁴⁴ tɕhue⁴⁴ phaŋ³⁵]
九月一齐兴车纺

18 [siaŋ³⁵ tsi⁴⁴ je³¹ ɕe⁴⁴ mɯe³¹ jỹ⁴⁴ te³¹]
想着台身不愿动

19 [sʅ⁴⁴ ȵy⁴⁴ saŋ⁴⁴ pai⁴⁴ ɕu⁴⁴ laɯ⁴⁴ ji⁴⁴]
十月霜风树落叶

20 [khau³⁵ lai⁵¹ na⁴⁴ je⁵¹ mɯe³¹ nẽ⁵⁵ xaŋ⁴⁴]
可怜二人不得欢

21 [ɕi⁴⁴ ji⁵⁵ ȵy⁴⁴ thẽ⁴⁴ ŋu⁵¹ tsai⁵¹ xɯ³⁵ ɕaŋ³¹]
十一月天鹅从海上

22 [mɯe³¹ tɕĩ³¹ lau³¹ taŋ⁵¹ tso³¹ nẽ⁴⁴ faŋ⁴⁴]
不见老同在哪方

23 [ɕi⁴⁴ na⁴⁴ ȵy⁴⁴ tsa⁵¹ nẽ⁵¹ tsai³¹ tɕua⁴⁴ sʅ⁴⁴]
十二月齐年尽竣事

24 [tso³¹ waŋ⁴⁴ lo⁵¹ nẽ⁵¹ tsau³⁵ jaŋ⁴⁴ sai⁴⁴]
再望来年早用心

25 [tso³¹ jau³¹ lo⁵¹ nẽ⁵¹ jaŋ⁴⁴ sai⁴⁴ tsau³⁵]
再有来年用心早

26 [mɯe³¹ la⁴⁴ je³¹ tsie³⁵ liau⁵¹ mɯe³¹ liau⁵¹]
不知台亲留不留

三　叙事诗

（一）河边紫竹绿莹莹

①漏 字

①应为 ♪ ②应为 ♪ ③漏 字

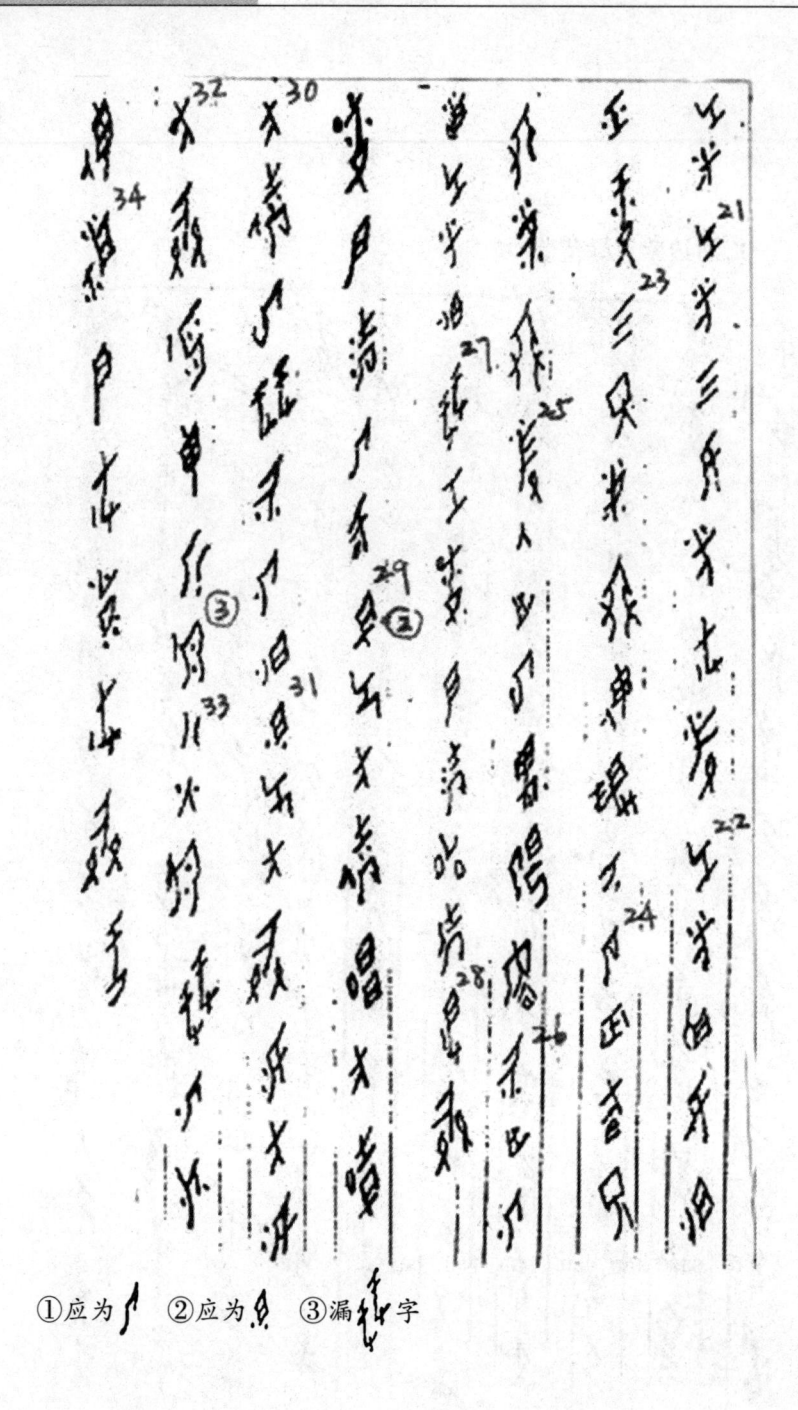

1 ［xo⁴⁴ pẽ⁴⁴ tsɿ³⁵ liau⁵⁵ liu⁴⁴ jĩ⁴⁴ jĩ⁴⁴］
　河边紫竹绿莹莹

2 ［soŋ⁴⁴ ɕy³¹ noŋ⁵¹ je⁵¹ mɯe³¹ la⁴⁴ thẽ⁴⁴］
　三岁男人不知天

3 ［sa³¹ ɕy³¹ noŋ⁵¹ je⁵¹ mi⁵⁵ ɕau⁵⁵ je⁴⁴］
　四岁男人和叔饮

4 ［ɕau⁵¹ ji³¹ sa³⁵ lau³⁵ pai⁴⁴ ku⁴⁴ pẽ⁴⁴］
　叔已死倒分哥边

5 ［ku⁴⁴ ke⁴⁴ lɯ⁵⁵ lo⁵¹ sai³¹ na⁴⁴ tsɿe⁴⁴］
　哥者得来送入寺

6 ［sau³⁵ ke⁴⁴ lɯ⁵⁵ lo⁵¹ jaŋ³¹ wue⁵⁵ tsa⁴⁴］
　嫂者得来养鸭雏

7 ［xu³¹ sɿe⁵¹ su³⁵ lo⁵⁵ soŋ⁴⁴ saŋ⁴⁴ tɕue⁵⁵］
　去时数下三双只

8 ［kua⁴⁴ lo⁵¹ su³⁵ lo⁵⁵ lɯ⁵⁵ liau⁴⁴ tau⁵¹］
　归来数下得六头

9 ［thẽ⁴⁴ ɕaŋ⁴⁴ o⁴⁴ mẽ⁵⁵ mɯe³¹ pe³⁵ fe⁴⁴］
　天上鹰母不本分

10 ［xaŋ⁵¹ ɕi³⁵ wue⁵⁵ tsɿ³⁵ ȵi³¹ thẽ⁴⁴ fa⁴⁴］
　衔起鸭子绕天飞

11 ［to⁴⁴ ku⁴⁴ kaŋ³⁵ lau³¹ soŋ⁴⁴ ka⁴⁴ wu⁵⁵］
　大哥赶到三间屋

12 ［to⁴⁴ sau³⁵ kaŋ³⁵ lau³¹ tsha⁵⁵ tsai⁵¹ lau⁵¹］
　大嫂赶到七层楼

13 ［to⁴⁴ ku⁴⁴ pau³⁵ taŋ³⁵ taŋ³¹ maŋ⁵¹ tau⁵¹ kue³¹］
　大哥打断芒头棍

14 ［to⁴⁴ sau³⁵ pau³⁵ taŋ³¹ su³¹ sẽ⁴⁴ liau⁵¹］

大嫂打断素纤留

15 ［pau³⁵ taŋ³¹ maŋ⁵¹ tau⁵¹ mɯe³¹ lu³⁵ tɕe³⁵］
打断芒头不睹紧

16 ［pau³⁵ taŋ³¹ su³¹ sẽ⁴⁴ ɕy⁵⁵ la⁴⁴ liau⁵¹］
打断素纤血泪流

17 ［lo³¹ tsɿ³⁵ la⁴⁴ tau⁵¹ xu⁵⁵ ɕi³⁵ ɕua⁵⁵］
戴只笠头哭起出

18 ［xu⁵⁵ lau³¹ kaŋ³⁵ sei⁴⁴ xu³¹ tu⁴⁴ ɕu⁴⁴］
哭到广西去读书

19 ［tu⁴⁴ ɕu⁴⁴ soŋ⁴⁴ nẽ⁵¹ lɯ⁵⁵ na⁵⁵ ɕau⁴⁴］
读书三年得入学

20 ［tu⁴⁴ ɕu⁴⁴ sa³¹ nẽ⁵¹ lɯ⁵⁵ tsaɯ³¹ kaŋ⁴⁴］
读书四年得做官

21 ［tsaɯ³¹ kaŋ⁴⁴ soŋ⁴⁴ nẽ⁵¹ kaŋ⁴⁴ je⁴⁴ su³¹］
做官三年官任数

22 ［tsaɯ³¹ kaŋ⁴⁴ sa³¹ nẽ⁵¹ kua⁴⁴ pe³⁵ ɕaŋ⁴⁴］
做官四年归本乡

23 ［soŋ⁴⁴ tɕue⁵⁵ lai⁵¹ ɕoŋ⁵¹ tsiau⁴⁴ xo⁴⁴ fue³¹］
三只龙船就河下

24 ［li⁴⁴ jaŋ⁴⁴ ji⁵⁵ tɕue⁵⁵ liu⁴⁴ lai⁵¹ ɕoŋ⁵¹］
中央一只绿龙船

25 ［ɕua⁵¹ je⁵¹ saŋ³¹ kɯ⁵⁵ mo³¹ ku⁵⁵ fue⁵⁵］
谁人算格买谷客

26 ［mɯe³¹ saŋ³¹ ti³¹ laŋ⁵¹ tsaɯ³¹ kaŋ⁴⁴ kua⁴⁴］
不算弟郎做官归

27 ［liau⁵⁵ kau⁴⁴ pai⁴⁴ ɕi³⁵ tʂhiŋ⁴⁴ mai⁵¹ tɕi⁵⁵］

竹篙竖起厅门脚

28 ［liaŋ⁵¹ sa³⁵ pai⁴⁴ çi³⁵ tshiŋ⁴⁴ li⁴⁴ liaŋ⁴⁴］
凉伞竖起厅中央

29 ［tshiŋ³⁵ çua⁵⁵ to⁴⁴ ku⁴⁴ tɕhaŋ³¹ to⁴⁴ çue³¹］
请出大哥唱大社

30 ［to⁴⁴ ku⁴⁴ khaŋ⁵⁵ liau⁵⁵ mɯe³¹ te⁵¹ kua⁴⁴］
大哥砍竹不曾归

31 ［tshiŋ³⁵ çua⁵⁵ to⁴⁴ sau³⁵ po³¹ to⁴⁴ po³¹］
请出大嫂拜大拜

32 ［to⁴⁴ sau³⁵ faŋ⁵¹ tɕaŋ⁴⁴ ma⁵⁵ tɕue⁵¹ wa⁵¹］
大嫂房中没裙围

33 ［po⁵⁵ fu⁵⁵ wa⁵¹ tɕue⁵¹ ti³¹ jiu⁴⁴ xau³¹］
八幅围裙弟亦有

34 ［siaŋ³⁵ çi³⁵ ji³¹ tsẽ⁵¹ je⁴⁴ sau³⁵ khua⁴⁴］
想起以前饮嫂亏

（二）六月之天热炎炎

①漏 字

②漏 字

③应为

①应为 〢

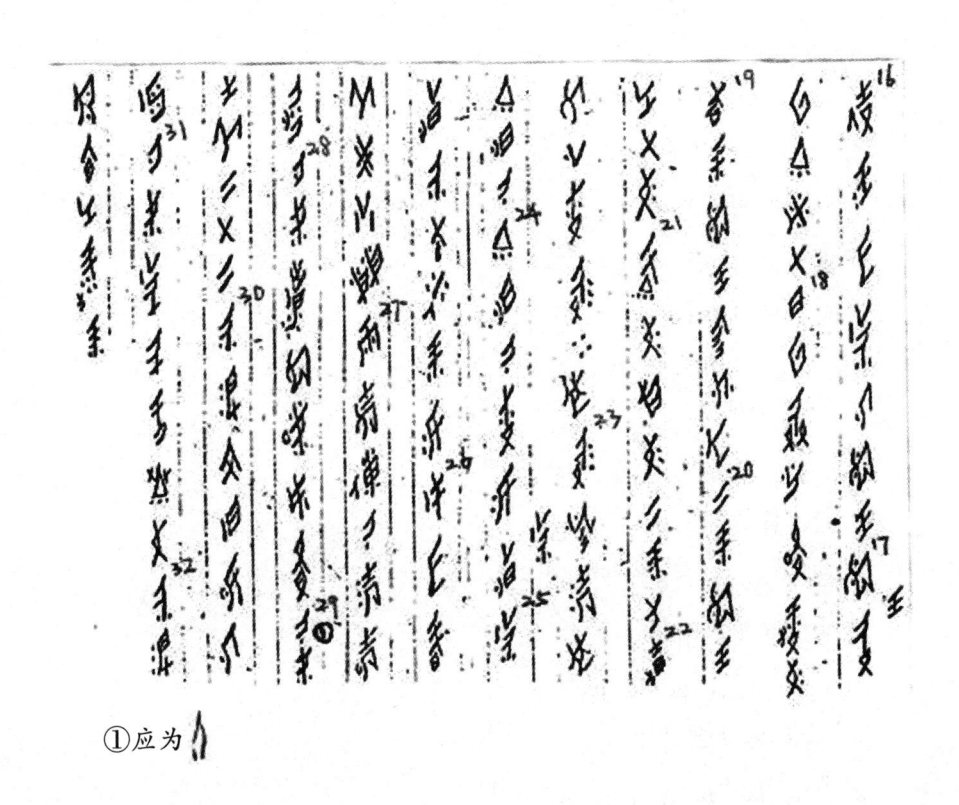

1 [liau⁴⁴ n̠y⁴⁴ tsɿe⁴⁴ thẽ⁴⁴ ni⁴⁴ jɯ⁵¹ jɯ⁵¹]
   六月之天热炎炎

2 [je³¹ tsie³⁵ ɕua⁵⁵ sa⁴⁴ tsiaŋ⁴⁴ soŋ⁴⁴ nẽ⁵¹]
   台亲出丧将三年

3 [tɕi⁴⁴ nẽ⁴⁴ soŋ⁴⁴ nẽ⁵¹ soŋ⁴⁴ e⁴⁴ maŋ³¹]
   今年三年三日满

4 [no⁵⁵ fue³¹ faŋ⁴⁴ sei⁴⁴ tɕau³⁵ liŋ³¹ lau⁵¹]
   抛下凤萧守冷楼

5 [li⁴⁴ tsau³⁵ ji⁵⁵ pai⁴⁴ tshiŋ⁴⁴ kaŋ³⁵ tɕau⁵⁵]
   朝早一碗清光粥

6 [je⁴⁴ pu⁴⁴ liaŋ³¹ pai⁴⁴ tɕau⁵⁵ kaŋ³⁵ tshiŋ⁴⁴]
   饮晡两碗粥光清

7 [je⁴⁴ jue⁴⁴ tsɿ⁴⁴ ɕua⁵⁵ sɿe³¹ ji⁵⁵ ŋ³⁵]
   饮夜只出是一碗

8 [pu⁵⁵ tɕi⁴⁴ me³⁵ se³⁵ lau³¹ thẽ⁴⁴ kaŋ⁴⁴]
   腹饥昏煞到天光

9 [tau⁵¹ fɯ⁵¹ ɕi³⁵ ɕe⁴⁴ je⁵¹ liau⁵¹ ɕi³⁵]
   头回起身人留起

10 [tɕe⁴⁴ e⁴⁴ ɕi³⁵ ɕe⁴⁴ lẽ⁵¹ jue⁴⁴ xa⁵¹]
   今日起身连夜行

11 [xa⁵¹ lau³¹ lu⁴⁴ tɕaŋ⁴⁴ je⁵¹ ji³¹ me⁴⁴]
   行到路中人要问

12 [tsie³¹ me⁴⁴ faŋ⁴⁴ sei⁴⁴ lau³¹ no³⁵ faŋ⁴⁴]
   借问凤萧到哪方

13 [faŋ⁴⁴ sei⁴⁴ ji⁵⁵ tɕu³¹ mɯe³¹ xau³⁵ tɕaŋ³⁵]
   凤萧一句不好讲

14 [sa³¹ sɿe⁴⁴ me⁴⁴ jaŋ⁴⁴ tshiŋ³⁵ n̠e⁴⁴ ŋ⁵¹]

四十枚佣请位人

15 [ji⁵⁵ xau³⁵ sai³¹ lau³¹ lu⁴⁴ ku⁴⁴ tɕau⁵⁵]
一口送到卢家角

16 [sai³¹ lau³¹ ɕau³⁵ kue⁴⁴ ti⁵¹ fu⁵¹ joŋ⁵¹]
送到首家寻和荣

17 [fu⁵¹ joŋ⁵¹ mai⁴⁴ wue⁴⁴ nẽ⁴⁴ kɯ⁵⁵ sɿe⁴⁴]
何荣问曰哪格事

18 [ai³¹ wue⁴⁴ sau³⁵ sau³⁵ au⁵⁵ ku⁴⁴ ȵaŋ⁵¹]
应曰嫂嫂恶姑娘

19 [ji⁵⁵ lo⁵¹ fu⁵¹ joŋ⁵¹ miŋ⁴⁴ jiu⁴⁴ xau³⁵]
一来和荣命亦好

20 [na⁴⁴ lo⁵¹ fu⁵¹ joŋ⁵¹ tsaɯ³¹ sɿe⁴⁴ ȵaŋ⁵¹]
二来和荣做侍娘

21 [ɕau⁵⁵ ȵaŋ⁵¹ pɯe³⁵ ȵaŋ⁵¹ na⁴⁴ lo⁵¹ tsha⁵⁵]
叔娘伯娘入来察

22 [tsi⁵⁵ pẽ⁴⁴ ɕaŋ³¹ lau⁵¹ xaŋ⁴⁴ xɯ⁴⁴ o⁴⁴]
即便上楼换开衣

23 [xaŋ⁴⁴ liŋ³¹ tshiŋ⁴⁴ o⁴⁴ nẽ³¹ kua⁴⁴ fue³¹]
换领青衣转归下

24 [nẽ³¹ kua⁴⁴ fue³¹ lau⁵¹ po³¹ kue⁴⁴ taŋ⁵¹]
转归下楼拜家堂

25 [kue⁴⁴ taŋ⁵¹ mɯe³¹ ȵe⁴⁴ jĩ³¹ lo⁵¹ po³¹]
家堂不要你来拜

26 [la³⁵ tɕhau³⁵ tɕhue⁴⁴ faŋ⁴⁴ piŋ³¹ liau⁴⁴ tshe⁴⁴]
累丑村坊并六亲

27 [liaŋ³¹ tɕi⁵⁵ kua³¹ fue³¹ tshiŋ⁴⁴ ɕue⁴⁴ pa³⁵]

两脚跪下青石板

28 [khau³⁵ le⁵¹ faŋ⁴⁴ sei⁴⁴ tsiaŋ³¹ ŋau⁵¹ ɕĩ⁵¹]
可怜凤萧像牛形

29 [khau³⁵ le⁵¹ thu³⁵ faŋ⁴⁴ na⁴⁴ ɕi⁴⁴ na⁴⁴]
可怜土方二十二

30 [mɯe³¹ nẽ⁵⁵ tɕau⁴⁴ pɯ⁴⁴ tshaɯ³⁵ te⁴⁴ faŋ⁵¹]
不得交杯吵洞房

31 [khau³⁵ le⁵¹ tsʅ⁴⁴ tsʅ³⁵ khua⁴⁴ ɕi⁴⁴ ȵu³¹]
可怜之子亏虚女

32 [mɯe³¹ nẽ⁵⁵ wa⁵¹ fu⁴⁴ tsaɯ³¹ tɕi⁴⁴ lo⁵¹]
不得为合坐轿来

(三) 二位同学输钱看妻对句

①应为 [女书字]

②应为 [女书字]

[na⁴⁴ wa⁴⁴ taŋ⁵¹ ɕau⁴⁴ ɕu⁴⁴ tsẽ⁵¹ khaŋ³¹ tshai⁴⁴ lie³¹ tɕu³¹]
二位同学输钱看妻对句

1 [tsẽ⁵¹ ai⁴⁴ laɯ⁴⁴ wu³¹ wu³¹ phi⁴⁴ phi⁴⁴]
前日落雨雨飘飘

2 [tɕi⁴⁴ na⁵⁵ ma⁵⁵ mi³¹ jiu⁴⁴ wu⁵¹ li⁴⁴]
今天没米亦无朝

3 [ku⁴⁴ n̻aŋ⁵¹ siau³¹ fue⁴⁴ ma⁴⁴ ma⁴⁴ siau³¹]
姑娘绣花慢慢绣

4 [liŋ³¹ mo⁵¹ liŋ³¹ paŋ⁴⁴ nu⁴⁴ liaŋ³¹ tai⁴⁴]
冷米冷饭给两碟

5 [tu⁴⁴ ɕu⁴⁴ ti³¹ tsʅe³⁵ ti⁴⁴ ji⁵⁵ tɕi⁴⁴]
读书弟子第一值

6 [liaŋ⁵¹ mai⁵¹ pai⁴⁴ wu⁴⁴ khaŋ³¹ je⁵¹ tshi⁴⁴]
良门风雨看人妻

7 [xau³⁵ ɕue³⁵ tsʅe⁴⁴ tsai⁵¹ miŋ⁵¹ la³¹ liau⁵⁵]
好笋自从明理竹

8 [xau³⁵ n̻u³¹ tsʅe⁴⁴ tsai⁵¹ phɯ³¹ tɕe⁵¹ fu⁴⁴]
好女自从配穷夫

（四）黄巢杀人八百万

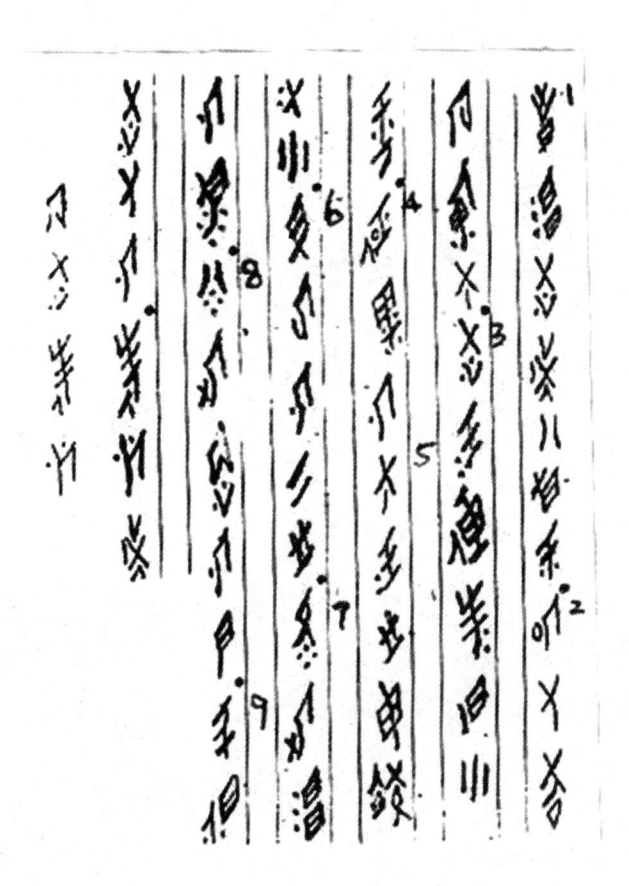

1 [xaŋ⁵¹ tse⁵¹ so⁵⁵ ŋ̍⁵¹ po⁵⁵ pɯe⁴⁴ wa⁴⁴]
黄巢杀人八百万

2 [tshiŋ³¹ tsha⁵¹ ji⁵⁵ tɕu³¹ fue⁴⁴ ȵi³¹]
听错一句话语

3 [so⁵⁵ lau³¹ tɕi⁵¹ jaŋ⁵¹ pɯe⁴⁴ ɕua³⁵ ɕu⁴⁴]
杀到祁阳白水圩

4 [tɕoŋ³⁵ xɯ⁵⁵ te⁵⁵]
颈渴了

5 [ȵe⁴⁴ lau³¹ tsiŋ³⁵ tɕaŋ⁴⁴ je⁴⁴ lo⁵⁵ ɕua³⁵]
要到井中饮下水

6 [tɕĩ³¹ lau⁴⁴ tai⁴⁴ na⁴⁴ tsiŋ³⁵]
见刀跌入井

7 [tsi⁵¹ lo⁵⁵ tsai⁵¹ te⁵⁵ li³⁵]
捡下沉了底

8 [pa⁴⁴ lo⁵⁵ pai⁵¹ te⁵⁵ ɕi³⁵]
扒下浮了起

9 [tsʅe³⁵ siaŋ³⁵ so⁴⁴ tsha⁵⁵ te⁵⁵ paŋ³¹ ȵe⁴⁴ ŋ̍⁵¹]
只想杀错了半位人

[la⁴⁴ so⁵⁵ paŋ³¹ ȵe⁴⁴]
多杀半位

(五) 红纸写书信

①应为 K

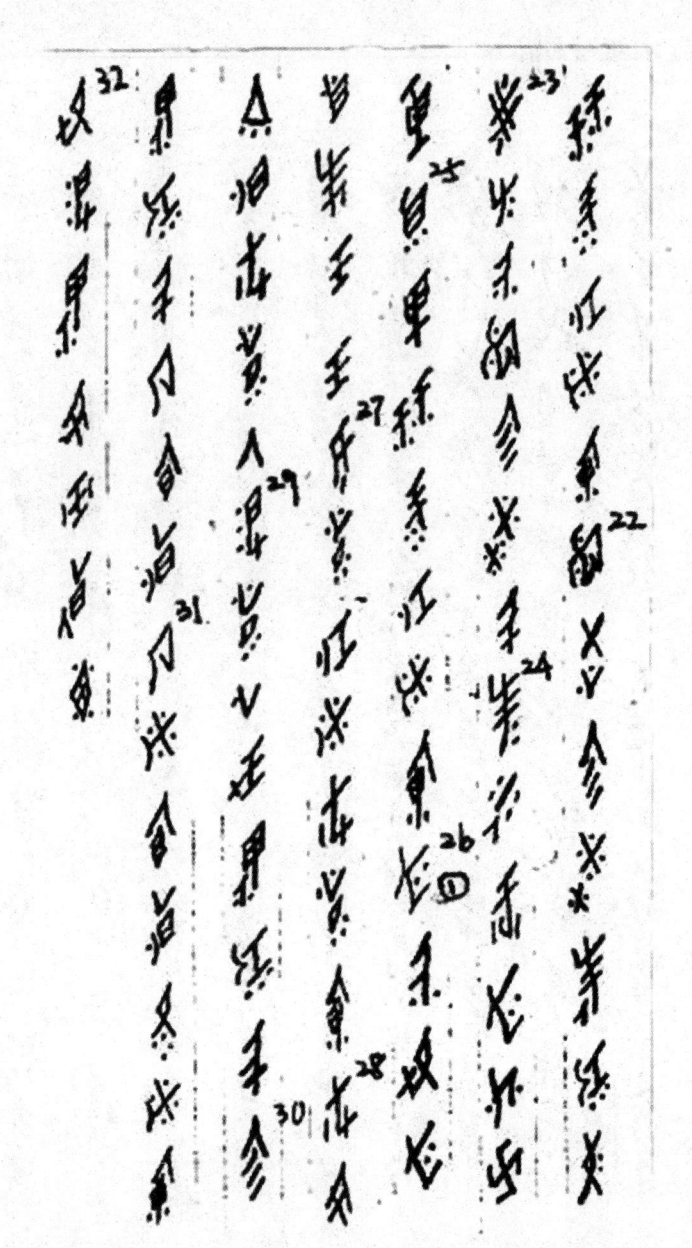

1 ［xai⁵¹ tsʅe³⁵ sie³⁵ ɕu⁴⁴ sai³¹］
红纸写书信

2 ［ŋu³¹ lo⁵¹ su³¹ ji⁵⁵ pʰẽ⁴⁴］
我来诉一篇

3 ［lau³¹ taŋ⁵¹ tɕe⁴⁴ ai⁴⁴ xa⁵¹ mɯe³¹ ɕi³⁵］
老同今日还不起

4 ［ni⁴⁴ tau⁵¹ tsha³¹ ɕi³⁵ wu⁵⁵ sa⁴⁴ tau⁵¹］
热头撑起屋山头

5 ［lau³¹ taŋ⁵¹ tɕe⁴⁴ ai⁴⁴ la³¹ kɯ⁵⁵ ɕi³⁵］
老同今日懒格起

6 ［ŋa³¹ jiu⁴⁴ ma⁵¹ ma⁵¹ sai⁴⁴ jiu⁴⁴ tsi⁴⁴］
眼亦迷迷心亦焦

7 ［tsʅe⁴⁴ tsai⁵¹ ɕi⁴⁴ n̩³¹ sʅe⁵¹ lɯ⁵⁵ piŋ⁴⁴］
自从十五时得病

8 ［tɕi⁴⁴ na⁵⁵ soŋ⁴⁴ li⁴⁴ mɯe³¹ ɕi³⁵ tu⁵¹］
今天三朝不起榻

9 ［wo⁴⁴ na³¹ ɕaŋ³¹ ko⁴⁴ fue³¹ ɕu⁴⁴ xu³¹ tsi⁵¹ ji⁴⁴］
呼你上街下圩去捡药

10 ［je⁴⁴ te⁵⁵ tshiau⁵¹ tɕi⁵¹ tshiau⁴⁴ xu³⁵ kue⁴⁴］
饮了秋茄秋苦瓜

11 ［wo⁴⁴ na³¹ pa⁴⁴ tɕoŋ³⁵ jĩ³¹ mɯe³¹ pa⁴⁴］
呼你闭颈你不闭

12 ［je⁴⁴ piŋ⁴⁴ ɕaŋ³¹ ɕe⁴⁴ fue³¹ lo⁵¹ na⁵¹］
饮病上身下来难

13 ［ɕaŋ⁴⁴ xaŋ⁵¹ tau⁵¹ tso⁴⁴ jaŋ⁵¹ ji³¹ tɕoŋ³⁵］
伤寒头灾容易诊

14 ［lai⁵¹ piŋ⁴⁴ siŋ⁴⁴ ɕe⁵¹ miŋ⁴⁴ kua⁴⁴ je⁴⁴］
痨病星神命归阴

15 ［tɕe⁵¹ na⁵⁵ je⁵¹ sʅe⁵¹ jau³¹ sʅe⁵¹ ku³¹］
昨天寅时酉时过

16 ［tshiŋ³⁵ ɕi³⁵ lau³¹ taŋ⁵¹ tsaɯ³¹ ji⁵¹ ȵaŋ⁵¹］
请起老同做姨娘

17 ［mai⁴⁴ lo⁵⁵ ji⁵¹ ȵaŋ⁵¹ tsaɯ³¹ mɯe³¹ tsaɯ³¹］
问下姨娘做不做

18 ［tsaɯ³¹ ɕoŋ⁵¹ mi⁵⁵ tsʅe³⁵ la³⁵ ɕoŋ⁵¹ liŋ⁵¹］
赞成和子打成领

19 ［mi⁵⁵ tsʅe³⁵ tsaɯ³¹ ɕoŋ⁵¹ liŋ³¹ la³⁵ ɕi³⁵］
和子赞成领打起

20 ［je³¹ tsaɯ³¹ ji⁵¹ ȵaŋ⁵¹ pai³⁵ tɕoŋ³¹ laŋ⁴⁴］
台做姨娘本正当

21 ［tsau³¹ ɕe⁴⁴ mẽ⁴⁴ tsa⁵¹ tɕaŋ³⁵ ke³¹ fɯ⁴⁴］
灶神面前讲者话

22 ［xo⁴⁴ so⁵⁵ tɕe⁴⁴ lo⁴⁴ paŋ³¹ xai⁵¹ ȵaŋ⁵¹］
狭死金坨伴红娘

23 ［phẽ⁴⁴ sa⁴⁴ mɯe³¹ xo⁴⁴ tɕe⁴⁴ lo⁴⁴ tsʅe³⁵］
偏生不狭金坨子

24 ［jaŋ⁵¹ jĩ³¹ kɯ⁵⁵ sai⁴⁴ jiu⁴⁴ taŋ³¹ tɕaŋ⁵¹］
让你割心亦断肠

25 ［jau⁵¹ tsa³⁵ mẽ⁴⁴ tsa⁵¹ tɕaŋ³⁵ ke³¹ fɯ⁴⁴］
油盏面前讲者话

26 ［xau³⁵ mɯe³¹ lie³¹ sai⁴⁴ laŋ³⁵ ɯau⁴⁴ jỹ⁵¹］
口不对心短寿元

27　[sẽ⁴⁴ tsẽ⁵¹ tɕaŋ³⁵ ke³¹ ji³¹ tsẽ⁵¹ fɯ⁴⁴]
　　先前讲者以前话

28　[ji⁴⁴ tɕau³¹ nẽ⁴⁴ kua⁴⁴ ji³¹ tsẽ⁵¹ je⁵¹]
　　依旧转归以前人

29　[lu⁵⁵ tsẽ⁵¹ ɕaŋ³¹ ko⁴⁴ mo³¹ xai⁵¹ tsʅe³⁵]
　　搭钱上街买红纸

30　[tɕe⁴⁴ mo³¹ xai⁵¹ tsʅe³⁵ la⁴⁴ fu⁴⁴ taŋ⁵¹]
　　真买红纸立合同

31　[la⁴⁴ ku³¹ fu⁴⁴ taŋ⁵¹ tɕaŋ³⁵ ke³¹ fɯ⁴⁴]
　　立过合同讲者话

32　[lie³¹ nẽ⁵⁵ mo³¹ tɕhau⁴⁴ jaŋ⁴⁴ ta⁴⁴ tẽ⁵¹]
　　对得买丘秧地田

四 祷神诗

（一）凤姑娘娘

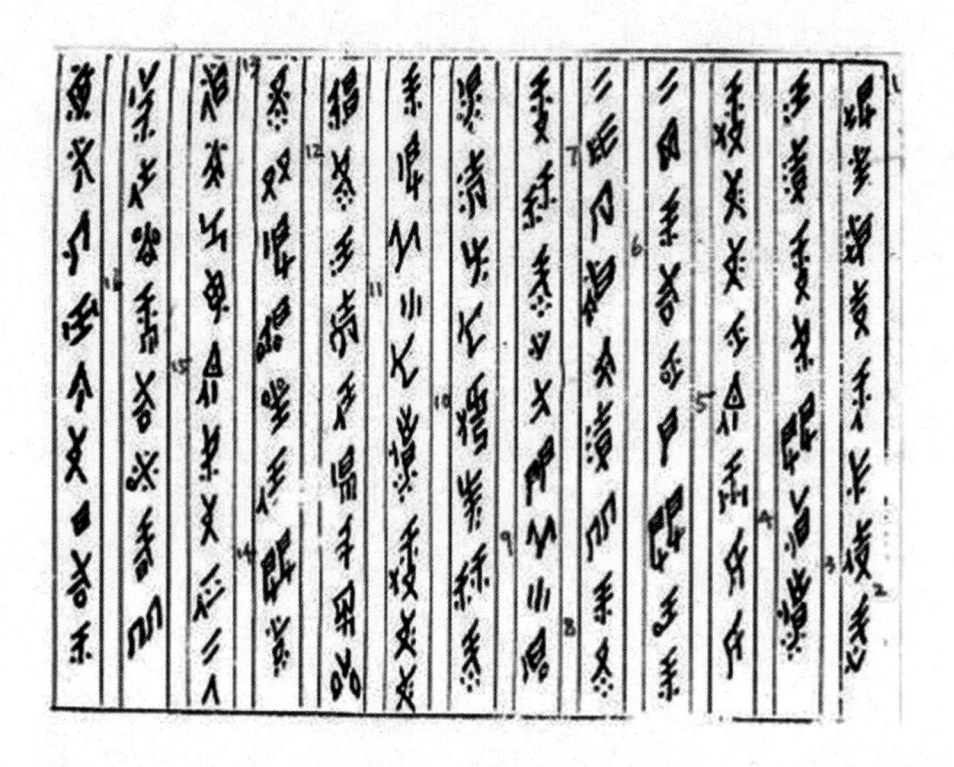

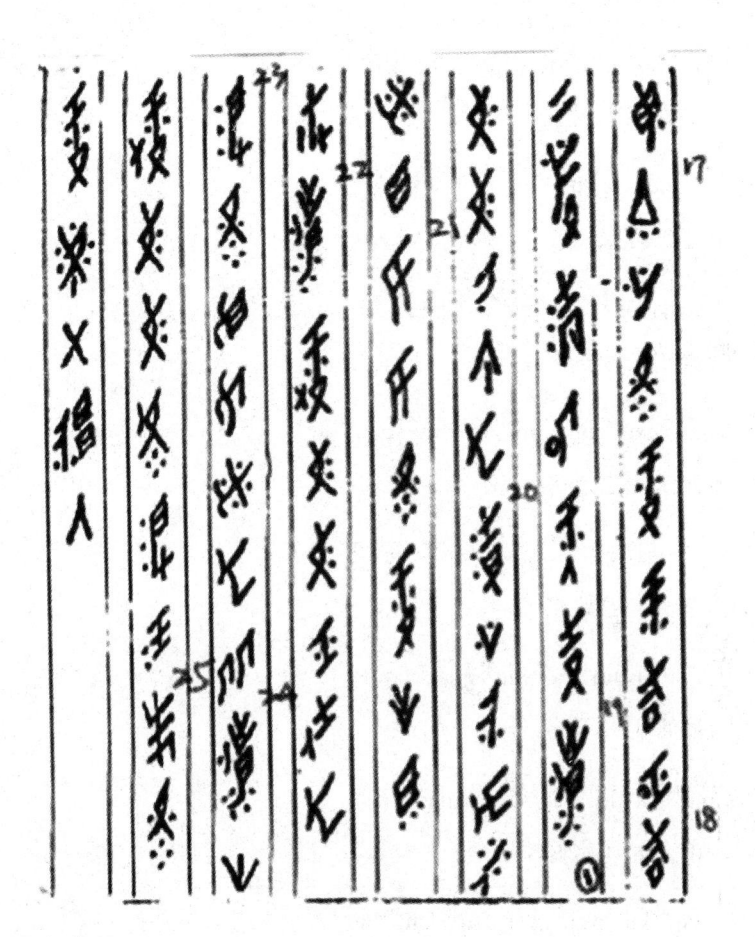

①漏字

1 [pɯe³⁵ pa⁵⁵ ti⁵¹ n̠ĩ⁵¹ ŋu³¹ sie³⁵ sai³¹]
把笔提言我写信

2 [faŋ³¹ lau³¹ jỹ³¹ ɕaŋ⁴⁴ lai⁵¹ ŋa³¹ taŋ⁵¹]
奉到远乡龙眼潭

3 [faŋ⁴⁴ ku⁴⁴ n̠aŋ⁵¹ n̠aŋ⁵¹ pai³⁵ liŋ⁵¹ ɕĩ³⁵]
凤姑娘娘本灵显

4 [nẽ⁵¹ nẽ⁵¹ na⁴⁴ n̠y⁴⁴ lo⁵¹ ji⁵⁵ tɕỹ³¹]
年年二月来一转

5 [ɕi³⁵ ŋa³¹ waŋ⁴⁴ lo⁵¹ na⁴⁴ ni⁴⁴ laɯ⁴⁴]
起眼望来闹热多

6 [tau³¹ tɕau⁴⁴ joŋ³¹ miŋ⁵¹ lo⁵¹ tsai³¹ ɕaŋ⁴⁴]
道州永明来进香

7 [mẽ⁴⁴ tsa⁵¹ ɕi³¹ to⁵¹ tɕue⁴⁴ faŋ⁴⁴ ɕua³⁵]
面前戏台遮风水

8 [pi³¹ li³⁵ tshiŋ⁴⁴ sa⁴⁴ xau³⁵ ŋoai⁵¹ jaŋ⁵¹]
背底青山好颜容

9 [mẽ⁴⁴ tsa⁵¹ lo⁵¹ liaŋ⁵¹ faŋ⁴⁴ ɕua³⁵ xau³⁵]
面前来龙风水好

10 [faŋ⁴⁴ ku⁴⁴ n̠aŋ⁵¹ n̠aŋ⁵¹ fu⁵⁵ siau⁴⁴ lau³¹]
凤姑娘娘福修到

11 [tɕi⁵⁵ tsho³⁵ sɿe⁴⁴ tsɿe³⁵ la⁵¹ mai⁵¹ tɕaŋ³¹]
脚踩狮子拦门帐

12 [saŋ⁴⁴ liaŋ⁵¹ tɕhaŋ³⁵ tɕu⁴⁴ tso³¹ ŋa³¹ tsẽ⁵¹]
双龙抢珠在眼前

13 [je³¹ tsie³⁵ ɕua⁵⁵ ɕe⁴⁴ liŋ⁵¹ lai⁵¹ ȵu³¹]
台亲出身零陵女

14 [laɯ⁴⁴ na⁴⁴ je⁵¹ kue⁴⁴ sɿe³¹ siŋ³¹ tɕe⁵¹]
落入人家是姓陈

15 [ji⁵⁵ tɕi³¹ tɕhue⁴⁴ miŋ⁵¹ tẽ⁵¹ kaŋ⁴⁴ tai⁴⁴]
一叫村名田光洞

16 [jaŋ³¹ kau³¹ ȵu³¹ ai⁵¹ ji⁵⁵ wa⁴⁴ ɕe⁴⁴]
养个女儿一位身

17 [nẽ⁴⁴ nẽ⁴⁴ tsai³¹ ɕaŋ⁴⁴ lo⁵¹ ji⁵⁵ tɕỹ³¹]
年年进香来一转

18 [ji⁵⁵ na⁴⁴ su³¹ tshiŋ⁴⁴ tshiŋ³¹ ŋu³¹ ȵĩ⁵¹]
一二诉清听我言

19 [faŋ⁴⁴ ku⁴⁴ ȵaŋ⁵¹ aŋ⁵¹ fue³¹ ku³¹ xau³⁵]
凤姑娘娘下顾好

20 [jỹ³¹ ɕi³¹ mɯe³¹ maŋ⁵¹ jĩ³¹ ke³¹ e⁴⁴]
永世不忘你者恩

21 [nẽ⁵¹ nẽ⁵¹ tsai³¹ ɕaŋ⁴⁴ saŋ³¹ nẽ³⁵ ji³¹]
年年进香算点意

22 [faŋ⁴⁴ ku⁴⁴ ȵaŋ⁵¹ aŋ⁵¹ pe³⁵ sɿe³¹ xau³⁵]
凤姑娘娘本是好

23 [lɯ⁵⁵ tsai³¹ sa³¹ pẽ⁴⁴ ke³¹ xau³⁵ miŋ⁵¹]
得尽四边者好名

24 [faŋ⁴⁴ ku⁴⁴ ȵaŋ⁵¹ aŋ⁵¹ siau⁴⁴ nẽ⁵⁵ lau³¹]
凤姑娘娘修得到

25 [ɕau³¹ tsai³¹ ɕaŋ⁴⁴ jĩ⁴⁴ sɿe³¹ fu⁵⁵ je⁵¹]

受尽香烟是福人

（二）千祈娘娘

①应为 ヅ

②应为 甲

1 ［na⁴⁴ ȵy⁴⁴ tsiaŋ⁴⁴ lo⁵¹ ŋu³¹ sie³⁵ sai³¹］
二月将来我写信

2 ［tɕoŋ⁴⁴ tai³¹ liŋ³¹ ɕe⁵¹ tɕi³⁵ wa⁴⁴ ɕe⁴⁴］
惊动岭神几位身

3 ［ŋu³¹ ma⁵⁵ pi⁴⁴ xaŋ⁵¹ lau³¹ kua³¹ fu³⁵］
我没别行到贵府

4 ［tshiŋ⁴⁴ ɕaŋ⁴⁴ tshiŋ⁴⁴ tsʅe³⁵ waŋ⁴⁴ liŋ³¹ tsiŋ⁵¹］
请香请纸望领情

5 ［nẽ⁴⁴ nẽ⁴⁴ tsai³¹ ɕaŋ⁴⁴ lo⁵¹ ji⁵⁵ tɕỹ³¹］
年年进香来一转

6 ［khaŋ³¹ waŋ⁴⁴ liŋ³¹ ɕe⁵¹ sẽ⁴⁴ tai⁴⁴ ɕe⁴⁴］
看望岭神仙洞身

7 ［ɕi³⁵ ŋa³¹ waŋ⁴⁴ lo⁵¹ mɯe³¹ ɕue³⁵ ɕua⁵⁵］
起眼望来不舍出

8 ［xau³⁵ wue⁴⁴ fɯ⁵¹ kue⁴⁴ mɯe³¹ ɕue³⁵ xa⁵¹］
口曰回家不舍行

9 ［lu³¹ tsai³¹ ku⁴⁴ pu⁵¹ siau⁴⁴ nẽ⁵⁵ lau³¹］
妒尽姑婆修得到

10 ［soŋ⁴⁴ mu³¹ tɕe⁴⁴ ɕe⁴⁴ lai⁵¹ ŋa³¹ taŋ⁵¹］
三母金身龙眼潭

11 ［mẽ⁴⁴ tsa⁵¹ ɕi³¹ to⁵¹ tɕue⁴⁴ faŋ⁴⁴ ɕua³⁵］
面前戏台遮风水

12 ［pɯ³¹ li³⁵ tshiŋ⁴⁴ sa⁴⁴ xau³⁵ ŋoai⁵¹ jaŋ⁵¹］
背底清山好颜容

13 ［faŋ⁴⁴ ku⁴⁴ ȵaŋ³¹ ȵaŋ⁵¹ tshiŋ³¹ ɕu⁴⁴ wue⁴⁴］
凤姑娘娘听书曰

14 ［je³¹ ke⁴⁴ khau³⁵ lai⁵¹ tsau³¹ ɕaŋ³¹ ɕu⁴⁴］
   台者可怜做上书

15 ［khaŋ³¹ waŋ⁴⁴ ȵaŋ⁵¹ ȵaŋ⁵¹ sie⁵⁵ thoŋ³¹ xai⁴⁴］
   看望娘娘惜痛疼

16 ［ɕau⁴⁴ ȵu³¹ tɕe⁴⁴ ɕe⁴⁴ lau³¹ kua³¹ ɕe⁵¹］
   收女真身到贵神

17 ［tshẽ⁴⁴ tɕi⁵⁵ ȵaŋ⁵¹ ȵaŋ⁵¹ ɕau⁴⁴ ȵu³¹ ɕe⁴⁴］
   千祈娘娘收女身

18 ［ji⁵⁵ sai⁴⁴ tsɿe³⁵ siaŋ³⁵ xaŋ⁵¹ tsẽ⁵¹ lu⁴⁴］
   一心只想黄泉路

19 ［mɯe³¹ siaŋ³⁵ ɕi³¹ ka⁴⁴ lu⁴⁴ ɕaŋ⁴⁴ xa⁵¹］
   不想世间路上行

20 ［tso³¹ waŋ⁴⁴ ȵaŋ⁵¹ ȵaŋ⁵¹ sie⁵⁵ thoŋ³¹ xai⁴⁴］
   再望娘娘惜痛疼

21 ［tshẽ⁴⁴ tɕi⁵⁵ ȵaŋ⁵¹ ȵaŋ⁵¹ ɕau⁴⁴ ȵu³¹ ɕe⁴⁴］
   千祈娘娘收女身

22 ［xau³⁵ mɯe³¹ tu⁴⁴ tsi⁴⁴ noŋ⁵¹ ai⁵¹ tsɿ³⁵］
   可不投着男儿子

23 ［tai⁴⁴ wue⁴⁴ tẽ⁵¹ kua⁴⁴ tsie³⁵ ke³¹ miŋ⁵¹］
   才曰填归亲者名

24 ［tshẽ⁴⁴ tɕi⁵⁵ ȵaŋ⁵¹ ȵaŋ⁵¹ ɕau⁴⁴ ȵu³¹ ɕe⁴⁴］
   千祈娘娘收女身

25 ［ji⁵⁵ sai⁴⁴ tsɿe³⁵ siaŋ³⁵ xaŋ⁵¹ tsẽ⁵¹ lu⁴⁴］
   一心只想黄泉路

26 ［mɯe³¹ siaŋ³⁵ ɕi³¹ ka⁴⁴ lu⁴⁴ ɕaŋ⁴⁴ xa⁵¹］
   不想世间路上行

27 ［je⁵¹ ke⁴⁴ lau⁵¹ tɕaŋ⁴⁴ na⁴⁴ xau³⁵ ku³¹］

人者楼中日好过

28 ［sɿe³¹je³¹lau⁵¹tɕaŋ⁴⁴ma⁵⁵ai⁴⁴xaŋ⁴⁴］
是台楼中没日欢

29 ［tsai⁵¹li⁴⁴ɕi³⁵lo⁵¹waŋ⁴⁴lau³¹xɯ⁵⁵］

从朝起来望到黑

30 ［ma⁵⁵ai⁴⁴jau³¹li⁴⁴sie⁵⁵xai⁴⁴ɕe⁴⁴］

没日有朝惜疼深

五　哭嫁歌

（一）新打剪刀裁面料

1 ［sɿe⁴⁴la³⁵tsẽ³⁵le⁴⁴tso⁵¹mẽ⁴⁴liu⁴⁴］
新打剪刀裁面料

2 ［tso⁵¹ɕi³⁵mẽ⁴⁴liu⁴⁴lai⁵⁵kau⁴⁴xe⁵¹］
裁起面料贴高红

3 ［lai⁵⁵ɕi³⁵kau⁴⁴xe⁵¹ɕe⁴⁴po³¹tsie³⁵］
贴起高红深拜亲

4 ［lai⁵⁵ɕi³⁵kau⁴⁴xe⁵¹ɕe⁴⁴po³¹ȵaŋ⁵¹］
贴起高红深拜娘

5 ［ɕe⁴⁴ɕe⁴⁴po³¹ɕua⁵⁵ȵu³¹nẽ⁵¹ȵy⁴⁴］
深深拜出女年月

6 ［ɕe⁴⁴ɕe⁴⁴po³¹ɕua⁵⁵ȵu³¹nẽ⁵¹ka⁴⁴］
深深拜出女年庚

7 ［nẽ⁵¹ka⁴⁴laɯ⁴⁴na⁴⁴thu⁴⁴siaŋ⁴⁴li³⁵］
年庚落入他箱底

8 ［pɯe³⁵pa⁵⁵xai⁵¹laɯ⁵¹ɕu⁴⁴mɯe³¹kua⁴⁴］
把笔红罗赎不归

［sei³⁵ku⁴⁴taŋ⁵¹ji⁵⁵tau⁵¹］
小歌堂一头

(二) 今日上厅真上厅

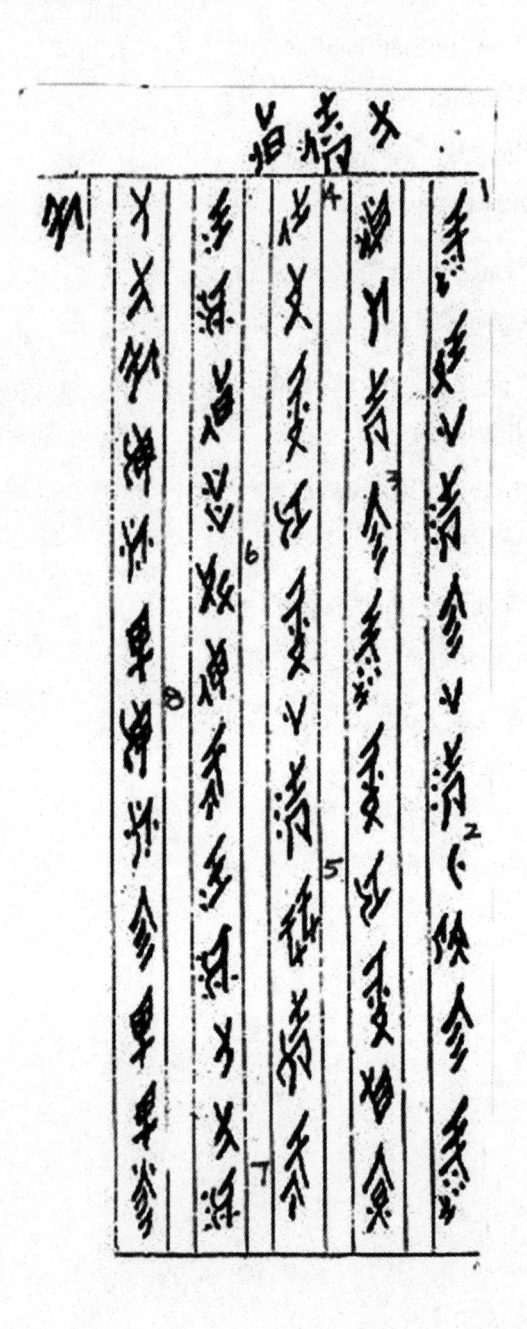

1 ［tɕi⁴⁴na⁵⁵ɕaŋ³¹tshiŋ⁴⁴tɕe⁴⁴ɕaŋ³¹tshiŋ⁴⁴］
今日上厅真上厅

2 ［wu⁵⁵pu⁵⁵tɕe⁴⁴tɕi⁴⁴ti⁵¹tɕau³⁵ɕoŋ⁴⁴］
屋腹金鸡啼九声

3 ［tɕe⁴⁴tɕi⁴⁴ma⁴⁴xa⁵¹ma⁴⁴phɯe⁵⁵ɕi⁵⁵］
金鸡慢行慢拍翅

4 ［sɿe³¹n̠u³¹ma⁴⁴xa⁵¹ma⁴⁴ɕaŋ³¹tshiŋ⁴⁴］
是女慢行慢上厅

5 ［tɕue⁵¹tɕi⁵⁵lo³¹le³¹tshu⁴⁴ta⁴⁴pu⁴⁴］
裙脚带凳坼地步

6 ［o⁴⁴tsiau⁴⁴lo³¹le³¹tshu⁴⁴tsha⁵⁵to⁵¹］
衣袖带凳坼漆台

7 ［tshu⁴⁴tsha⁵⁵to⁵¹tau⁵¹lẽ⁵¹fue⁴⁴tsa³⁵］
坼漆台头莲花盏

8 ［lẽ⁵¹fue⁴⁴tɕe⁴⁴tsa³⁵tsau³⁵jue⁵¹tau⁵¹］
莲花金盏走云头
［to⁴⁴ku⁴⁴taŋ⁵¹］
大歌堂

（三）热头落岭落家西

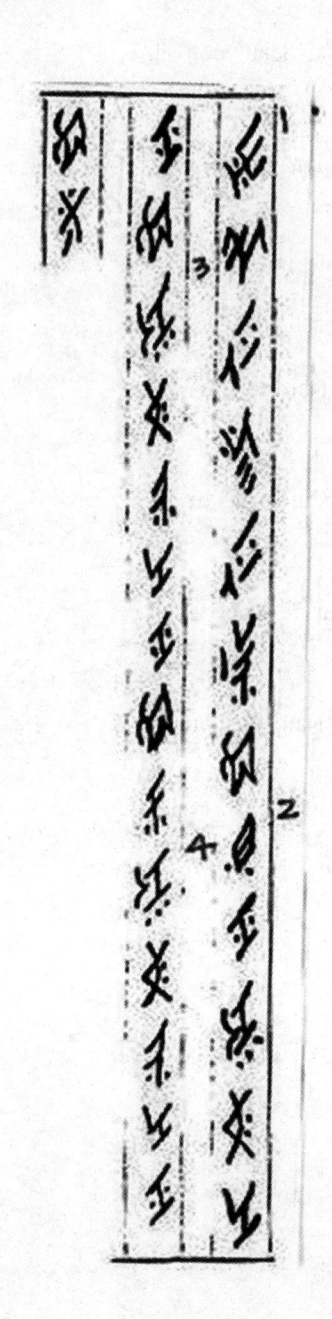

1　[ni⁴⁴ tau⁵¹ laɯ⁴⁴ liŋ³¹ laɯ⁴⁴ kue⁴⁴ sei⁴⁴]
　　热头落岭落家西

2　[tshiŋ³⁵ tɕoŋ³¹ xai⁵¹ ȵaŋ⁵¹ tsaɯ³¹ tɕoŋ³¹ sei⁴⁴]
　　请敬红娘坐正西

3　[xai⁵¹ ȵaŋ⁵¹ mɯe³¹ tsaɯ³¹ tɕoŋ³¹ sei⁴⁴ wa⁴⁴]
　　红娘不坐正西位

4　[xai⁵¹ ȵaŋ⁵¹ mɯe³¹ tsaɯ³¹ tɕoŋ³¹ sei⁴⁴ kaŋ⁴⁴]
　　红娘不坐正西官

（四）一只椅子两头龙

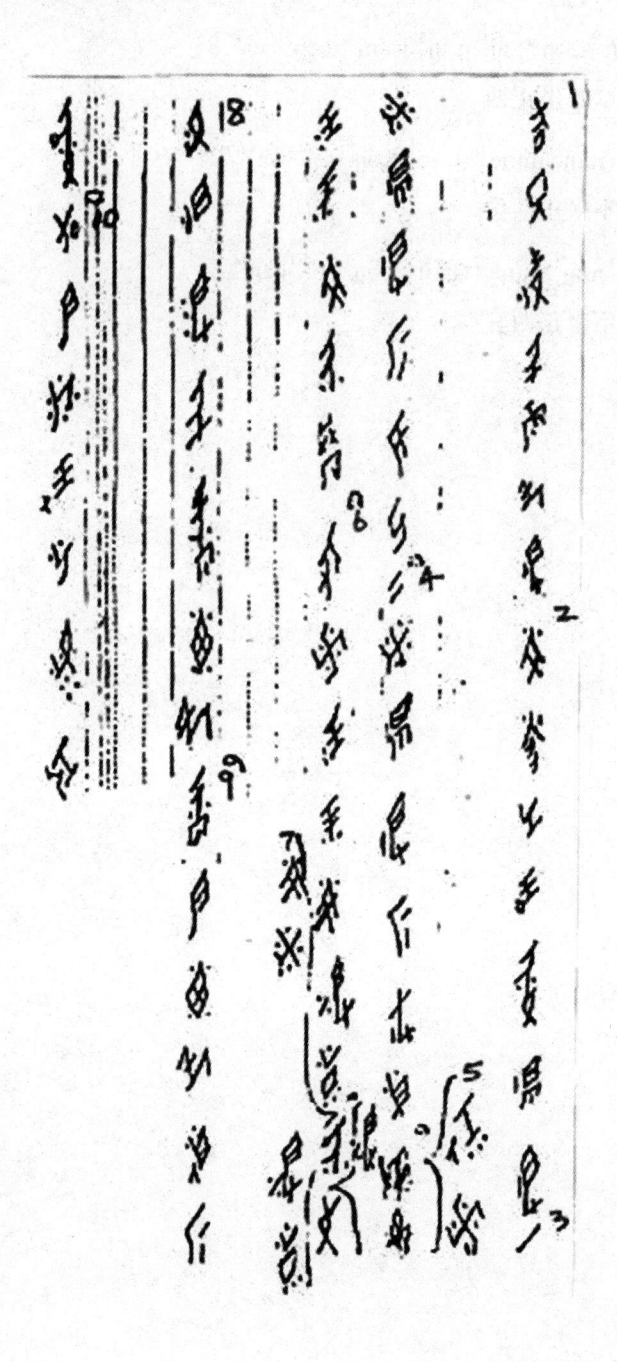

1 ［ji⁵⁵ tɕue⁵⁵ ji³⁵ tsʅ³⁵ liaŋ³¹ tau⁵¹ liaŋ⁵¹］
　一只椅子两头龙

2 ［tɕie³⁵ jue⁵¹ tsauɯ³¹ lau³⁵ ma⁴⁴ sʅe⁴⁴ liaŋ⁵¹］
　亲爷坐倒慢思量

3 ［ji⁵⁵ ke³¹ sʅe⁴⁴ liaŋ⁵¹ ma⁵⁵ nẽ⁵¹ tɕi³⁵］
　一者思量没年纪

4 ［na⁴⁴ ke³¹ sʅe⁴⁴ liaŋ⁵¹ ma⁵⁵ ji⁴⁴ ɕaŋ⁵¹］
　二者思量没衣裳

5 ［xai⁵¹ taŋ⁴⁴ lau³¹ lo⁵¹ tɕie³⁵ mɯe³¹ tsẽ³⁵］
　红缎到来亲不剪

6 ［liu⁴⁴ taŋ⁴⁴ lau³¹ lo⁵¹ tɕie³⁵ xai⁴⁴ tsẽ⁵¹］
　绿缎到来亲疼钱

7 ［tɕie³⁵ ke³¹ xai⁴⁴ tsẽ⁵¹ mɯe³¹ xai⁴⁴ ɲu³¹］
　亲者疼钱不疼女

8 ［liau⁵¹ kua⁴⁴ mi⁵⁵ tsʅ³⁵ tsʅe³¹ tẽ⁵¹ tau⁵¹］
　留归得子置田头

9 ［tsʅe³¹ ɕi³⁵ tẽ⁵¹ tau⁵¹ je³¹ ma⁵⁵ pai⁴⁴］
　置起田头台没份

10 ［pau³⁵ ɕi³⁵ fue⁴⁴ ko⁴⁴ tɕie³¹ lu⁴⁴ xa⁵¹］
　打起花街借路行

（五）半夜半夜亦是钱

1 ［paŋ³¹ jue³¹ paŋ³¹ jue³¹ jiu⁴⁴ sɿ³¹ tsẽ⁵¹］
半夜半夜亦是钱

2 ［sa³¹ tɕhu³¹ je⁵¹ mai⁵¹ ȵu³¹ mɯe³¹ mẽ⁵¹］
四处人闻女不眠

3 ［ȵu³¹ ke³¹ mɯe³¹ mẽ⁵¹ sai⁴⁴ mɯe³¹ tsiŋ³¹］
女者不眠心不静

4 ［tsoŋ⁴⁴ te⁵⁵ ko³¹ te⁵⁵ mɯe³¹ tsi⁵¹ tɕy͂⁵¹］
簪子戒子不齐全

5 ［ɯ³⁵ ai⁵¹ jiu⁵¹ tsi⁵¹ tɕy͂⁵¹］
哎啊拿齐全

（六）愁屋一头

1 [ji⁵⁵ ka⁴⁴ tsau⁵¹]
  一更愁

2 [ɕua³⁵ tsa⁴⁴ me⁵¹ lau⁴⁴ wu⁵¹ tsiu³¹ lau⁵¹]
  水浸门楼无聚楼

3 [wu⁵¹ ke³¹ tsiu³¹ lau⁵¹ saŋ⁴⁴ ji³¹ ɕua³⁵]
  无者聚楼双溢水

4 [saŋ⁴⁴ saŋ⁴⁴ ji³¹ ɕua³⁵ la⁴⁴ saŋ⁴⁴ liau⁵¹]
  双双溢水泪双流

5 [na⁴⁴ ka⁴⁴ tsau⁵¹]
  二更愁

6 [xaŋ⁵¹ liaŋ⁵¹ liau⁴⁴ ku³¹ tsie³⁵ tsaŋ⁵¹ tau⁵¹]
  黄龙溜过亲床头

7 [tsie³⁵ ke³¹ tsaŋ⁵¹ tau⁵¹ thau⁴⁴ thau⁴⁴ ɕua⁴⁴]
  亲者床头滔滔睡

8 [sʅe³¹ n̠u³¹ ku³¹ thu⁴⁴ la⁴⁴ saŋ⁴⁴ liau⁵¹]
  是女过他泪双流

9 [soŋ⁴⁴ ka⁴⁴ tsau⁵¹]
  三更愁

10 [soŋ⁴⁴ ɕu⁴⁴ xai⁵¹ fue⁴⁴ me³⁵ wu⁵⁵ tau⁵¹]
  三树红花挂屋头

11 [liaŋ³¹ liŋ⁴⁴ liaŋ³¹ ɕu⁴⁴ kua⁴⁴ tsie³⁵ wu⁵⁵]
  两边两树归亲屋

12 [lai⁴⁴ jaŋ⁴⁴ ji⁵⁵ ɕu⁴⁴ la⁴⁴ saŋ⁴⁴ liau⁵¹]
  中央一树泪双流

13 [sa³¹ ka⁴⁴ tsau⁵¹]

四更愁

14 ［sa³¹ kau³¹ tɕe⁴⁴ tɕi⁴⁴ kue⁵⁵ tɕuo³¹ liau⁵¹］
四个金鸡隔窝留

15 ［tɕe⁴⁴ tɕi⁴⁴ xau³⁵ liau⁵¹ liau⁵¹ tsiu⁴⁴ ȵu³¹］
金鸡口留留住女

16 ［je³¹ tsie³⁵ xau³⁵ liau⁵¹ sai⁴⁴ mɯe³¹ liau⁵¹］
台亲口留心不留

17 ［ŋ³¹ ka⁴⁴ tsau⁵¹］
五更愁

18 ［ŋ³¹ je⁵¹ tsha⁵⁵ siŋ³¹ ɕi³⁵ ku⁴⁴ ɕoŋ⁴⁴］
五人七姓起歌声

19 ［ɕi³⁵ ɕi³⁵ ku⁴⁴ ɕoŋ⁴⁴ ɕoŋ⁴⁴ jiu⁴⁴ liaŋ⁴⁴］
起起歌声声亦亮

20 ［liau⁴⁴ ka⁴⁴ tsau⁵¹］
六更愁

21 ［ti³¹ laŋ⁵¹ pɯ³⁵ fu³⁵ xu³¹ tɕue⁴⁴ lau⁵¹］
弟郎把火去巡楼

22 ［ɕaŋ⁴⁴ ka⁴⁴ fue³¹ ka⁴⁴ tsai³¹ tɕue⁴⁴ te⁵⁵］
上间下间尽巡了

23 ［li⁴⁴ jaŋ⁴⁴ ji⁵⁵ ka⁴⁴ liŋ³¹ ɕua³⁵ lau⁵¹］
中央一间冷水楼

［tsau⁵¹ wu⁵⁵ ji⁵⁵ tau⁵¹］
愁屋一头

（七）壁上先　壁下神

1 [pie⁵⁵ ɕaŋ⁴⁴ sẽ⁴⁴ pie⁵⁵ fue³¹ ɕe⁵¹]
   壁上先壁下神

2 [tshiŋ³⁵ tɕoŋ³¹ kai⁴⁴ mo³⁵ po³¹ kue⁴⁴ ɕe⁵¹]
   请敬公姥拜家神

3 [ji⁵⁵ po³¹ kue⁴⁴ ɕe⁵¹ wu⁵¹ pi⁴⁴ sɿe⁴⁴]
   一拜家神无别事

4 [na⁴⁴ po³¹ kue⁴⁴ ɕe⁵¹ ɕue⁴⁴ ɕua⁵⁵ ɕaŋ⁴⁴]
   二拜家神孙出乡

（八）右手把起红灯烛

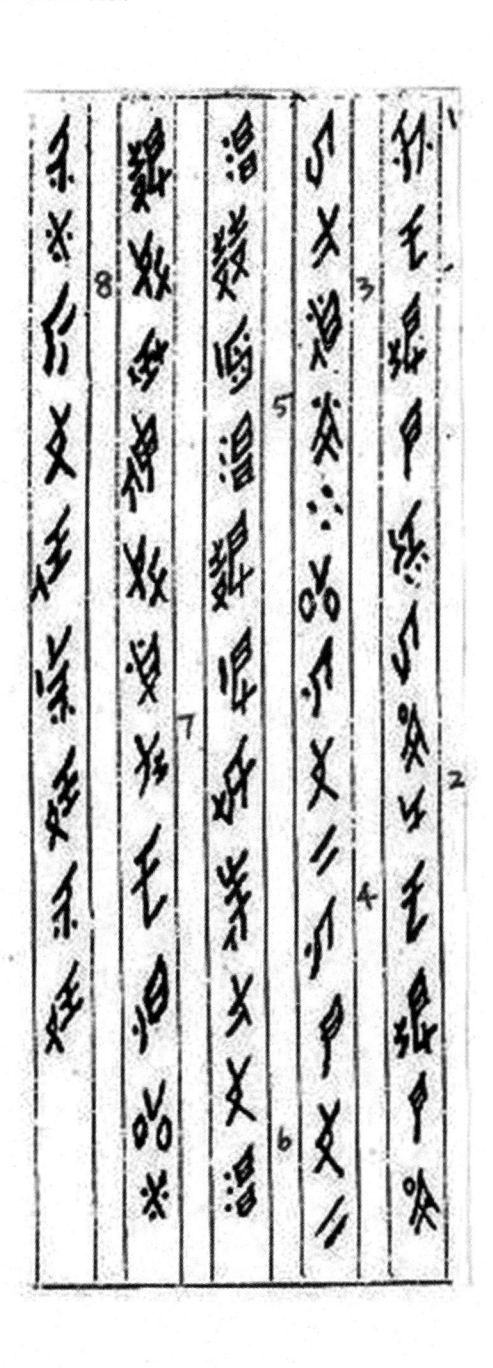

1 ［jau⁴⁴ɕau³⁵pɯ³⁵ɕi³⁵xai⁵¹lai⁴⁴tɕu⁵⁵］
右手把起红灯烛

2 ［tsa³¹ɕau³⁵pɯ³⁵ɕi³⁵tɕu⁵⁵lai⁴⁴to⁵¹］
左手把起烛灯台

3 ［je³¹tsie³⁵xɯ⁴⁴mai⁵¹te⁵¹ȵu³¹na⁴⁴］
台亲开门同女入

4 ［te⁵¹ɕi³⁵ȵu³¹na⁴⁴tsai⁵¹tsie⁴⁴paŋ⁵¹］
同起女入辞谢房

5 ［tsai⁵¹tsie⁴⁴liaŋ⁵¹tsaŋ⁵¹paŋ³¹to⁴⁴ȵu³¹］
辞谢龙床伴大女

6 ［tsai⁵¹tsie⁴⁴o⁴⁴kue³¹me³⁵o⁴⁴ɕaŋ⁵¹］
辞谢衣架挂衣裳

7 ［tsɯ³⁵ɕau³⁵kua⁴⁴mai⁵¹lau⁵⁵mɯe³¹lau⁵⁵］
左手关门牢不牢

8 ［ma⁵⁵ȵu³¹tso³¹kue⁴⁴na⁵¹mɯe³¹na⁵¹］
没女在家难不难

（九）青铜照影高厅照

1　[tʂhiŋ⁴⁴ tai⁵¹ tɕi³¹ ȵoŋ³⁵ kau⁴⁴ tʂhiŋ⁴⁴ tɕi³¹]
　　青铜照影高厅照

2　[tɕi³¹ tso³¹ tsie³⁵ jue⁵¹ lo⁵¹ pɯ³⁵ pɯ⁴⁴]
　　照在亲爷来把杯

3　[tɕe⁴⁴ ai⁴⁴ pɯ³⁵ pɯ⁴⁴ xaŋ⁴⁴ ɕi³⁵ tsi⁵⁵]
　　今日把杯欢喜接

4　[thẽ⁴⁴ kaŋ⁴⁴ pɯ³⁵ pɯ⁴⁴ tsie³⁵ maŋ⁵¹ maŋ⁵¹]
　　天光把杯亲茫茫

（十）一条绿线九个结

1 ［ji⁵⁵ tsi⁵¹ liu⁴⁴ sẽ³¹ tɕau³⁵ kau³¹ tɕe⁵⁵］
一条绿线九个结

2 ［tɕau³⁵ ɕi⁴⁴ tɕau³⁵ nẽ³⁵ tɕau³⁵ tɕau⁵¹ fue⁴⁴］
九十九点九球花

3 ［ku⁴⁴ miŋ⁴⁴ xau³⁵ ku⁴⁴ miŋ⁴⁴ kuo⁴⁴］
姑命好 姑命乖

4 ［ku⁴⁴ ke³¹ ɕu³⁵ lau³¹ sɿe⁴⁴ tsɿe³⁵ ko⁴⁴］
姑者许到十字街

5 ［sɿe⁴⁴ tsɿe³⁵ ko⁴⁴ tau⁵¹ tshẽ⁴⁴ paŋ⁴⁴ xau³¹］
十字街头千般有

6 ［ɕua⁵⁵ mai⁵¹ jiu⁴⁴ jau³¹ je⁵¹ pɯ³⁵ sa³⁵］
出门亦有人把伞

7 ［na⁴⁴ wu⁵⁵ jiu⁴⁴ xau³¹ pa⁴⁴ tɕe⁴⁴ tsu⁵¹］
入屋亦有婢斟茶

8 ［ɕaŋ³¹ tu⁵¹ jiu⁴⁴ jau³¹ jiu⁵¹ lai⁴⁴ fu³⁵］
上榻亦有拿灯火

9 ［fue³¹ tu⁵¹ jiu⁴⁴ xau³¹ ko⁵⁵ fu³⁵ je⁵¹］
下榻亦有夹火人

10 ［su⁴⁴ tsaŋ⁴⁴ jiu⁴⁴ jau³¹ jiu⁵¹ tɕoŋ³¹ xo⁴⁴］
梳妆亦有拿镜匣

11 ［sei³⁵ mẽ⁴⁴ jiu⁴⁴ jau³¹ tsau⁵⁵ ɕau³⁵ tɕe⁴⁴］
洗面亦有拿手巾

12 ［tai⁵¹ pai⁵¹ lau³⁵ ɕua³⁵ n̠e⁵¹ pai⁵¹ kue³¹］
铜盆倒水银盆架

13 ［sei³⁵ mẽ⁴⁴ ɕau³⁵ tɕe⁴⁴ n̠e⁵¹ sẽ³¹ siu⁴⁴］
洗面手巾银线须

14 ［xo⁵¹ piau⁴⁴ ɕaŋ⁴⁴ tshau³⁵ wu⁵¹ su³¹ tshẽ⁴⁴］
荷包香草无数千

15 ［lo³¹ ke³¹ tɕe⁴⁴ tɕu⁴⁴ piŋ³¹ pau³⁵ pa³¹］
带者金珠并宝贝

16 ［tɕhỹ⁴⁴ ke³¹ lai⁵¹ la⁵¹ tɕe³⁵ siau³¹ ji⁴⁴］
穿者绫罗锦绣衣

六　歌谣

（一）鲤鱼吐珠从海上

1 ［la³¹ ŋu⁵¹ thu³¹ tɕu⁴⁴ tsai⁵¹ xɯ³⁵ ɕaŋ³¹］
鲤鱼吐珠从海上

2 ［xo⁴⁴ ɕua³⁵ tɕaŋ⁴⁴ ɕoŋ⁵¹ po⁵⁵ mẽ⁴⁴ xɯ⁴⁴］
河水涨成八面开

3 ［sei⁴⁴ pẽ⁴⁴ ɕi³⁵ jue⁵¹ lai⁴⁴ laɯ⁴⁴ wu³¹］
西边起云东落雨

4 ［laɯ⁴⁴ maŋ³¹ tẽ⁵¹ tau⁵¹ tɕi³¹ sa³¹ faŋ⁴⁴］
落满田头及四方

5 ［tɕe⁴⁴ tɕi⁴⁴ kau⁴⁴ ti⁵¹ ɕoŋ⁴⁴ sai³¹ jỹ³¹］
金鸡高啼声送远

6 ［tʂɿe³⁵ sɿe³¹ lɯ⁵⁵ miŋ⁵¹ jiu⁴⁴ lɯ⁵⁵ ɕoŋ⁴⁴］
只是得名亦得声

7 ［je³¹ sɿe³¹ ɕua⁵⁵ ɕe⁴⁴ siŋ³¹ kau⁴⁴ ȵu³¹］
台是出身姓高女

8 ［laɯ⁴⁴ tɕhu³¹ siŋ³¹ xu⁵¹ phu³⁵ mo³¹ tɕhue⁴⁴］
落处姓胡浦尾村

9 ［nẽ⁵¹ tɕaŋ⁴⁴ tɕi⁴⁴ nẽ⁴⁴ po⁵⁵ ɕi⁴⁴ po⁵⁵］
年中今年八十八

10 ［liau⁵¹ ɕi³⁵ ɕi³¹ ka⁴⁴ wu⁵¹ jaŋ⁴⁴ je⁵¹］
留起世间无用人

（二）石崖出水水冲沙

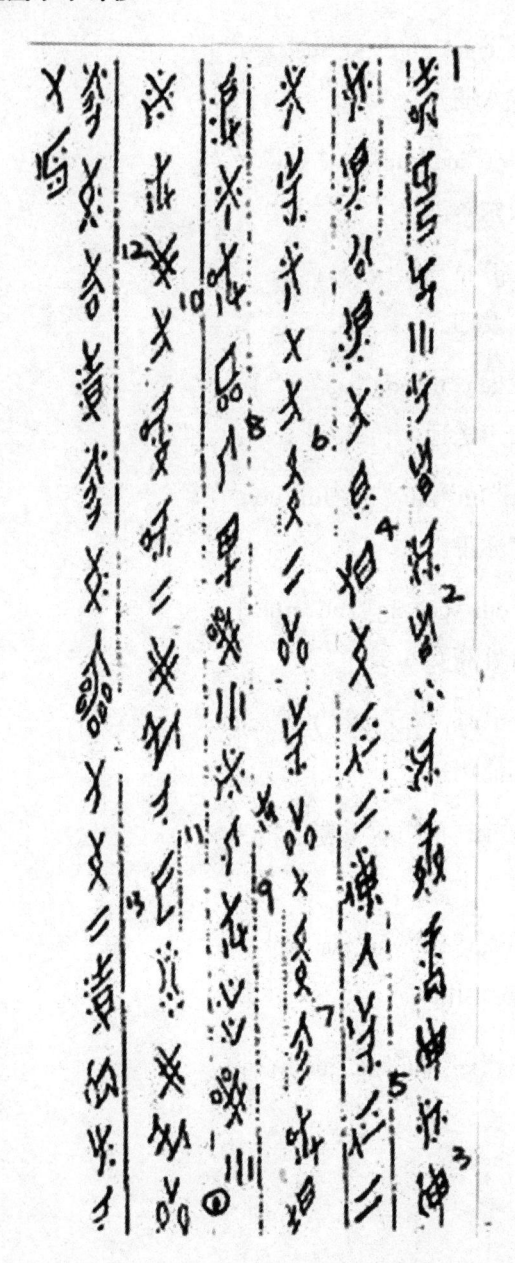

①应为 ⟨symbol⟩

1 ［ɕue⁴⁴ ŋoai⁵¹ ɕua⁵⁵ ɕua³⁵ ɕua³⁵ tɕhe⁴⁴ su⁴⁴］
   石崖出水水冲沙

2 ［tɕhe⁴⁴ xɯ⁴⁴ su⁴⁴ sɿe³⁵ tɕe³¹ lẽ⁵¹ fue⁴⁴］
   冲开沙滓种莲花

3 ［lẽ⁵¹ fue⁴⁴ li³⁵ fo⁵⁵ li³⁵ to⁴⁴ nẽ³⁵］
   莲花愈发愈大点

4 ［jau³¹ ȵu³¹ laɯ⁴⁴ na⁴⁴ kua³¹ je⁵¹ kue⁴⁴］
   有女落入贵人家

5 ［laɯ⁴⁴ na⁴⁴ kaŋ⁴⁴ kue⁴⁴ kaŋ⁴⁴ sɿe⁴⁴ to⁴⁴］
   落入官家官事大

6 ［laɯ⁴⁴ na⁴⁴ mai⁵¹ kue⁴⁴ mai⁵¹ sɿe⁴⁴ laɯ⁴⁴］
   落入民家民事多

7 ［tɕe⁴⁴ siaŋ⁴⁴ loŋ³¹ mẽ⁵⁵ ȵe⁵¹ siaŋ⁴⁴ the³⁵］
   金镶担母银镶桶

8 ［li⁴⁴ tsau³⁵ lɯ³⁵ ɕua³⁵ ku³¹ je⁴⁴ tai⁴⁴］
   朝早挑水过阴洞

9 ［je⁴⁴ pu⁴⁴ lɯ³⁵ ɕua³⁵ ku³¹ je⁴⁴ tɕi⁵¹］
   饮晡挑水过阴桥

10 ［to⁴⁴ pai⁴⁴ tɕhua⁴⁴ na⁴⁴ tɕi⁵¹ tau⁵¹ fue³¹］
   大风吹入桥头下

11 ［ɕau³⁵ pa⁴⁴ tɕi⁵¹ tau⁵¹ xu⁵⁵ jue⁵¹ ȵaŋ⁵¹］
   手扳桥头哭爷娘

12 ［ji⁵⁵ jỹ³¹ jue⁵¹ ȵaŋ⁵¹ ɕu³⁵ tshaɯ⁵⁵ ȵu³¹］
   一怨爷娘许错女

13 ［na⁴⁴ jỹ³¹ sei⁴⁴ sa⁴⁴ fue³¹ tshaɯ⁵⁵ paŋ⁵¹］
   二怨先生下错盘

（三）日头出早日黄黄

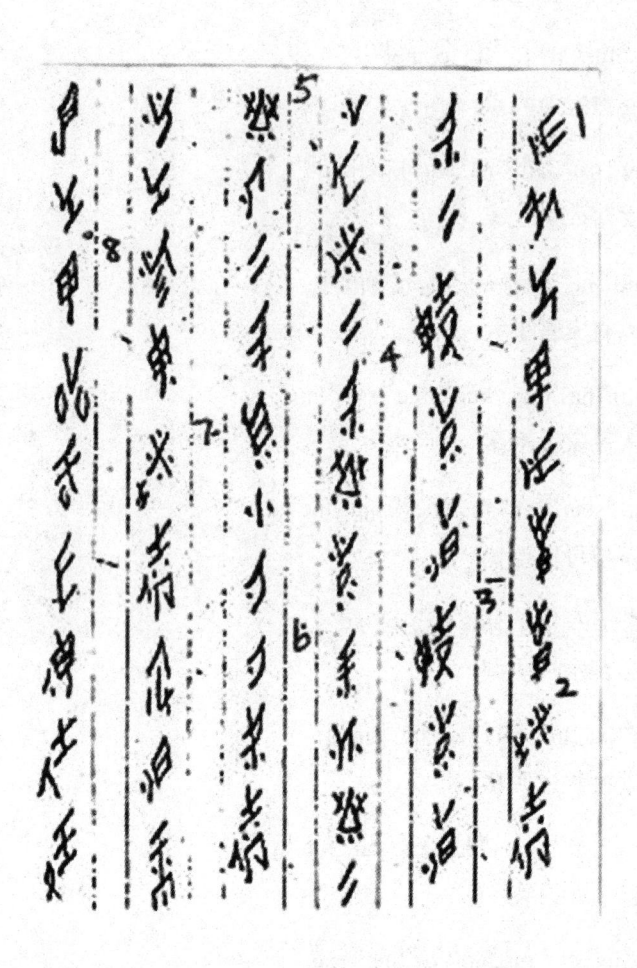

1 ［ ni⁴⁴ tau⁵¹ ɕua⁵⁵ tsau³⁵ ni⁴⁴ xaŋ⁵¹ xaŋ⁵¹ ］
　日头出早日黄黄

2 ［ wo⁴⁴ ku⁴⁴ mɯe³¹ na⁴⁴ lu³⁵ tsẽ⁵¹ taŋ⁵¹ ］
　唤哥不入赌钱堂

3 ［ lu³⁵ tsẽ⁵¹ taŋ⁵¹ ɕaŋ⁴⁴ xau³⁵ ku³¹ na⁴⁴ ］
　赌钱堂上好过日

4 ［ mɯe³¹ ɕi⁴⁴ tsẽ⁵¹ lo⁵¹ jiu⁴⁴ ɕi⁴⁴ na⁴⁴ ］
　不蚀钱来亦蚀日

5 ［ ɕi⁴⁴ te⁵⁵ na⁴⁴ tsʅe³⁵ jau⁵¹ sei³⁵ khau³⁵ ］
　蚀了日子犹小可

6 ［ khau³⁵ lai⁵¹ ku⁴⁴ ku⁴⁴ tsaɯ³¹ liŋ³¹ ɕe⁴⁴ ］
　可怜哥哥坐冷身

7 ［ wo⁴⁴ ku⁴⁴ xu³¹ kua⁴⁴ tɕe⁵¹ tɕe³⁵ tsaɯ³¹ ］
　唤哥去归勤紧做

8 ［ kue⁵⁵ mai⁵¹ liaŋ⁴⁴ ɕau³⁵ tsiau⁴⁴ sʅe³¹ na⁵¹ ］
　隔门亮手就是难

（四）正月当兵百草开

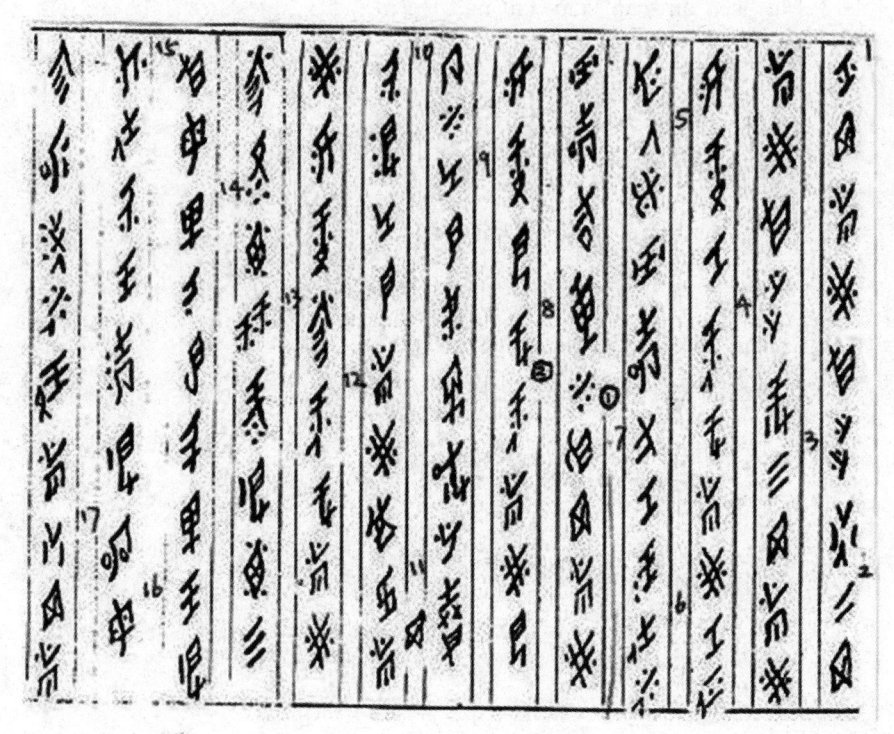

①应为 [符号]

② [符号] 字序颠倒

第三章 高氏女书校勘整理七十五篇

①应为禾

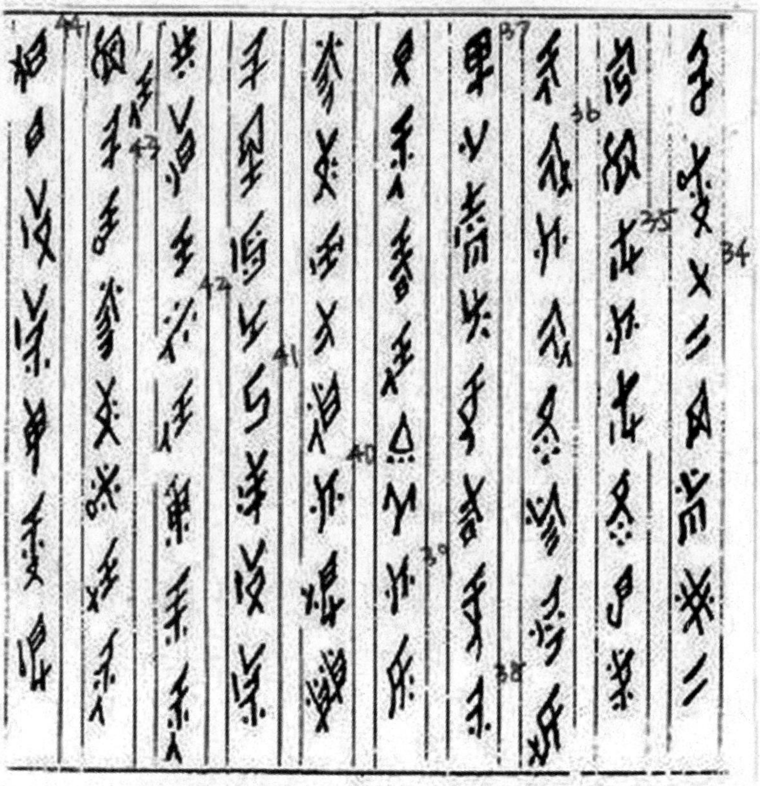
34
35
36
37
38
39
40
41
42
43
44

1 ［tɕoŋ⁴⁴ ȵy⁴⁴ laŋ⁴⁴ piŋ⁴⁴ pɯe⁵⁵ tshau³⁵ xɯ⁴⁴］
正月当兵百草开

2 ［na⁴⁴ ȵy⁴⁴ laŋ⁴⁴ piŋ⁴⁴ pɯe⁵⁵ tshau³⁵ tsiaŋ⁵¹］
二月当兵百草长

3 ［soŋ⁴⁴ ȵy⁴⁴ laŋ⁴⁴ piŋ⁴⁴ po³¹ ɕaŋ³¹ kai⁴⁴］
三月当兵拜上公

4 ［ŋu³¹ tshy³¹ laŋ⁴⁴ piŋ⁴⁴ kai⁴⁴ la⁴⁴ sai⁴⁴］
我去当兵公虑心

5 ［je⁵¹ ke³¹ jaŋ³¹ ɕue⁴⁴ to³¹ kai⁴⁴ lau³¹］
人者养孙待公老

6 ［sɿe³¹ jĩ³¹ jaŋ³¹ ɕue⁴⁴ ji⁵⁵ tsiaŋ⁵¹ xai⁴⁴］
是你养孙一场虚

7 ［sa³¹ ȵy⁴⁴ laŋ⁴⁴ piŋ⁴⁴ po³¹ ɕaŋ³¹ mo³⁵］
四月当兵拜上姥

8 ［ŋu³¹ tɕhy³¹ laŋ⁴⁴ piŋ⁴⁴ mo³⁵ la⁴⁴ sai⁴⁴］
我去当兵姥虑心

9 ［tsaɯ³¹ ɕi³⁵ lai⁵¹ la⁵¹ siaŋ⁴⁴ siaŋ⁴⁴ maŋ³¹］
做起绫罗箱箱满

10 ［mɯe³¹ nẽ⁵⁵ tsaɯ³¹ ɕi³⁵ laŋ⁴⁴ piŋ⁴⁴ o⁴⁴］
不得做起当兵衣

11 ［ŋ̍³¹ ȵy⁴⁴ laŋ⁴⁴ piŋ⁴⁴ po³¹ ɕaŋ³¹ jue⁵¹］
五月当兵拜上爷

12 ［ŋu³¹ tɕhy³¹ laŋ⁴⁴ piŋ⁴⁴ jue⁵¹ tɕaŋ³¹ tẽ⁵¹］
我去当兵爷种田

13 ［mẽ⁴⁴ tsa⁵¹ liaŋ⁵¹ tẽ⁵¹ soŋ⁴⁴ pɯe⁵⁵ mu³¹］
面前良田三百亩

187

14 [tsau³⁵ fue³¹ tɕe³⁵ tsɿe³⁵ tsau³⁵ jỹ⁵¹ liaŋ⁵¹]
早下种子早完粮

15 [jiu⁴⁴ sɿe³¹ mɯe³¹ jỹ⁵¹ tshiŋ⁴⁴ liaŋ⁵¹ ɕaŋ³⁵]
若是不完清粮饷

16 [mu⁵¹ tɕe⁴⁴ sɯ³⁵ loŋ⁴⁴ jĩ³¹ na⁵¹ laŋ⁴⁴]
麻筋锁链你难当

17 [liau⁴⁴ n̠y⁴⁴ laŋ⁴⁴ piŋ⁴⁴ po³¹ ɕaŋ³¹ n̠aŋ⁵¹]
六月当兵拜上娘

18 [ŋu³¹ tɕhy³¹ laŋ⁴⁴ piŋ⁴⁴ n̠aŋ⁵¹ ɕi³⁵ xaŋ⁴⁴]
我去当兵娘不欢

19 [tsau³⁵ mɯe³¹ tsaŋ⁴⁴ ɕaŋ⁴⁴ pau³⁵ je³¹ xu³¹]
早起装香保台去

20 [je⁴⁴ pu⁴⁴ tsaŋ⁴⁴ ɕaŋ⁴⁴ pau³⁵ ŋu³¹ kua⁴⁴]
饮晡装香保我归

21 [tsha⁵⁵ n̠y⁴⁴ laŋ⁴⁴ piŋ⁴⁴ po³¹ ɕaŋ³¹ ku⁴⁴]
七月当兵拜上哥

22 [ŋu³¹ tɕhy³¹ laŋ⁴⁴ piŋ⁴⁴ ku⁴⁴ la⁴⁴ sai⁴⁴]
我去当兵哥虑心

23 [tsai⁵¹ tsĩ³¹ ku⁴⁴ ku⁴⁴ thi³¹ ti³¹ ti³¹]
曾见哥哥替弟弟

24 [mɯe³¹ tɕĩ³¹ ti³¹ ti³¹ thi³¹ ku⁴⁴ ku⁴⁴]
不见弟弟替哥哥

25 [po⁵⁵ n̠y⁴⁴ laŋ⁴⁴ piŋ⁴⁴ po³¹ ɕaŋ³¹ sau³⁵]
八月当兵拜上嫂

26 [ŋu³¹ tɕhy³¹ laŋ⁴⁴ piŋ⁴⁴ sau³⁵ la⁴⁴ sai⁴⁴]
我去当兵嫂虑心

27 ［tɕau³⁵ ȵy⁴⁴ laŋ⁴⁴ piŋ⁴⁴ po³¹ ɕaŋ³¹ mẽ⁴⁴］
九月当兵拜上妹

28 ［ŋu³¹ tɕhy³¹ laŋ⁴⁴ piŋ⁴⁴ mẽ⁴⁴ la⁴⁴ sai⁴⁴］
我去当兵妹虑心

29 ［sɿe⁴⁴ ȵy⁴⁴ laŋ⁴⁴ piŋ⁴⁴ po³¹ ɕaŋ³¹ tshai⁴⁴］
十月当兵拜上妻

30 ［ŋu³¹ tɕhy³¹ laŋ⁴⁴ piŋ⁴⁴ tshai⁴⁴ la⁴⁴ sai⁴⁴］
我去当兵妻虑心

31 ［la⁴⁴ tɕhe⁴⁴ tsiu³¹ lo⁵¹ faŋ⁵¹ tɕaŋ⁴⁴ tsie⁵⁵］
多称苎来房中绩

32 ［mɯe³¹ wue⁴⁴ tu⁴⁴ ȵe⁴⁴ jau⁵¹ sa³¹ faŋ⁴⁴］
不曰独位游四方

33 ［ɕi⁴⁴ ji⁵⁵ ȵy⁴⁴ laŋ⁴⁴ piŋ⁴⁴ ɕaŋ³¹ te⁵¹ tɕhỹ⁴⁴］
十一月当兵上桃川

34 ［ɕi⁴⁴ na⁴⁴ ȵy⁴⁴ laŋ⁴⁴ piŋ⁴⁴ na⁴⁴ kaŋ³⁵ sei⁴⁴］
十二月当兵入广西

35 ［je⁴⁴ jiu⁴⁴ je⁴⁴ tsai³¹ piau⁴⁴ tsiaŋ⁴⁴ paŋ⁴⁴］
饮亦饮尽包浆饭

36 ［fai³¹ jiu⁴⁴ fai³¹ tsai³¹ liŋ³¹ pa³⁵ tsaŋ⁵¹］
睡亦睡尽冷板床

37 ［tsau³⁵ ɕaŋ³¹ kau⁴⁴ sa⁴⁴ khaŋ³¹ ji⁵⁵ khaŋ³¹］
走上高山看一看

38 ［mɯe³¹ tɕĩ³¹ ŋu³¹ tɕhue⁴⁴ tso³¹ nẽ⁴⁴ faŋ⁴⁴］
不见我村在哪方

39 ［jiu⁴⁴ tɕhi³¹ jue⁵¹ naŋ⁵¹ jaŋ³¹ to⁴⁴ je³¹］
亦气爷娘养大台

40　[jiu⁴⁴ xai⁴⁴ tʂhai⁴⁴ tsɿ³⁵ khaŋ⁴⁴ faŋ⁵¹ tsaɯ³¹]
　　亦疼妻子空房坐

41　[tɕi³⁵ sɿe⁵¹ fɯ⁵¹ kue⁴⁴ tɕaŋ⁴⁴ taŋ⁵¹ jỹ⁵¹]
　　几时回家共团圆

42　[jĩ³¹ tso³¹ lai⁴⁴ lo⁵¹ ŋu³¹ tso³¹ sei⁴⁴]
　　你在东来我在西

43　[tsɿe³⁵ waŋ⁴⁴ jue⁵¹ ȵaŋ⁵¹ tɕi³¹ ku³¹ na³¹]
　　只望爷娘照顾你

44　[jau³¹ ai⁴⁴ fɯ⁵¹ kue⁴⁴ tɕaŋ⁴⁴ ɕaŋ⁴⁴ liaŋ⁵¹]
　　有日回家共商量

（五）上山数芒十八叶

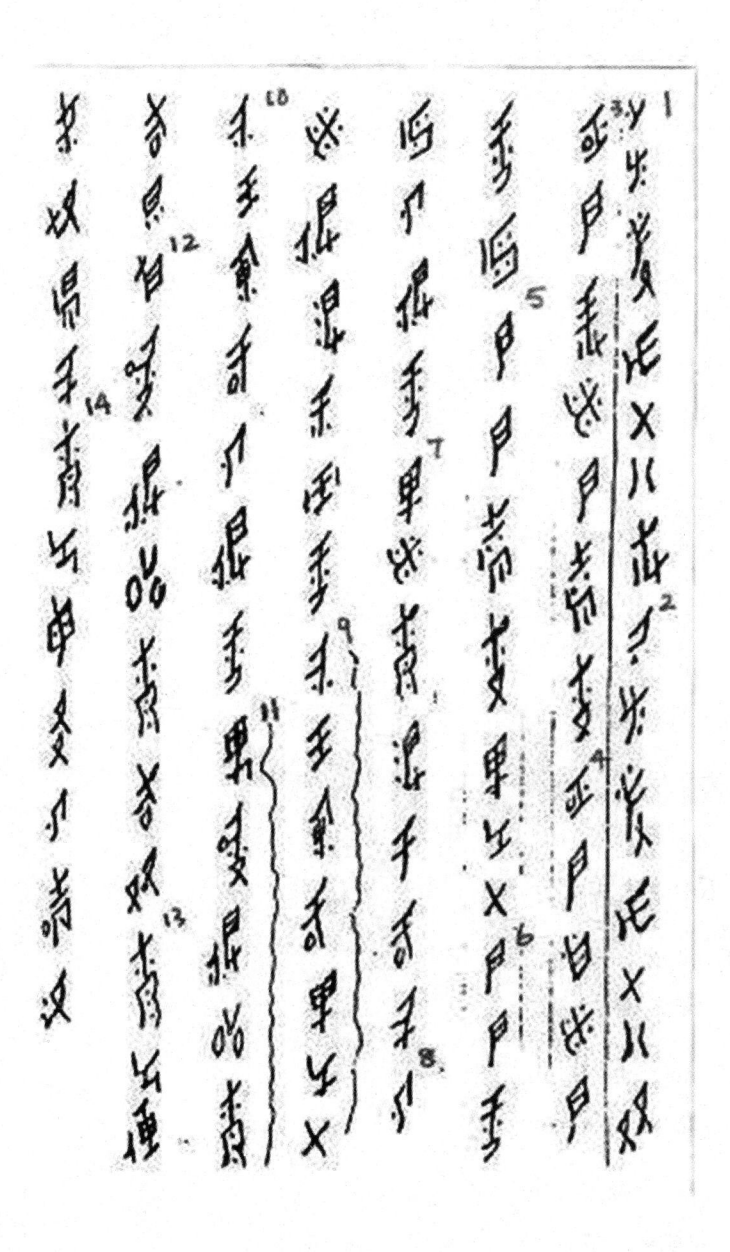

1　[ɕaŋ³¹ sa⁴⁴ su³⁵ maŋ⁵¹ ɕi⁴⁴ po⁵⁵ ji⁵⁵]
　　上山数芒十八叶

2　[fue³¹ sa⁴⁴ su³⁵ maŋ⁵¹ ɕi⁴⁴ po⁵⁵ saŋ⁴⁴]
　　下山数芒十八双

3　[ɕỹ³⁵ ɕi³⁵ tsiaŋ⁵¹ ke³¹ ɕi³⁵ kau⁴⁴ lau⁵¹]
　　选起长者起高楼

4　[ɕỹ³⁵ ɕi³⁵ laŋ³⁵ ke³¹ ɕi³⁵ ɕu⁴⁴ faŋ⁵¹]
　　选起短者起书房

5　[ɕi³⁵ ɕi³⁵ kau⁴⁴ lau⁵¹ tsa³⁵ tsaɯ³¹ sɿe⁴⁴]
　　起起高楼姊做事

6　[ɕi³⁵ ɕi³⁵ ɕu⁴⁴ faŋ⁵¹ ti³¹ tu⁴⁴ ɕu⁴⁴]
　　起起书房弟读书

7　[tsa³⁵ ke³¹ siau³¹ nẽ⁵⁵ tshẽ⁴⁴ liaŋ⁴⁴ tsɿe³⁵]
　　姊者绣得千张纸

8　[ti³¹ ke⁴⁴ tu⁴⁴ nẽ⁵⁵ wa⁴⁴ jaŋ⁴⁴ ɕu⁴⁴]
　　弟者读得万样书

9　[mɯe³¹ ȵoŋ⁵¹ nu⁴⁴ liaŋ⁴⁴ tsa³⁵ tsaɯ³¹ sɿe⁴⁴]
　　不然给张姊做事

10　[mɯe³¹ noŋ⁵¹ nu⁴⁴ liaŋ⁴⁴ ti³¹ tu⁴⁴ ɕu⁴⁴]
　　不然给张弟读书

11　[noŋ⁵¹ pai⁴⁴ tu⁴⁴ mai⁵¹ siau³¹ ji⁵⁵ nẽ³⁵]
　　南风窦门绣一点

12　[pɯe⁵⁵ pai⁴⁴ tu⁴⁴ mai⁵¹ siau³¹ ji⁵⁵ saŋ⁴⁴]
　　北风窦门绣一双

13 〔siau³¹ ɕua⁵⁵ tɕi⁵¹ lai⁵¹ lie³¹ sʅe⁴⁴ tsʅe³⁵〕
绣出麒麟对狮子

14 〔siau³¹ ɕua⁵⁵ mu³¹ la⁴⁴ tai⁴⁴ ɕue⁴⁴ liau⁵¹〕
绣出牡丹配石榴

（六）石榴叶子叶下青

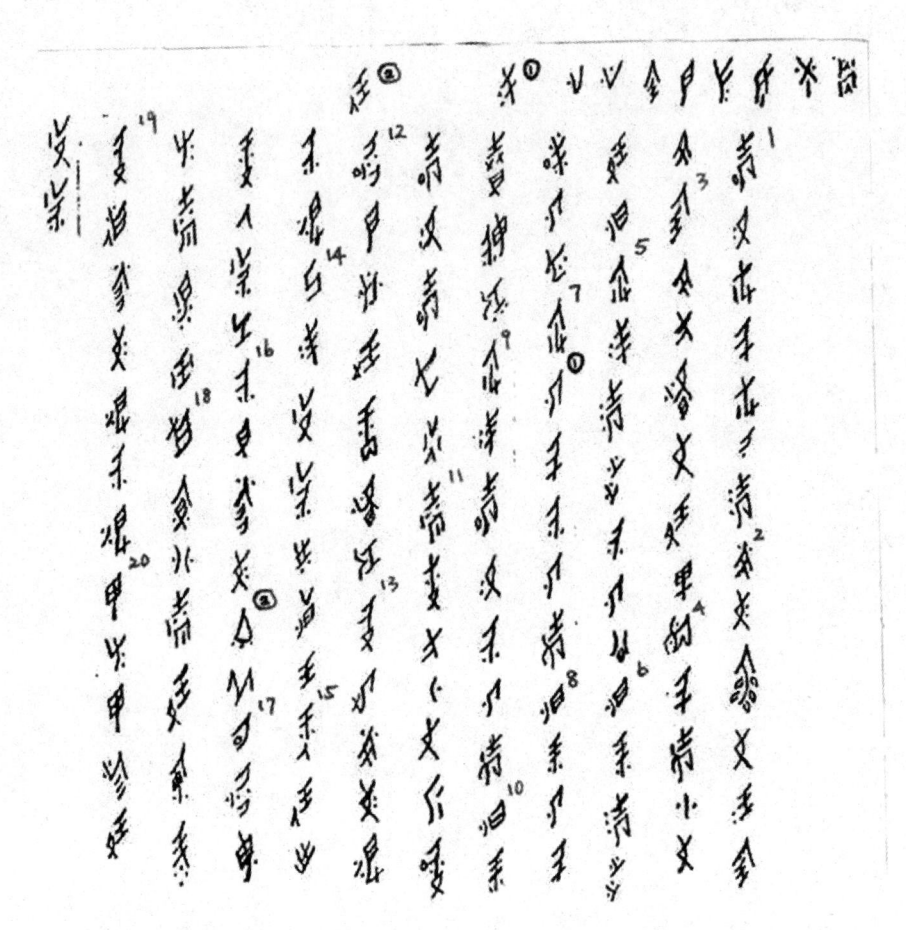

字应插入①处

字应插入②处

1　[ɕue⁴⁴ liau⁵¹ ji⁴⁴ tsɿ³⁵ ji⁴⁴ fue³¹ tshiŋ⁴⁴]
　　石榴叶子叶下青

2　[tsie³⁵ ȵaŋ⁵¹ ɕu³⁵ ȵu³¹ lau³¹ tɕỹ⁵¹ tɕau⁴⁴]
　　亲娘许女到全州

3　[tɕỹ⁵¹ tɕau⁴⁴ to⁴⁴ lu⁴⁴ ȵu³¹ na⁵¹ tsau³⁵]
　　全州大路女难走

4　[xo⁵¹ tsɿ³⁵ tɕi⁵¹ sei³¹ ȵu³¹ na⁵¹ kua⁵¹]
　　鞋子脚细女难归

5　[xu³¹ sɿe⁵¹ tshiŋ⁴⁴ tshau³⁵ mɯe³¹ tai⁵¹ xuo⁵⁵]
　　去时青草不曾发

6　[kua⁴⁴ lo⁵¹ tshiŋ⁴⁴ tshau³⁵ ko⁵⁵ tai⁵¹ sai⁴⁴]
　　归来青草夹了心

7　[xu³¹ sɿe⁵¹ tɯ⁵¹ tsɿ³⁵ mɯe³¹ tai⁵¹ tɕi⁵⁵]
　　去时桃子不曾结

8　[kua⁴⁴ lo⁵¹ tɯ⁵¹ tsɿ³⁵ maŋ³¹ ɕu⁴⁴ xai⁵¹]
　　归来桃子满树红

9　[xu³¹ sɿe⁵¹ ɕue⁴⁴ liau⁵¹ mɯe³¹ tai⁵¹ tɕi⁵⁵]
　　去时石榴不曾结

10　[kua⁴⁴ lo⁵¹ ɕue⁴⁴ liau⁵¹ ɕue⁴⁴ xau³⁵ xɯ⁴⁴]
　　归来石榴社口开

11　[kau⁴⁴ lau⁵¹ to⁴⁴ wu⁵⁵ ȵu³¹ ma⁵⁵ pai⁴⁴]
　　高楼大屋女没份

12　[pau³⁵ ɕi³⁵ fue⁴⁴ ko⁴⁴ tsie³¹ lu⁴⁴ xa⁵¹]
　　打起花街借路行

13　[mai⁴⁴ lo⁵⁵ tsie³⁵ ȵaŋ⁵¹ xai⁴⁴ mɯe³¹ xai⁴⁴]
　　问下亲娘恨不恨

14 ［tɕi³⁵ sɿe⁵¹ fɯ⁵¹ kue⁴⁴ tɕaŋ⁴⁴ taŋ⁵¹ jỹ⁵¹］
几时回家共团圆

15 ［ŋu³¹ tso³¹ thu⁴⁴ ɕaŋ⁴⁴ je⁵¹ kue⁴⁴ tsaɯ³¹］
我在他乡人家坐

16 ［mɯe³¹ tɕĩ³¹ jue⁵¹ ȵaŋ⁵¹ tso³¹ nẽ⁴⁴ faŋ⁴⁴］
不见爷娘在哪方

17 ［khau⁵⁵ pa³⁵ ɕe⁴⁴ sa⁴⁴ kau⁴⁴ li³⁵ jaŋ⁴⁴］
确比深山高鸟样

18 ［phɯe⁵⁵ ɕy⁵⁵ fa⁴⁴ kau⁴⁴ nã⁵¹ fɯ⁴⁴ tsa⁵¹］
拍翅飞高难会齐

19 ［mai⁴⁴ je³¹ jue⁵¹ ȵaŋ⁵¹ xai⁴⁴ mɯe³¹ xai⁴⁴］
问下爷娘恨不恨

20 ［kue⁵⁵ sa⁴⁴ kue⁵⁵ liŋ³¹ na⁵¹ fɯ⁵¹ kue⁴⁴］
隔山隔岭难回家

［kau⁴⁴ ȵe⁵¹ sẽ⁴⁴ sie³⁵ ɕi³⁵ tɕỹ⁵¹ ɕi³¹ ɕaŋ⁴⁴］
高银仙写起传世上

(七) 姊出门来妹出边

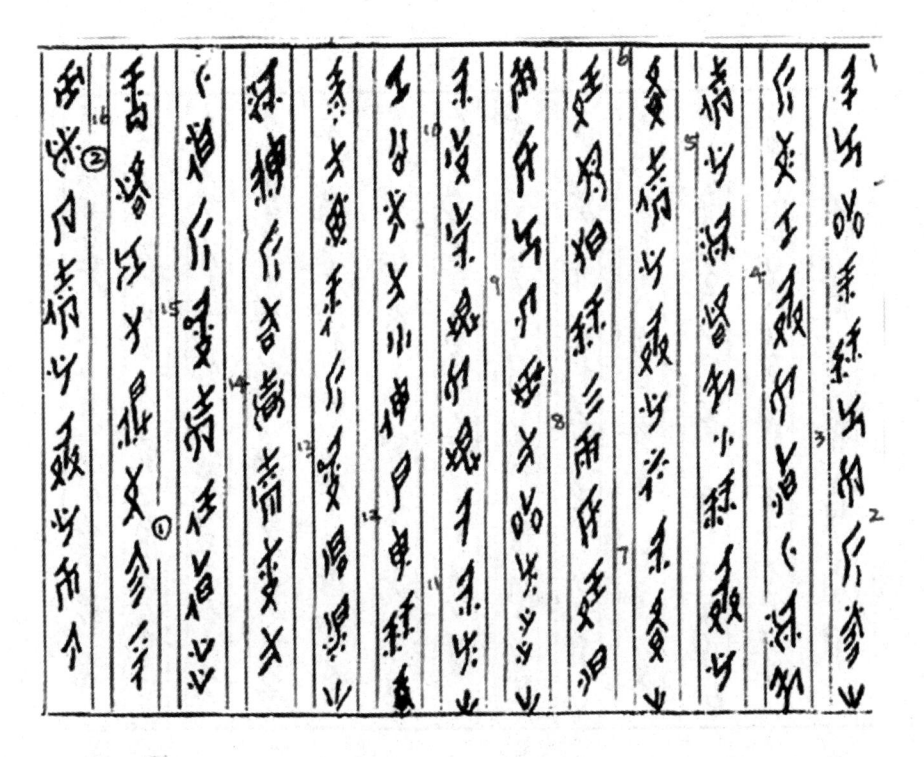

①漏 人 字

②应为 （字形）

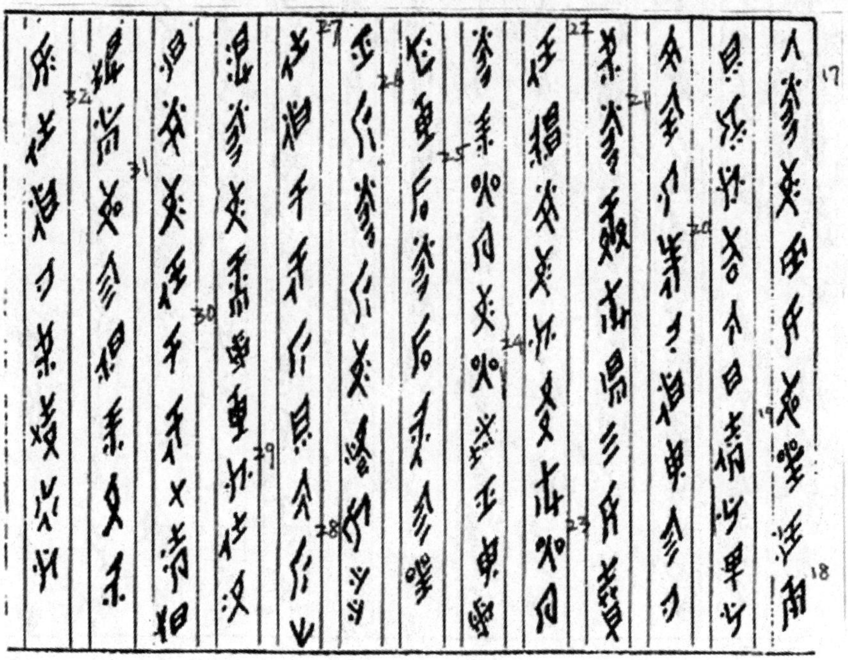

1　[tsɿe³⁵ ɕua⁵⁵ mai⁵¹ lo⁵¹ mẽ⁴⁴ ɕua⁵⁵ pẽ⁴⁴]
　　姊出门来妹出边

2　[ma⁵⁵ jue⁵¹ ma⁵⁵ n̠aŋ⁵¹ kai⁴⁴ sau³⁵ pẽ⁴⁴]
　　没爷没娘跟嫂边

3　[taŋ⁵¹ wu⁵⁵ su⁴⁴ tau⁵¹ ku⁴⁴ ku⁴⁴ tʂhu⁴⁴]
　　堂屋梳头哥哥粗

4　[lu⁴⁴ tau⁵¹ sei³⁵ mẽ⁴⁴ sau³⁵ sau³⁵ ɕĩ⁵¹]
　　炉头洗面嫂嫂嫌

5　[ku⁴⁴ ku⁴⁴ sau³⁵ sau³⁵ jĩ³¹ mɯe³¹ ɕĩ⁵¹]
　　哥哥嫂嫂你不嫌

6　[na⁵¹ wa⁵¹ jau³¹ mẽ⁴⁴ soŋ⁴⁴ liaŋ³¹ nẽ⁵¹]
　　宁为幼妹三两年

7　[ta⁵¹ kua⁴⁴ liaŋ³¹ nẽ⁵¹ ɕua⁵⁵ te⁵⁵ kue³¹]
　　迟归两年出了嫁

8　[to⁴⁴ mai⁵¹ sa⁴⁴ tʂhau³⁵ mɯe³¹ fɯ⁵¹ kue⁴⁴]
　　大门生草不回家

9　[xo⁴⁴ pẽ⁴⁴ xo⁴⁴ li³¹ mɯe³¹ sa⁴⁴ ka⁴⁴]
　　河边河吊不生根

10　[xuo⁵⁵ kaŋ⁴⁴ to⁴⁴ ɕua³⁵ tsiau⁴⁴ ɕi³⁵ ɕe⁴⁴]
　　发江大水就起身

11　[mẽ⁴⁴ tsa⁵¹ to⁴⁴ tẽ⁵¹ ŋu³¹ ma⁵⁵ pai⁴⁴]
　　面前大田我没份

12　[pi³¹ li³⁵ su⁴⁴ ɕu⁴⁴ ma⁵⁵ ji⁵⁵ lau⁴⁴]
　　背底杉树没一蔸

13　[kau⁴⁴ lau⁵¹ to⁴⁴ wu⁴⁴ je³¹ ma⁵⁵ pai⁴⁴]
　　高楼大屋台没份

14 [tɕi⁵⁵ tsho³⁵ ta⁴⁴ pu⁴⁴ tsie³¹ lu⁴⁴ xa⁵¹]
脚踩地步借路行

15 [tshaɯ⁵⁵ tu⁴⁴ ȵu³¹ je⁵¹ tɕe⁴⁴ wu⁵¹ jaŋ⁴⁴]
错投女人真无用

16 [lo³¹ la⁴⁴ ku⁴⁴ ku⁴⁴ sau³⁵ sau³⁵ liaŋ³¹ kau³¹ je⁵¹]
带累哥哥嫂嫂两个人

17 [jue⁵¹ ȵaŋ⁵¹ jaŋ³¹ nẽ⁵¹ jy⁵¹ tɕu⁴⁴ ȵu⁴⁴]
爷娘养侬如珠玉

18 [liaŋ³¹ nẽ³⁵ xai⁵¹ fue⁴⁴ ji⁵⁵ kau³¹ ai⁵¹]
两点红花一个儿

19 [ku⁴⁴ ku⁴⁴ tsa³⁵ tsa³⁵ tsau⁴⁴ tsỹ⁵¹ te⁵⁵]
哥哥姊姊交全了

20 [paŋ³¹ fue³¹ je³¹ ɕe⁴⁴ tɕe⁴⁴ khau³⁵ lai⁵¹]
放下台身真可怜

21 [jue⁵¹ sa³⁵ je⁴⁴ sɿe⁴⁴ soŋ⁴⁴ nẽ⁵¹ maŋ³¹]
爷死阴司三年满

22 [tso³¹ fu⁵⁵ tsie³⁵ ȵaŋ⁵¹ jiu⁴⁴ laɯ⁴⁴ je⁴⁴]
再复亲娘亦落阴

23 [xu⁵⁵ tɕu³¹ jue⁵¹ lo⁵¹ xu⁵⁵ tɕu³¹ ȵaŋ⁵¹]
哭句爷来哭句娘

24 [xu⁵⁵ lo⁵⁵ tɕỹ³¹ ɕe⁴⁴ taŋ³¹ sai⁴⁴ tsiaŋ⁵¹]
哭下转身断心肠

25 [xau³¹ jue⁵¹ xau³¹ na³¹ tɕe⁴⁴ tɕu⁴⁴ pau³⁵]
有爷有娘金珠宝

26 [ma⁵⁵ jue⁵¹ ma⁵⁵ ȵaŋ⁵¹ lu⁴⁴ pẽ⁴⁴ tshau³⁵]
没爷没娘路边草

27 ［sɿe³¹ je³¹ tshẽ⁴⁴ paŋ⁴⁴ ma⁵⁵ nẽ³⁵ fai⁴⁴］
是台千般没点分

28 ［ma⁵⁵ nẽ⁵⁵ jue⁵¹ ȵaŋ⁵¹ tsau⁵¹ taŋ³¹ tsiaŋ⁵¹］
没得爷娘愁断肠

29 ［jiu⁴⁴ sɿe³¹ liau⁵¹ kua⁴⁴ tsie³⁵ ȵaŋ⁵¹ tso³¹］
若是留归亲娘在

30 ［tshẽ⁴⁴ paŋ⁴⁴ sɿe⁴⁴ tsiŋ⁵¹ jau³¹ pɯe³⁵ laŋ⁴⁴］
千般事情有把当

31 ［jy⁵¹ tɕe⁴⁴ siaŋ³⁵ lo⁵¹ tɕhue⁵⁵ mɯe³¹ tɕhi³¹］
如今想来却不气

32 ［sɿe³¹ je³¹ khau³⁵ lai⁵¹ tɕi³¹ xɯ⁴⁴ ȵe⁴⁴］
是台可怜占开位

（八）石山头上石狮子

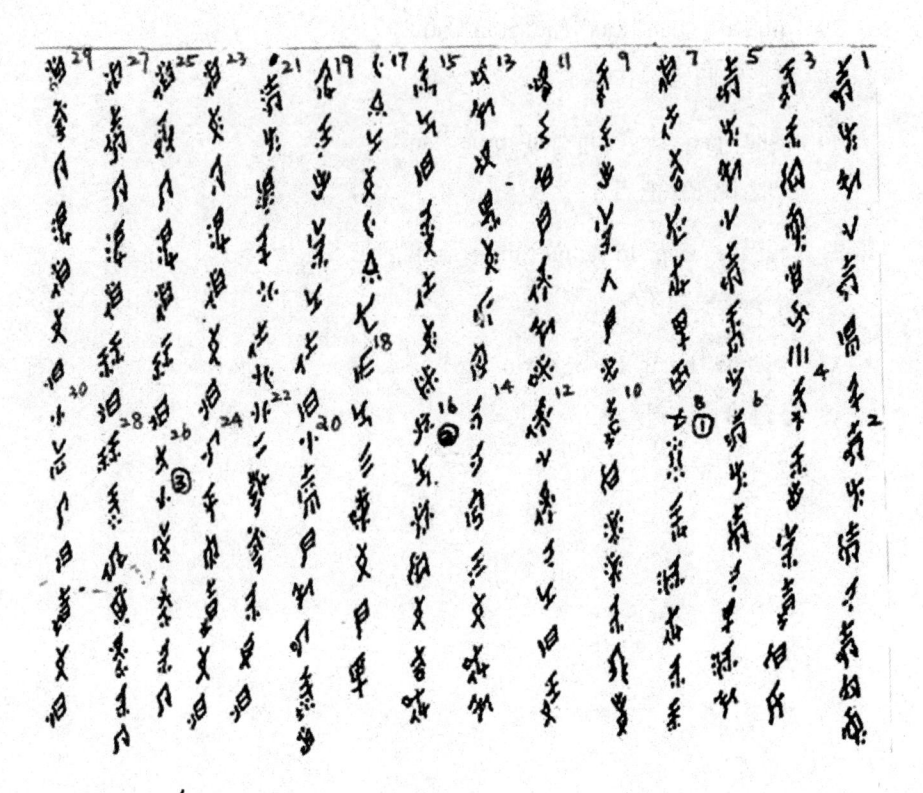

①应为 〔字形〕

②应为 〔字形〕

③漏 〔字形〕字

第三章 高氏女书校勘整理七十五篇

1　[ɕue⁴⁴ sa⁴⁴ tau⁵¹ ɕaŋ⁴⁴ ɕue⁴⁴ sʅe⁴⁴ tsʅe³⁵]
　　石山头上石狮子

2　[ɕue⁴⁴ sa⁴⁴ tɕi⁵⁵ fue³¹ ɕue⁴⁴ sei⁴⁴ ŋau⁵¹]
　　石山脚下石犀牛

3　[pa³¹ wa⁴⁴ sei⁴⁴ ŋau⁵¹ laŋ³⁵ taŋ³¹ ɕua³⁵]
　　被为犀牛挡断水

4　[pa³¹ wa⁴⁴ thu⁴⁴ kue⁴⁴ tshu⁵⁵ sa³¹ nẽ⁵¹]
　　被为他家拆散侬

5　[ɕue⁴⁴ sa⁴⁴ tau⁵¹ ɕaŋ⁴⁴ ɕue⁴⁴ kau⁵¹ kau⁵¹]
　　石山头上石杲杲

6　[ɕue⁴⁴ sa⁴⁴ tɕi⁵⁵ fue³¹ tsa³⁵ su⁴⁴ tau⁵¹]
　　石山脚下姊梳头

7　[je³¹ sʅe³¹ ji⁵⁵ sai⁴⁴ ɕau⁴⁴ tsa³⁵ jaŋ⁴⁴]
　　台是一心学姊样

8　[ɕau³⁵ pa⁴⁴ tsiaŋ⁵¹ su⁴⁴ ɕau⁴⁴ mɯe³¹ lo⁵¹]
　　手把长梳学不来

9　[pa³¹ wa⁴⁴ thu⁴⁴ kue⁴⁴ je⁵¹ tɕe³⁵ pi⁵⁵]
　　被为他家人紧逼

10　[tshu⁵⁵ sa³¹ jĩ⁴⁴ jaŋ⁴⁴ mɯe³¹ ɕoŋ⁵¹ xaŋ⁵¹]
　　拆散鸳鸯不成行

11　[lu⁴⁴ tsʅe⁴⁴ phɯe⁵⁵ ɕi⁵⁵ thaɯ⁴⁴ tau⁵¹ tɕi³¹]
　　鸬鹚拍翅滩头站

12　[thaɯ⁴⁴ ɕaŋ⁴⁴ thaɯ⁴⁴ fue³¹ tsaɯ³¹ pɯ³¹ na⁵¹]
　　滩上滩下做妇难

13　[lie³¹ tau⁵¹ lie³¹ mo³¹ ȵaŋ⁵¹ sɯ³⁵ kaŋ³⁵]
　　碓头碓尾娘所管

14 ［mɯe³¹ khau³⁵ kaŋ³⁵ lau³¹ ȵu³¹ siaŋ⁴⁴ tau⁵¹］
不可管到女箱头

15 ［çĩ³⁵ çua⁵⁵ pɯ⁴⁴ mi³¹ sɿe³¹ ȵaŋ⁵¹ ke³¹］
显出白米是娘者

16 ［jiu⁵¹ çua⁵⁵ fue⁴⁴ xo⁵¹ ȵu³¹ ji⁵⁵ siaŋ⁴⁴］
拿出花鞋女一箱

17 ［wu⁵⁵ nẽ⁴⁴ tsaɯ³¹ ȵu³¹ wu⁵⁵ nẽ⁴⁴ xau³⁵］
屋内做女屋内好

18 ［ni⁴⁴ çua⁵⁵ soŋ⁴⁴ tsiaŋ³¹ ȵu³¹ çi³⁵ tsau³⁵］
日出三丈女起早

19 ［xu³¹ lau³¹ thu⁴⁴ kue⁴⁴ tsaɯ³¹ saɯ³¹ pɯ³¹］
去到他家做媳妇

20 ［sei⁵⁵ kau⁴⁴ tɕe³⁵ tau⁵¹ tshiŋ³¹ tɕi⁴⁴ ti⁵¹］
塞高枕头听鸡啼

21 ［tshiŋ⁴⁴ sa⁴⁴ li³⁵ tsɿ³⁵ fa⁴⁴ sɿe³¹ fa⁴⁴］
青山鸟子飞是飞

22 ［fa⁴⁴ na⁴⁴ wu⁴⁴ jue⁵¹ mɯe³¹ tɕĩ³¹ kua⁴⁴］
飞入乌云不见归

23 ［je³¹ ȵaŋ⁵¹ la⁴⁴ nẽ⁵⁵ je³¹ ȵu³¹ kua⁴⁴］
台娘知得台女归

24 ［tai⁵¹ piŋ⁵¹ tɕue⁵⁵ wu³⁵ tsei⁵⁵ ȵu³¹ kua⁴⁴］
铜瓶烘肉接女归

25 ［je³¹ sau³⁵ la⁴⁴ nẽ⁵⁵ je³¹ mẽ⁴⁴ kua⁴⁴］
台嫂知得台妹归

26 ［to⁵¹ tau⁵¹ sei³⁵ ŋ³⁵ tsu³¹ mɯe³¹ la⁴⁴］
台头洗碗诈不知

27 ［je³¹ ku⁴⁴ la⁴⁴ nẽ⁵⁵ je³¹ mẽ⁴⁴ kua⁴⁴］
台哥知得台妹归

28 ［mẽ⁴⁴ tsa⁵¹ li⁵¹ tẽ⁵¹ tsu³¹ mɯe³¹ la⁴⁴］
面前犁田诈不知

29 ［je³¹ jue⁵¹ la⁴⁴ nẽ⁵⁵ je³¹ ȵu³¹ kua⁴⁴］
台爷知得台女归

30 ［sei³⁵ tsiŋ³¹ li⁵¹ pɯ⁵¹ tsei⁵⁵ ȵu³¹ kua⁴⁴］
洗净犁耙接女归

［kau⁴⁴ ȵe⁵¹ sẽ⁴⁴ sie³⁵ tsʅe⁴⁴］
高银仙写字
［taŋ⁵¹ pau³⁵ tɕe⁴⁴ siau³¹ fue⁴⁴］
唐宝珍绣花

（九）厅屋中央四个角

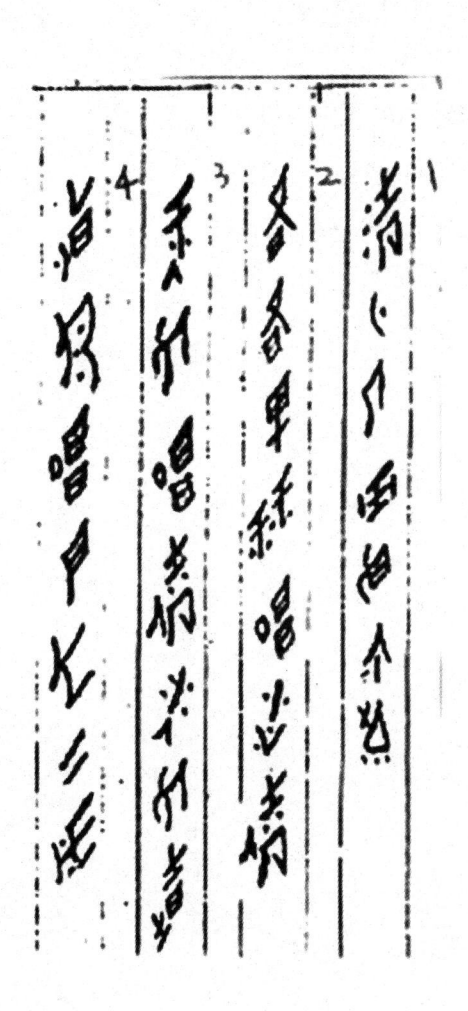

1 ［tshiŋ⁴⁴wu⁵⁵li⁴⁴jaŋ⁴⁴sa³¹la⁵⁵tɕau⁵⁵］
厅屋中央四个角

2 ［tsi⁵⁵tsi⁵¹tsa³⁵mẽ⁴⁴tɕhaŋ³¹ɕuo⁵⁵ku⁴⁴］
齐齐姊妹唱耍歌

3 ［ŋu³¹pẽ⁴⁴tɕhaŋ³¹ku⁴⁴jĩ³¹pẽ⁴⁴tsi⁵⁵］
我边唱歌你边接

4 ［taŋ⁵¹wa⁵¹tɕhaŋ³¹ɕi³⁵xau³⁵naɯ⁴⁴ni⁴⁴］
同围唱起好闹热

（十）一条凳板四个角

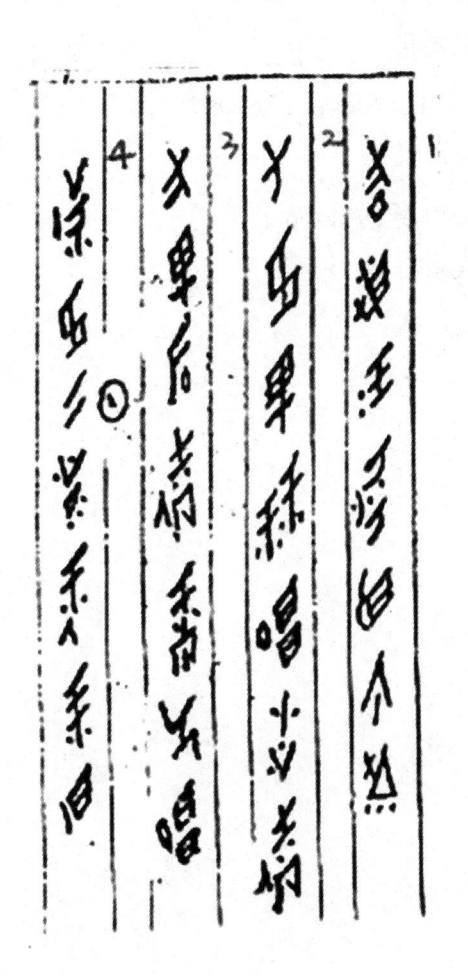

①应为 秾

1 ［ji⁵⁵ti⁵¹lai³¹pa³⁵sa³¹la⁵⁵tɕau⁵⁵］
一条凳板四个角

2 ［tsha⁵⁵ŋ̍³¹tsa³⁵mẽ⁴⁴tɕhaŋ³¹ɕuo⁵⁵ku⁴⁴］
七五姊妹唱耍歌

3 ［to⁴⁴tsa³⁵xau³¹ku⁴⁴tsie³¹ɕua⁵⁵tɕhaŋ³¹］
大姊有歌借出唱

4 ［kue⁴⁴ŋ̍³¹mẽ⁴⁴tsẽ⁵¹ŋu³¹lo⁵¹pɯ⁵¹］
家案面前我来赔

（十一）红包丝线要心多

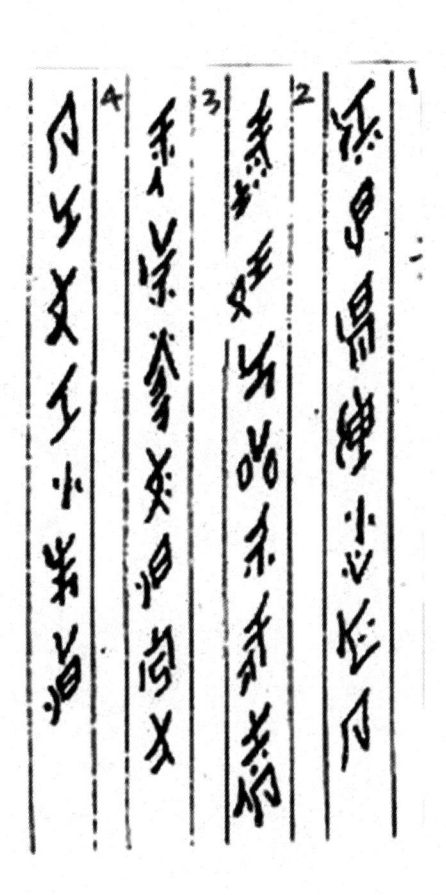

1 ［xei⁵¹ piau⁴⁴ sɿ⁴⁴ sẽ³¹ ɕuo⁵⁵ sei⁴⁴ la⁴⁴］
红包丝线耍心多

2 ［tɕi⁴⁴ na⁵⁵ ɕua⁵⁵ me⁵¹ mɯe³¹ lo³¹ ku⁴⁴］
今日出门不带歌

3 ［ŋu³¹ kue⁴⁴ jue⁵¹ n̠aŋ⁵¹ kua⁴⁴ kaŋ³⁵ to⁴⁴］
我家爷娘规管大

4 ［la⁴⁴ tsaɯ³¹ n̠u³¹ kai⁴⁴ sei³⁵ ɕau⁴⁴ taŋ⁵¹］
多做女工少学童

（十二）今天起身来得忙

1 ［tɕi⁴⁴ na⁵⁵ ɕi³⁵ ɕe⁴⁴ lo⁵¹ nẽ⁵⁵ maŋ⁵¹］
今日起身来得忙

2 ［ti⁴⁴ te⁵⁵ ku⁴⁴ pai³⁵ tso³¹ ȵaŋ⁵¹ faŋ⁵¹］
丢了歌本在娘房

3 ［ŋu³¹ siaŋ³⁵ fɯ⁵¹ kue⁴⁴ jiu⁵¹ ku⁴⁴ pai³⁵］
我想回家拿歌本

4 ［liau⁵⁵ kau⁴⁴ pau³⁵ ɕua³⁵ lu⁴⁴ tau⁵¹ tsiaŋ⁵¹］
竹篙打水路头长

(十三) 古时何承生三子

① ⟨女书字⟩ 字序颠倒

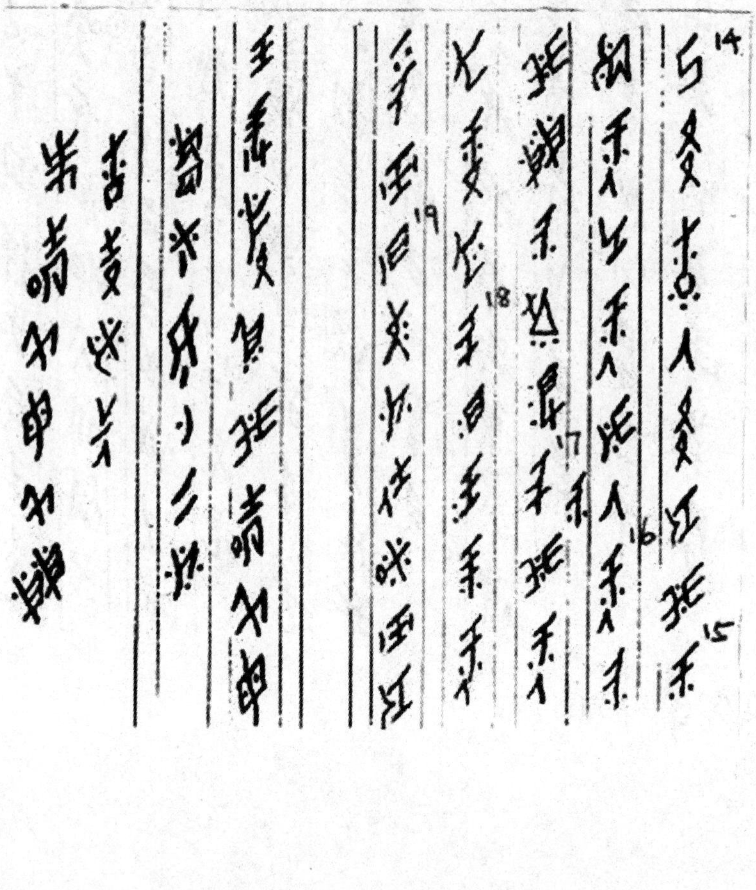

1 [ku³⁵ sɿe⁵¹ xau⁵¹ çe⁵¹ sa⁴⁴ soŋ⁴⁴ tsɿe³⁵]
古时何承生三子

2 [çĩ³¹ au⁵⁵ pau³¹ je³¹ jau³¹ fai⁴⁴ miŋ⁵¹]
善恶报应有分明

3 [xau⁵¹ to⁴⁴ mu⁴⁴ fu³¹ tsai⁴⁴ lie⁵¹ pau³⁵]
何大骂父遭雷打

4 [thu⁴⁴ tshai⁴⁴ mɯe³¹ çau³¹ fu³⁵ çi⁴⁴ çe⁴⁴]
他妻不孝火烧身

5 [xau⁵¹ na⁴⁴ pau³⁵ ȵaŋ⁵¹ tu⁴⁴ çue⁵¹ ȵau³¹]
何二打娘毒蛇咬

6 [thu⁴⁴ tshai⁴⁴ mɯe³¹ çau³¹ xu³⁵ laŋ⁵¹ thaɯ⁴⁴]
他妻不孝虎狼拖

7 [xau⁵¹ soŋ⁴⁴ fu⁴⁴ tshai⁴⁴ laɯ⁴⁴ xa⁵¹ çau³¹]
何三夫妻多行孝

8 [lɯ⁵⁵ tçaŋ³¹ tsaŋ⁴⁴ jỹ⁵¹ çau³¹ xaŋ⁵¹ e⁴⁴]
得中状元受皇恩

9 [ma⁴⁴ tsaŋ⁴⁴ çau³¹ mu³¹ xu⁵⁵ le⁴⁴ çue³⁵]
孟宗孝母哭冬笋

10 [kua³¹ lau³⁵ tçau⁵¹ tsiŋ⁵¹ çe⁴⁴ mɯe³¹ kau⁴⁴]
跪倒求情升不高

11 [loŋ³⁵ joŋ³¹ tsaŋ³¹ fu³¹ mo⁴⁴ tçi³⁵ çe⁴⁴]
董永葬父卖己身

12 [ŋ̍³¹ ȵaŋ⁵¹ tsẽ³⁵ fo⁵⁵ ko⁴⁴ tsẽ⁵¹ mo⁴⁴]
五娘剪发街前卖

13 [wa⁴⁴ ku³⁵ tçỹ⁵¹ miŋ⁵¹ lau³¹ jy⁵¹ tçe⁴⁴]
万古传名到如今

14 ［tɕi³⁵ laɯ⁴⁴ ku³⁵ je⁵¹ laɯ⁴⁴ xa⁵¹ ɕau³¹］
几多古人多行孝

15 ［wa⁴⁴ xau⁵¹ ŋu³¹ tsaɯ³¹ ŋu³¹ ni⁴⁴ je⁵¹］
为何我做忤逆人

16 ［ŋu³¹ mɯe³¹ ɕau³¹ tshai⁴⁴ mɯe³¹ tɕau⁵⁵ nẽ⁵⁵］
我不孝亲不觉得

17 ［tsɻe³⁵ mɯe³¹ ɕau³¹ ŋu³¹ xau³⁵ ɕaŋ⁴⁴ sai⁴⁴］
子不孝我好伤心

18 ［tsɻe³⁵ phɯ³¹ lau³¹ lo⁵¹ ŋu³¹ wu⁵¹ jaŋ⁴⁴］
只怕老来我无用

19 ［pɯ³¹ ȵaŋ⁵¹ jiu⁴⁴ sɻe³¹ tɕi³¹ jaŋ⁴⁴ xa⁵¹］
妇娘亦是照样行

［jỹ⁵¹ tsiaŋ⁵¹ ɕua⁴⁴ ŋu⁵¹ ɕau³¹ ɕue⁴⁴ fu³¹ mu³¹］
原长垂鱼孝顺父母
［kau⁴⁴ ȵe⁵¹ sẽ⁴⁴ phi⁴⁴ liaŋ³¹ fue⁴⁴ ku³⁵ ȵĩ⁵¹ ku³¹ ɕi³¹］
高银仙披两话古言过世
［ɕau³¹ ɕue⁴⁴ fu³¹ mu³¹ fu³¹ tshai⁴⁴］
孝顺父母父亲

（十四）热头出早热头斜

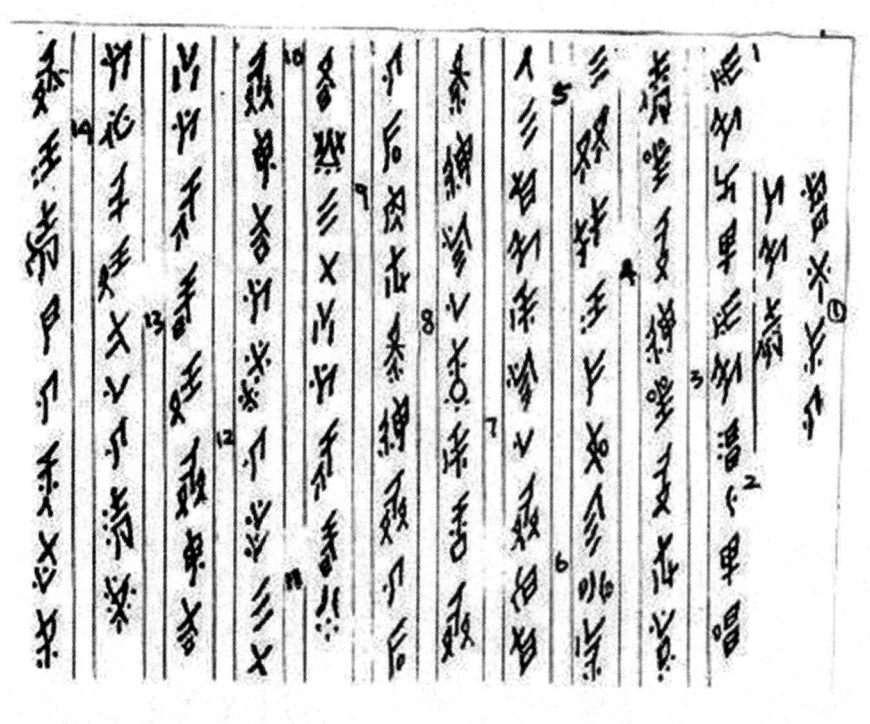

①漏&字

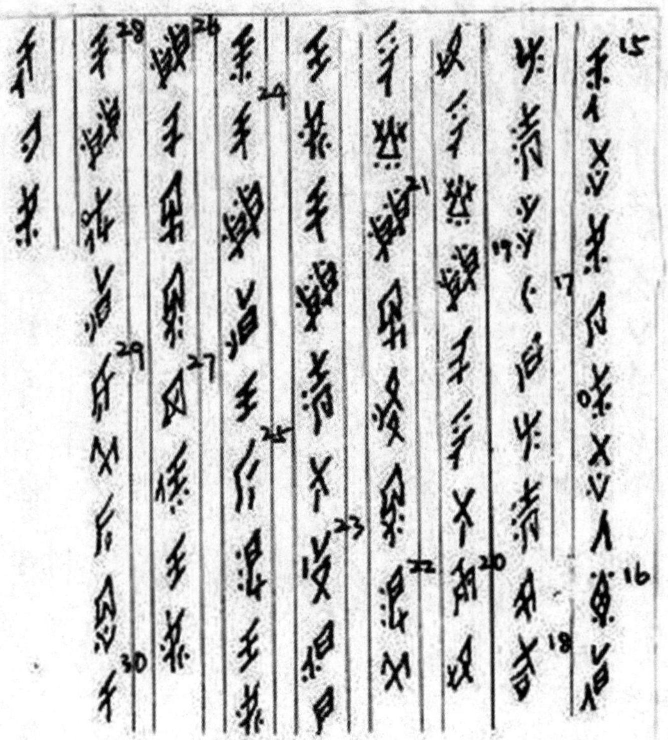

[kau⁴⁴ ȵe⁵¹ sẽ⁴⁴ sie³⁵ te⁵⁵ tɕau³⁵ tau⁵¹ ku⁴⁴]
高银仙写了九头歌

1 [ni⁴⁴ tau⁵¹ ɕua⁵⁵ tsau³⁵ ni⁴⁴ tau⁵¹ tsai⁵¹]
热头出早热头斜

2 [wu⁵⁵ tsa³⁵ tɕhaŋ³¹ ku⁴⁴ tɕu⁴⁴ ma³¹ ɕe⁵¹]
邀姊唱歌朱买臣

3 [tɕu⁴⁴ ma³¹ ji³¹ tsẽ⁵¹ soŋ⁴⁴ tshaŋ⁴⁴ tsiu⁴⁴]
朱买以前三仓住

4 [lau³¹ tshɿe³⁵ jy⁵¹ tɕe⁴⁴ po⁴⁴ kue⁴⁴ je⁵¹]
到此如今败家人

5 [soŋ⁴⁴ pɯe⁵⁵ tau⁵¹ ŋau⁵¹ liŋ³¹ ɕaŋ⁴⁴ sa³⁵]
三百头牛岭上死

6 [sa³¹ pɯe⁵⁵ tsu⁵¹ ɕu⁴⁴ liŋ³¹ ɕaŋ⁴⁴ xu⁴⁴]
四百茶树岭上枯

7 [ŋau⁵¹ ku³⁵ sa³⁵ te⁵⁵ xau³¹ wu³⁵ je⁴⁴]
牛牯死了有肉饮

8 [tsu⁵¹ ɕu⁴⁴ sa³⁵ te⁵⁵ xau³¹ tsi⁵¹ xi⁴⁴]
茶树死了有柴烧

9 [soŋ⁴⁴ ɕi⁴⁴ liau⁴⁴ ȵe⁴⁴ paŋ⁴⁴ tɕhue⁴⁴ pa³¹]
三十六位帮春婢

10 [sa³⁵ ɕe⁴⁴ ji⁵⁵ ȵe⁴⁴ lo⁴⁴ te⁵⁵ pu⁵¹]
死剩一位癞子婆

11 [soŋ⁴⁴ ɕi⁴⁴ liau⁴⁴ ȵe⁴⁴ paŋ⁴⁴ tɕhue⁴⁴ nu⁵¹]
三十六位帮春奴

12 [sa³⁵ ɕe⁴⁴ ji⁵⁵ ȵe⁴⁴ wue³⁵ tsɯ³⁵ nu⁵¹]
死剩一位哑崽奴

13 ［to⁵¹ ɕaŋ⁴⁴ tai⁵¹ tshiŋ⁴⁴ jĩ⁴⁴ xaŋ³⁵］
台上藤青烟灰

14 ［lai³¹ tɕi⁵⁵ ɕi³⁵ te⁵⁵ ŋu³¹ so⁵⁵ lai⁵¹］
凳脚起了瓦杀虫

15 ［ŋu³¹ so⁵⁵ lai⁵¹ laɯ⁴⁴ ko⁵⁵ so⁵⁵ je⁵¹］
瓦杀虫多夹杀人

16 ［tẽ⁵¹ ta⁴⁴ sa⁴⁴ tshiŋ⁴⁴ tshau³⁵］
田地生青草

17 ［wu⁵⁵ pɯ³¹ sa⁴⁴ tshiŋ⁴⁴ tɕau⁴⁴］
屋背生青蕉

18 ［ji⁵⁵ lie³¹ wu⁵¹ ɕi⁴⁴］
一顿无食

19 ［tshai⁴⁴ tsɿe³⁵ wu⁵¹ ȵi⁴⁴］
妻子无义

20 ［liaŋ³¹ lie³¹ wu⁵¹ ɕi⁴⁴］
两顿无食

21 ［tshai⁴⁴ la⁵¹ kau⁵⁵ pi⁴⁴］
妻离各别

22 ［lɯ⁵⁵ fu³¹ jỹ⁵¹ ŋu⁴⁴ fu⁴⁴ tshai⁴⁴ tsiŋ⁵¹ ȵi⁴⁴］
得负员外夫妻情义

23 ［fɯ⁵¹ siaŋ³⁵ ɕi³⁵ lo⁵¹］
回想起来

24 ［fu⁴⁴ tshai⁴⁴ taŋ⁵¹ jỹ⁵¹］
夫妻团圆

25 ［ma⁵⁵ nẽ⁵⁵ jỹ⁵¹ ŋu⁴⁴］
没得员外

26 ［tshai⁴⁴ tsɿe³⁵ la⁵¹ pi⁴⁴］

妻子离别

27 ［n̠y⁴⁴ tsi⁴⁴ jỹ⁵¹ ŋu⁴⁴］
遇着员外

28 ［fu⁴⁴ tshai⁴⁴ siaŋ⁴⁴ taŋ⁵¹］
夫妻相同

29 ［sẽ⁴⁴ fu³¹ xau³¹ pai⁵¹］
先富后贫

30 ［tshẽ⁴⁴ paŋ⁴⁴ khau³⁵ lai⁵¹］
千般可怜

（十五）哪位烧田不要水

①应为 ㄏ

1 ［nẽ⁴⁴ ȵe⁴⁴ ɕi⁴⁴ tẽ⁵¹ mɯe³¹ ȵe⁴⁴ ɕua³⁵］
  哪位烧田不要水

2 ［nẽ⁴⁴ ȵe⁴⁴ xau³⁵ tsa³⁵ mɯe³¹ ȵe⁴⁴ mẽ⁵¹］
  哪位好姊不要媒

3 ［thẽ⁴⁴ ɕaŋ⁴⁴ ma⁵⁵ jue⁵¹ mɯe³¹ la⁴⁴ wu³¹］
  天上没云不落雨

4 ［ta⁴⁴ fue³¹ ma⁵⁵ mẽ⁵¹ mɯe³¹ ɕoŋ⁵¹ saŋ⁴⁴］
  地下没媒不成双

（十六）青石磨刀不要水

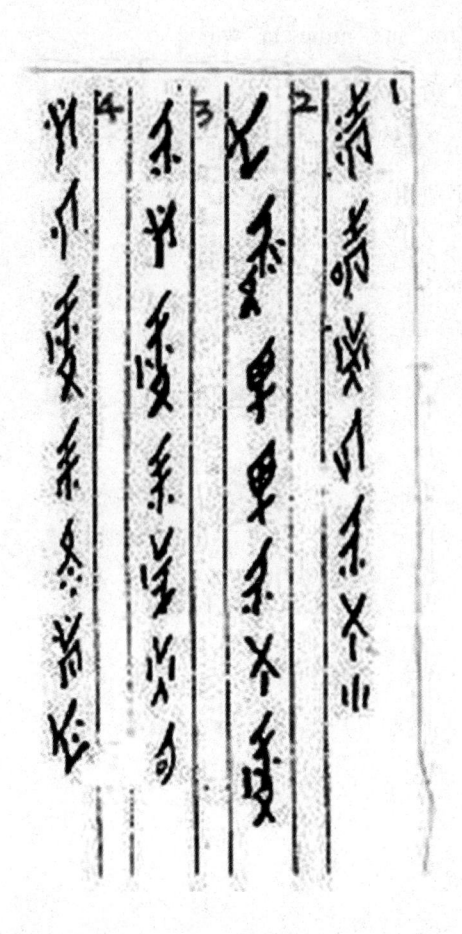

1 ［tshiŋ⁴⁴ɕue⁴⁴ŋ̍⁵¹lau⁴⁴mɯe³¹ȵe⁴⁴ɕu³⁵］
青石磨刀不要水

2 ［xau³⁵xaŋ³¹tsau³⁵tsa³⁵mɯe³¹ȵe⁴⁴mẽ⁵¹］
好汉找姊不要媒

3 ［mɯe³¹ȵe⁴⁴mẽ⁵¹lo⁵¹tsʅe⁴⁴xɯ⁴⁴xau³⁵］
不要媒来自开口

4 ［ȵe⁴⁴te⁵⁵mẽ⁵¹lo⁵¹tsai³¹laŋ⁴⁴sai⁴⁴］
要了媒来尽乱心

（十七）白布装底一寸高

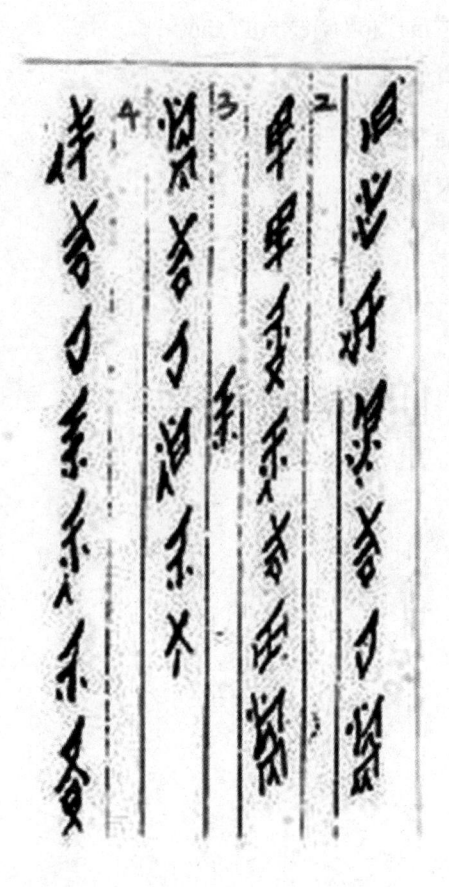

1 [pɯe⁴⁴ pu³¹ tsaŋ⁴⁴ li³⁵ ji⁵⁵ tɕhue³¹ kau⁴⁴]
　白布装底一寸高

2 [tsa³⁵ tsa³⁵ mi⁵⁵ ŋu³¹ ji⁵⁵ jaŋ⁴⁴ kau⁴⁴]
　姊姊和我一样高

3 [kau⁴⁴ ji⁵⁵ tɕhue³¹ lo⁵¹ je³¹ mɯe³¹ ȵe⁴⁴]
　高一寸来台不要

4 [o³¹ ji⁵⁵ tɕhue³¹ lo⁵¹ ŋu³¹ mɯe³¹ ɕĩ⁵¹]
　矮一寸来我不嫌

(十八) 白布装底底亦白

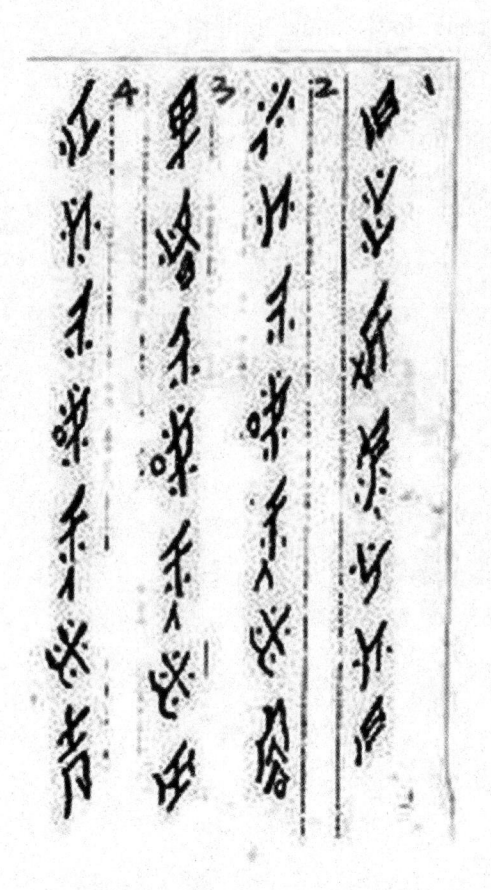

1 ［pɯe⁴⁴ pu³¹ tsaŋ⁴⁴ li³⁵ li³⁵ jiu⁴⁴ pɯe⁴⁴］
　白布装底底亦白

2 ［jĩ³¹ jiu⁴⁴ mɯe³¹ tsiaŋ³¹ ŋu³¹ ke³¹ fue⁵⁵］
　你亦不像我者客

3 ［tsau³⁵ lu⁴⁴ mɯe³¹ tsiaŋ³¹ ŋue³¹ ke³¹ jaŋ⁴⁴］
　走路不像我者样

4 ［tɕaŋ³¹ fue⁴⁴ mɯe³¹ tsiaŋ³¹ ŋu³¹ ke³¹ çoŋ⁴⁴］
　讲话不像我者声

（十九）石板起路路亦高

①漏 󰀀 字

1 ［ɕue⁴⁴ pa³⁵ ɕi³⁵ lu⁴⁴ lu⁴⁴ jiu⁴⁴ kau⁴⁴］
　石板起路路亦高

2 ［jỹ³¹ ɕaŋ⁴⁴ ȵu³¹ tsɿe³⁵ mẽ⁴⁴ pu⁴⁴ tsau⁵¹］
　远乡女子面薄愁

3 ［pau³⁵ thi⁵⁵ phu³¹ phɯ³¹ ɕi⁴⁴ sai⁴⁴ fu³⁵］
　打铁铺怕烧薪火

4 ［ɕĩ⁵¹ tsa³⁵ pu⁴⁴ phɯ³¹ khaŋ³¹ tau⁵¹ lai⁴⁴］
　贤姊不怕看头灯

（二十）我是墙上凤尾草

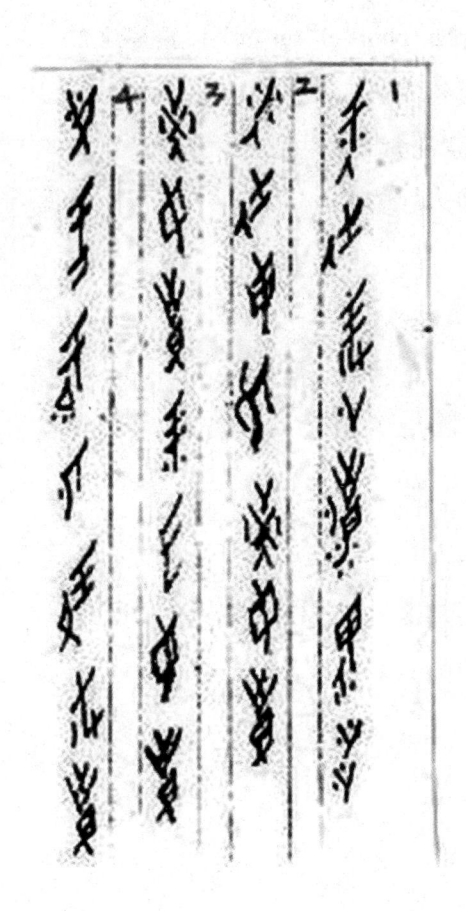

1 [ŋu³¹ sɿe³¹ tsiaŋ⁵¹ ɕaŋ⁴⁴ faŋ⁴⁴ mo³¹ tshau³⁵]
我是墙上凤尾草

2 [jĩ³¹ sɿe³¹ tɕaŋ⁴⁴ pẽ⁴⁴ ŋ̍⁴⁴ mu³¹ xaŋ⁵¹]
你是江边饿蚂蟥

3 [ŋ̍⁴⁴ mu³¹ xaŋ⁵¹ lo⁵¹ tɕhau³⁵ mu³¹ xaŋ⁵¹]
饿蚂蟥来丑蚂蟥

4 [ɕaŋ⁵¹ khua⁴⁴ ɕau⁵⁵ ti³¹ na⁵¹ ji³¹ xaŋ⁵¹]
常亏叔弟难与行

(二十一) 四脚歌来四脚歌

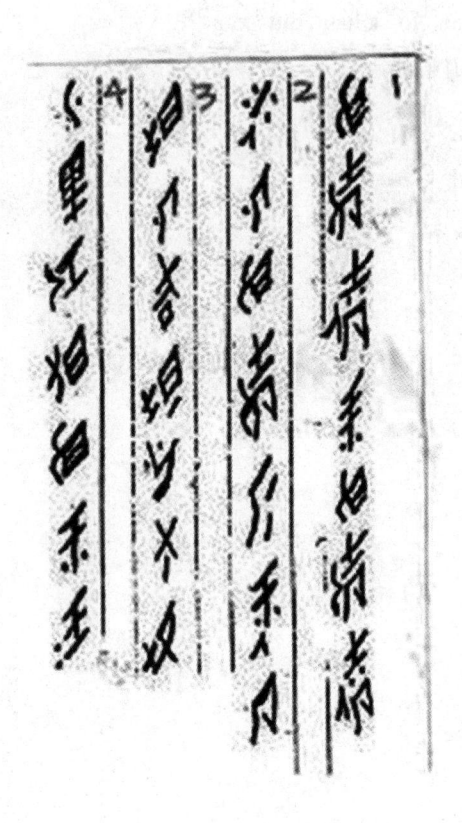

1 ［sa³¹ tɕi⁵⁵ ku⁴⁴ lo⁵¹ sa³¹ tɕi⁵⁵ ku⁴⁴］
四脚歌来四脚歌

2 ［jĩ³¹ te⁵⁵ sa³¹ tɕi⁵⁵ ma⁵⁵ ŋu³¹ la⁴⁴］
你的四脚没我多

3 ［loŋ⁴⁴ te⁵⁵ ji⁵⁵ loŋ³¹ ji³¹ n̩i⁴⁴ lie³¹］
担了一担与父对

4 ［wu⁵⁵ la³¹ xa⁵¹ jau³¹ sa³¹ wa⁴⁴ le³¹］
屋里还有四万箩

（二十二）一把凉扇里面白

1 [ji⁵⁵ pɯe³⁵ liaŋ⁵¹ ɕĩ³¹ la³¹ mẽ⁴⁴ pɯe⁴⁴]
一把凉扇里面白

2 [tʂhiŋ⁴⁴ tsau³⁵ ɕi³⁵ lo⁵¹ ɕuo⁵⁵ lau³¹ xɯ⁵⁵]
清早起来耍到黑

3 [jue⁵¹ ȵaŋ⁵¹ tʂhu⁴⁴ ŋu³¹ kua⁴⁴ ta⁵¹ te⁵⁵]
爷娘粗我归迟了

4 [tsa³⁵ mẽ⁴⁴ liaŋ³¹ je⁵¹ ɕue³⁵ mɯe³¹ nẽ⁵⁵]
姊妹两人舍不得

（二十三）墙高脚上慈姑花

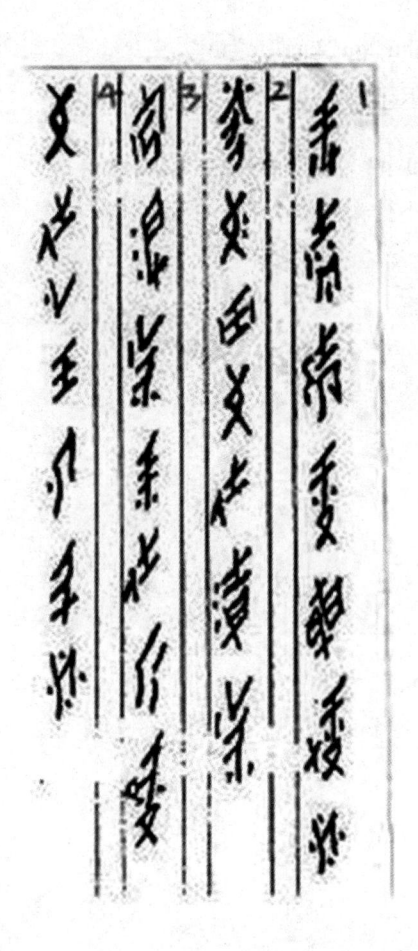

1 ［tsiaŋ⁵¹ kau⁴⁴ tɕi⁵⁵ ɕaŋ⁴⁴ tsɿe⁵¹ ku⁴⁴ fue⁴⁴］
 墙高脚上慈姑花

2 ［jue⁵¹ ȵaŋ⁵¹ jaŋ³¹ ȵu³¹ sɿe³¹ jỹ⁴⁴ kue⁴⁴］
 爷娘养女是冤家

3 ［kaŋ³⁵ nẽ⁵⁵ kue⁴⁴ lo⁵¹ sɿe³¹ ma⁵⁵ pai⁴⁴］
 管得家来是没份

4 ［ȵu³¹ sɿe³¹ ɕaŋ⁴⁴ jỹ⁵¹ tɯ⁵¹ tsɿ³⁵ fue⁴⁴］
 女是上园桃子花

（二十四）子亦难女亦难

1 [tsɿ³⁵ jiu⁴⁴ na⁵¹ ȵu³¹ jiu⁴⁴ na⁵¹]
子亦难　女亦难

2 [pẽ³¹ lie³¹ li³⁵ tsɿ³⁵ fa⁴⁴ ɕaŋ³¹ sa⁴⁴]
变对鸟子飞上山

3 [pai⁴⁴ naŋ³¹ jiu⁴⁴ phɯ³¹ tɕhaŋ³¹ lo⁵¹ ɕue⁴⁴]
分暖亦怕铳来射

4 [jue⁴⁴ xɯ⁵⁵ jiu⁴⁴ phɯ³¹ fu³⁵ ɕi⁴⁴ sa⁴⁴]
夜黑亦怕火烧山

5 [tu⁴⁴ tau⁵¹ ŋau⁵¹ jiu⁴⁴ ȵe⁴⁴ li⁵¹ tẽ⁵¹]
投头牛亦要犁田

6 [tu⁴⁴ tau⁵¹ liu⁴⁴ mɯe³¹ xau³⁵ tsɿe⁴⁴ tso³¹]
投头猪不好自在

7 [ji⁵⁵ lau⁴⁴ ji⁵⁵ lau⁴⁴ kɯ⁵⁵]
一刀一刀割

8 [tu⁴⁴ tau⁵¹ ȵau⁴⁴ kai⁴⁴ thi³¹ wu⁵⁵ pɯ³¹]
投头猫公跳屋背

9 [mɯe³¹ tu⁴⁴ tau⁵¹ jĩ³¹ tsɿe³⁵ li³⁵ ma⁵⁵ wu⁵⁵ tsiu⁴⁴]
不投头燕子鸟没屋住

10 [mɯe³¹ je⁴⁴ jĩ³¹ ke⁴⁴ ku⁵⁵]
不饮你者谷

11 [mɯe³¹ je⁴⁴ jĩ³¹ ke⁴⁴ mi³¹]
不饮你者米

12 [tsie³¹ lo⁵⁵ jĩ³¹ ke⁴⁴ wu⁵⁵]
借下你者屋

（二十五）背底苦瓜盆算盆

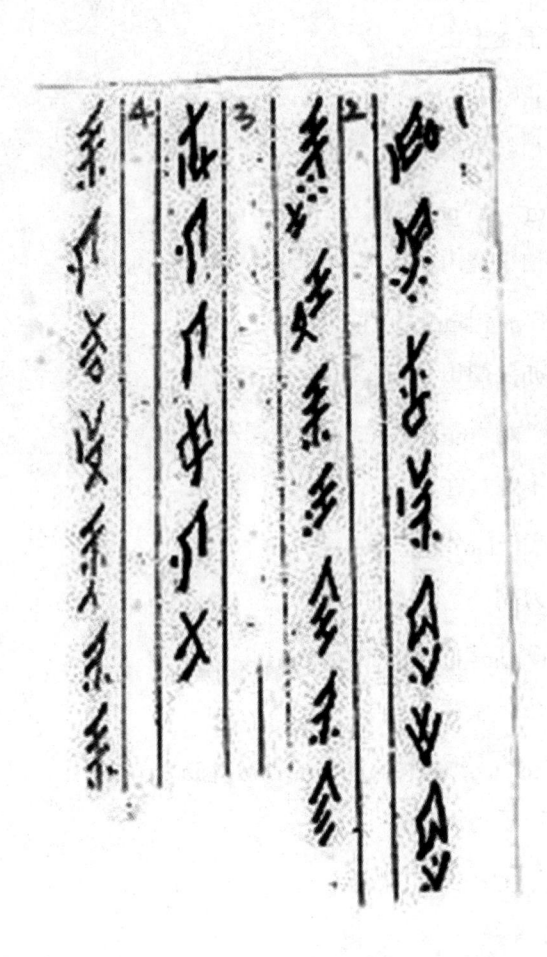

1　[pɯ³¹ li³⁵ xu³⁵ kue⁴⁴ pai⁵¹ saŋ³¹ pai⁵¹]
　背底苦瓜盆算盆

2　[tɕi⁴⁴ na⁵⁵ lo⁵¹ lau³¹ tɕỹ⁵¹ mɯe³¹ tɕe⁴⁴]
　今日来到全不真

3　[je⁴⁴ te⁵⁵ li⁴⁴ mu⁴⁴ te⁵⁵ to⁵¹]
　饮了朝 抹了台

4　[lo⁵¹ te⁵⁵ ji⁵⁵ fɯ⁵¹ ŋu³¹ mɯe³¹ lo⁵¹]
　来了一回我不来

(二十六) 一口月亮弯

1　[ji⁵⁵ xau³⁵ n̩y⁴⁴ liaŋ⁵¹ wa⁴⁴]

　一口月亮弯

2　[liaŋ³¹ xau³⁵ pa⁵⁵ kue³¹ sa⁴⁴]

　两口笔架山

3　[ɕi⁴⁴ n̩³¹ ɕi⁴⁴ liau⁴⁴ n̩y⁴⁴ taŋ⁵¹ jỹ⁵¹]

　十五十六月团圆

(二十七) 唱头歌子解烦心

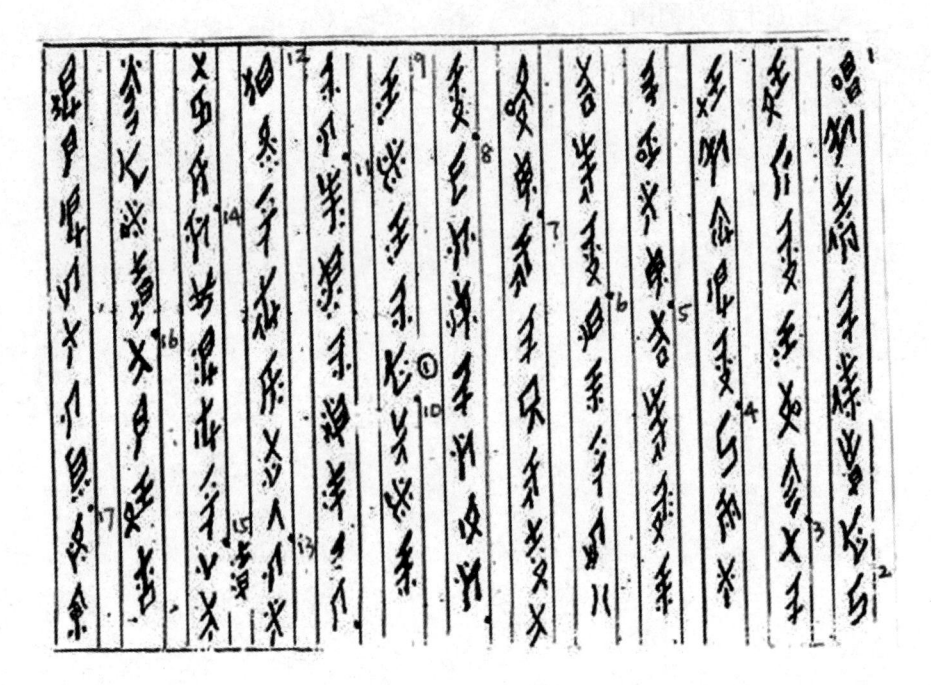

①应为 ㄑ

第三章 高氏女书校勘整理七十五篇

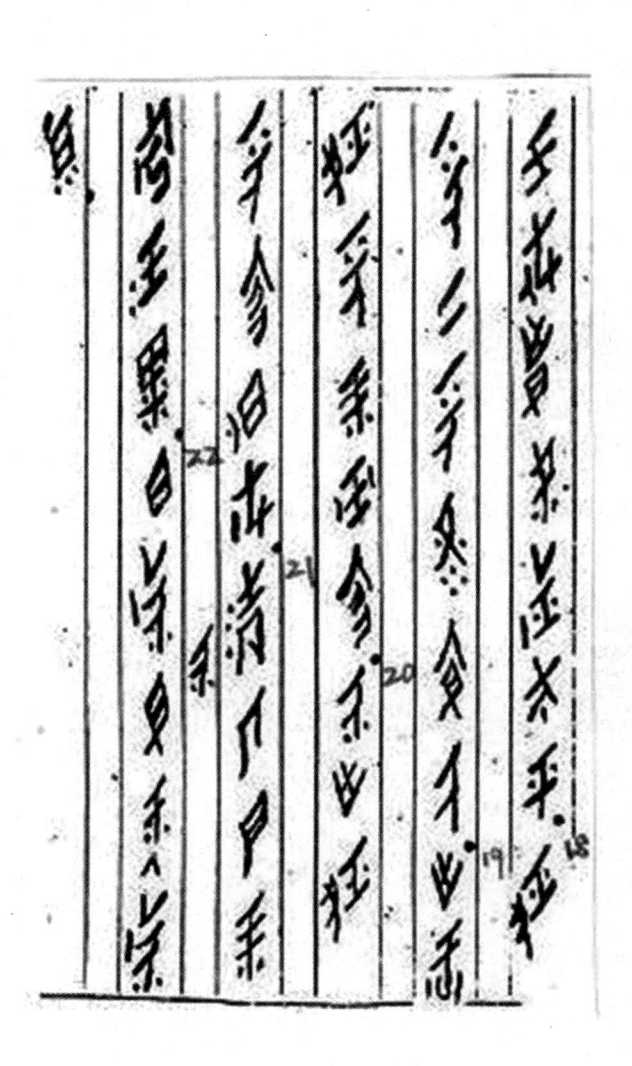

1 [tɕhaŋ³¹ tau⁵¹ ku⁴⁴ tsɿ³⁵ ko³⁵ xaŋ⁵¹ sai⁴⁴]
  唱头歌子解烦心

2 [tɕi³⁵ na⁵⁵ ma⁵⁵ mi³¹ lau³¹ jy⁵¹ tɕe⁴⁴]
  几日没米到如今

3 [sɿe⁴⁴ tsɿe³⁵ ko⁴⁴ tau⁵¹ xu³¹ liaŋ⁵¹ mi³¹]
  十字街头去量米

4 [tɕi³⁵ liaŋ³¹ ȵe⁵¹ tsɿe³⁵ tɕoŋ³¹ kaŋ⁴⁴ ɕe⁴⁴]
  几两银子正官升

5 [ji⁵⁵ paŋ³¹ xaŋ⁴⁴ lo⁵¹ ji⁵⁵ paŋ³¹ mi³¹]
  一半糠来一半米

6 [kua⁴⁴ lo⁵¹ wu³¹ lo⁵⁵ po⁵⁵ kau⁵⁵ ɕe⁴⁴]
  归来簸下八掬升

7 [tɕua³¹ tsɿ³⁵ tɕue⁵⁵ paŋ⁴⁴ thau⁵⁵ to⁵¹ ɕaŋ⁴⁴]
  罐子烘饭托台上

8 [ɕau³⁵ jiu⁵¹ khuo³¹ tsɿ³⁵ ȵe⁴⁴ tɕhỹ³¹ ȵe⁴⁴]
  手拿筷子位劝位

9 [lau³¹ ke⁴⁴ lau³¹ mɯe³¹ xau³⁵]
  老者老不好

10 [ɕi³¹ ke⁴⁴ lo⁵¹ mɯe³¹ tai⁴⁴]
   少者来不着

11 [jaŋ⁵¹ li³⁵ mɯe³¹ ti⁵¹ sɿe⁵¹ fue³¹ li⁴⁴]
   阳鸟不啼时下料

12 [jau³¹ tɕaŋ³¹ wu⁵¹ ɕau⁴⁴ tɕhi³¹ so⁵⁵ je⁵¹]
   有种无收气杀人

13 [te³¹ kaŋ⁴⁴ ɕi⁴⁴ ŋ³¹ nẽ⁵¹]
   道光十五年

14 [jue⁴⁴ kau³⁵ mẽ⁵⁵ je⁴⁴ wu⁵¹]
夜狗母饮禾

15 [jỹ⁴⁴ ɕaŋ⁴⁴ tho³¹ jue⁵¹ xau³⁵ tɕi³¹ tshu⁵⁵]
县上太爷好计策

16 [to⁵¹ ɕi³⁵ na⁵¹ ku³⁵ pɯe³⁵ ɕi³⁵ liaŋ⁵¹ lai⁴⁴ ȵi³¹ tai⁴⁴ jau⁵¹]
抬起锣鼓把起龙灯绕洞游

17 [sɯ⁵⁵ nu⁴⁴ thẽ⁴⁴ ɕau⁴⁴ xaŋ⁵¹ lai⁵¹ tsiŋ⁴⁴ tho³¹ piŋ⁵¹]
始给天收蝗虫定太平

18 [tɕĩ⁴⁴ wu⁵¹ na⁴⁴ wu⁵¹ tsai³¹ ɕy⁵⁵ li³¹]
粳禾糯禾尽吃了

19 [saŋ³¹ kɯ⁵⁵ tɕĩ⁴⁴ wu⁵¹ lo⁵¹ jaŋ³¹ miŋ⁴⁴]
算格粳禾来养命

20 [mɯe³¹ saŋ³¹ tɕĩ⁴⁴ wu⁵¹ miŋ⁴⁴ kua⁴⁴ je⁴⁴]
不算粳禾命归阴

21 [tshiŋ⁴⁴ li⁴⁴ ɕi³⁵ lo⁵¹ kaŋ³⁵ lau³¹ xɯ⁵⁵]
清朝起来赶到黑

22 [ai³¹ kue⁴⁴ mɯe³¹ tɕĩ³¹ ŋu³¹ kue⁴⁴ jau⁵¹]
尔家不见我家游

(二十八) 上岭砍柴枝算枝

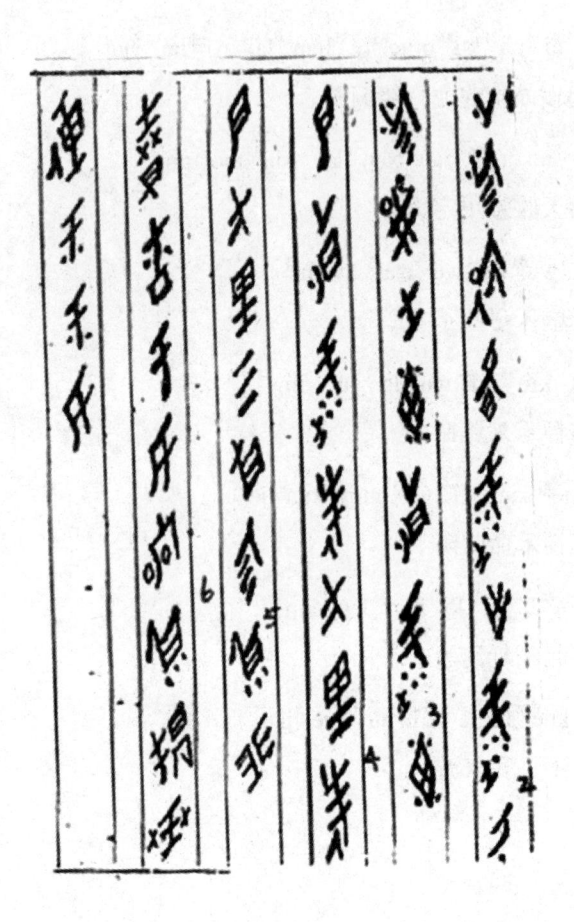

1 ［ɕaŋ³¹ liŋ³¹ khaŋ⁵⁵ tsi⁵¹ tɕi⁴⁴ saŋ³¹ tɕi⁴⁴］
　上岭砍柴枝算枝

2 ［fue³¹ liŋ³¹ lɯ³⁵ thu³⁵ tẽ⁵¹ yaŋ⁵¹ tɕi⁴⁴］
　下岭挑土填塘基

3 ［tẽ⁵¹ ɕi³⁵ taŋ⁵¹ tɕi⁴⁴ paŋ³¹ to⁴⁴ la³¹］
　填起塘基放大鲤

4 ［paŋ³¹ ɕi³⁵ to⁴⁴ la³¹ soŋ⁴⁴ pɯe⁵⁵ tɕe⁴⁴］
　放起大鲤三百斤

5 ［ŋu⁵¹ po⁵¹ maŋ⁵¹ ku³⁵ tshẽ⁴⁴ nẽ⁵¹ ɕaŋ³⁵］
　鱼皮蒙鼓千年响

6 ［ŋu⁵¹ ku⁵⁵ kue³¹ tɕi⁵¹ wa⁴⁴ wa⁴⁴ nẽ⁵¹］
　鱼骨架桥万万年

（二十九）红纸张　白纸张

1 ［xai⁵¹ tsɿ³⁵ liaŋ⁴⁴ pɯe⁴⁴ tsɿ³⁵ liaŋ⁴⁴］
红纸张　白纸张

2 ［ȵe⁴⁴ ȵe⁴⁴ wue⁴⁴ ȵu³¹ tau³¹ su⁴⁴ ŋaŋ⁴⁴］
位位曰女道梳妆

3 ［ta⁵¹ kua⁴⁴ liaŋ³¹ nẽ⁵¹ jau⁵¹ ɕu⁴⁴ xuo⁵⁵］
迟归两年油树发

4 ［mi⁵⁵ ȵu³¹ la³⁵ la⁵⁵ tɕe⁴⁴ faŋ⁴⁴ kaŋ⁴⁴］
和女打个金凤冠

5 ［tɕe⁴⁴ faŋ⁴⁴ tsaŋ⁵¹ tau⁵¹ xau³¹ mẽ³⁵ liau⁵⁵］
金凤床头有条竹

6 ［liau⁵¹ kua⁵⁵ sei³¹ tsa³⁵ tɕi⁵⁵ fue⁴⁴ siaŋ⁴⁴］
留归细姊织花箱

7 ［tɕi⁵⁵ ɕi³⁵ fue⁴⁴ siaŋ⁴⁴ ɕi⁴⁴ na⁴⁴ kaŋ³¹］
织起花箱十二杠

8 ［kaŋ³¹ kaŋ³¹ pu⁵⁵ tɕe³⁵ xai⁵¹ sẽ³¹ tsaŋ⁴⁴］
杠杠腹紧红线装

9 ［xai⁵¹ sẽ³¹ tsaŋ⁴⁴ ȵaŋ⁵¹ ȵaŋ⁵¹ mɯe³¹ ȵe⁴⁴］
红线妆娘娘不要

10 ［tɕe³¹ tsɿe³⁵ tsaŋ⁴⁴ ȵaŋ⁵¹ te³¹ ɕau³⁵ liaŋ⁴⁴］
戒子妆娘动手量

11 ［to⁴⁴ tsa³⁵ kue³¹ sɿe⁵¹ tɕe⁴⁴ tsu⁵¹ li³¹］
大姊嫁时金匝礼

12 ［sei³¹ tsa³⁵ kue³¹ sɿe⁵¹ ȵe⁵¹ tsu⁵¹ siaŋ⁴⁴］
细姊嫁时银匝箱

13 ［lɯ⁵⁵ ɕe⁴⁴ soŋ⁴⁴ tsa³⁵ lẽ⁵¹ kaŋ³¹ ma⁵⁵］
得剩三姊连杠没

14 ［kua⁴⁴ɕi³⁵lau⁵¹mai⁵¹xu⁵⁵kue³¹tsaŋ⁴⁴］
关起楼门哭嫁妆

15 ［xu⁵⁵tɕu³¹ȵaŋ⁵¹xu⁵⁵tɕu³¹jue⁵¹］
哭句娘哭句爷

16 ［xu⁵⁵tɕu³¹ku⁴⁴ku⁴⁴taŋ³¹sai⁴⁴tsiaŋ⁵¹］
哭句哥哥断心肠

17 ［ku⁴⁴ku⁴⁴ai³¹wue⁴⁴ji̯³¹mɯe³¹xu⁵⁵］
哥哥应曰你不哭

18 ［ta⁵¹kua⁴⁴liaŋ³¹nẽ⁵¹pu³⁵kua⁴⁴tsiu⁵⁵］
迟归两年补归足

七 谜语

(一) 蜘蛛母网

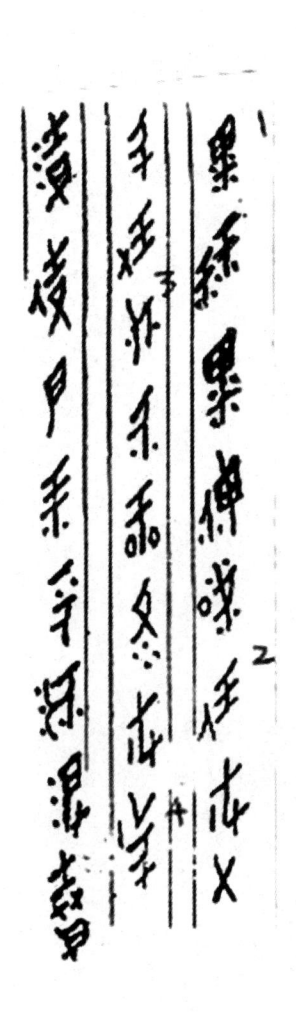

1 ［xɯ⁵⁵ mẽ⁴⁴ xɯ⁵⁵ ɕe⁵¹ tsiaŋ³¹］
  黑面黑神将

2 ［tso³¹ ji³¹ sʅe⁴⁴ tsʅe³⁵ ko⁴⁴］
  在于十字街

3 ［jiu⁴⁴ mɯe³¹ xu³¹ tsau³¹ je⁴⁴］
  亦不去造饮

4 ［tsʅe⁴⁴ jỹ³¹ sai³¹ ɕi³⁵ lo⁵¹］
  自愿送起来

  ［wu⁵¹ tshu⁴⁴ mẽ⁵⁵ maŋ³¹］
  蜘蛛母网

（二）自来火

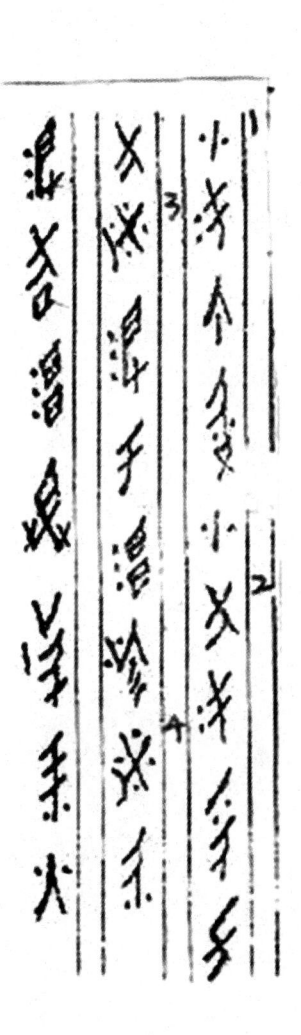

1 ［sei³¹ sɿe⁵¹ la⁵⁵ mi³¹ sei³¹］
   细时粒米细

2 ［to⁴⁴ sɿe⁵¹ wu⁵¹ thẽ⁴⁴ to⁴⁴］
   大时无天大

3 ［ku³¹ nẽ⁵⁵ tshẽ⁴⁴ tsai⁵¹ liŋ³¹］
   过得千层岭

4 ［ku³¹ mɯe³¹ nẽ⁵⁵ ji⁵⁵ tsai⁵¹ xo⁴⁴］
   过不得一条河

   ［tse⁴⁴ lo⁵¹ fu³⁵］
   自来火

(三) 眼睛

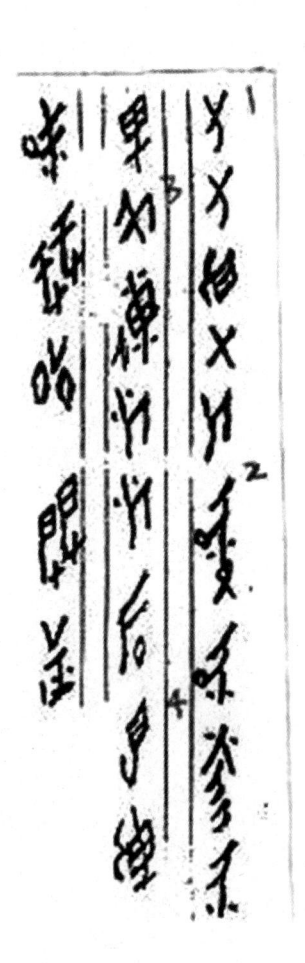

1 [tʂha⁵⁵ tʂha⁵⁵ sa³¹ ɕi⁴⁴ tɕau³⁵]
七七四十九

2 [pai⁴⁴ tɕhua⁴⁴ jue⁵¹ mɯe³¹ tsau³⁵]
风吹云不走

3 [fu³¹ kua³¹ ȵe⁴⁴ ȵe⁴⁴ xau³¹]
富贵位位有

4 [tɕe³⁵ sẽ³¹ ko⁵⁵ tɕue⁴⁴ me⁵¹]
锦线夹遮门

[ŋa³¹ tsiŋ⁴⁴]
眼睛

（四）一口风

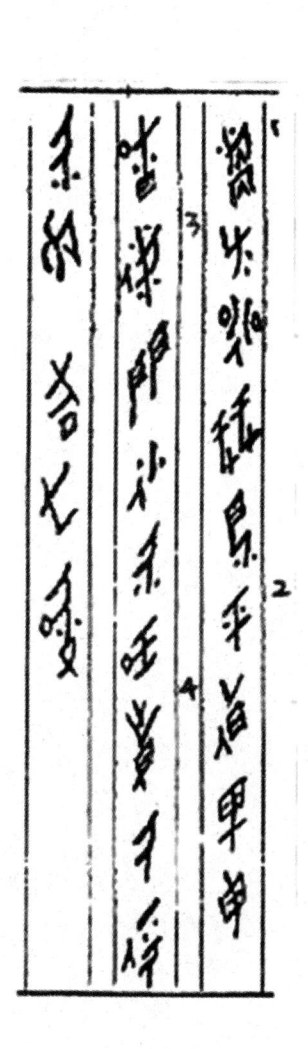

1　[kau⁴⁴ sa⁴⁴ fa⁵⁵ liau⁵⁵ mo³¹]
高山翻竹尾

2　[piŋ⁵¹ ta⁴⁴ tsau³⁵ tɕaŋ⁴⁴ xu⁵¹]
平地走江湖

3　[tsiaŋ⁴⁴ tɕue⁴⁴ tsa⁵⁵ mɯe³¹ lau³⁵]
将军捉不到

4　[xaŋ⁵¹ li³¹ no⁴⁴ mɯe³¹ xu⁵¹]
皇帝奈不何

[ji⁵⁵ xau³⁵ pai⁴⁴]
一口风

（五）一杯火

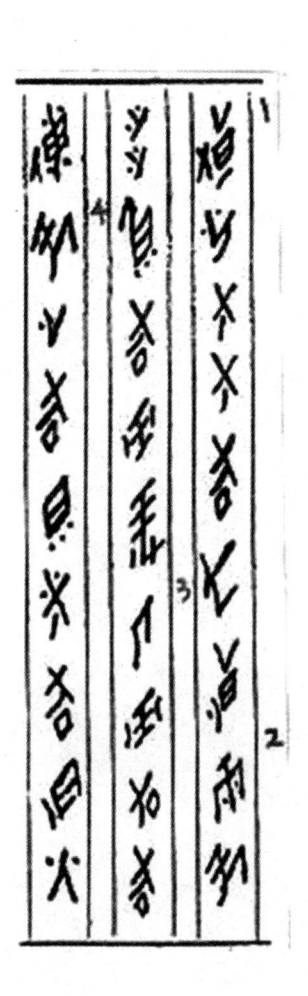

1 ［kaŋ⁵¹ kaŋ⁵¹ ȵe⁴⁴ ȵe⁴⁴ ji⁵⁵ xau³⁵ taŋ⁵¹］
圆圆溜溜一口塘

2 ［liaŋ³¹ tau⁵¹ tʂhe³⁵ ŋu⁵¹ ji⁵⁵ jaŋ⁴⁴ tsiaŋ⁵¹］
两头草鱼一样长

3 ［lai⁴⁴ jaŋ⁴⁴ pau³⁵ ji⁵⁵ kua³¹］
中央打一棍

4 ［tau⁵¹ ɕaŋ⁴⁴ ji⁵⁵ nẽ³⁵ kaŋ⁴⁴］
头上一点光

［ji⁵⁵ pɯ⁴⁴ fu³⁵］
一杯火

（六）一架风车

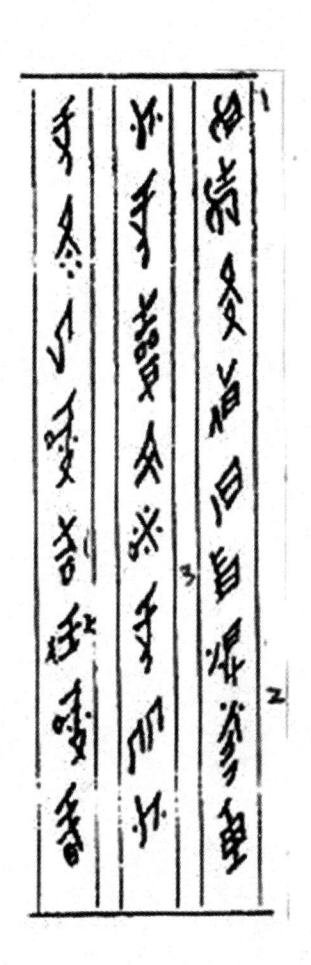

1 ［sa³¹ tɕi⁵⁵ la⁴⁴ ta⁴⁴ pɯ³¹ tsie⁵⁵ xe⁴⁴］
　四脚落地背脊空

2 ［jue⁵¹ tɕaŋ⁵¹ jiu⁴⁴ khaŋ³¹ tɕoŋ⁴⁴ tɕau⁴⁴ tɕi³¹］
　云长亦靠荆州计

3 ［khaŋ³⁵ miŋ⁵¹ jiu⁴⁴ khaŋ³¹ tse³¹ lai⁴⁴ pai⁴⁴］
　孔明亦靠祭东风

　［ji⁵⁵ kue³¹ pai⁴⁴ tɕhue⁴⁴］
　一架风车

（七）田契

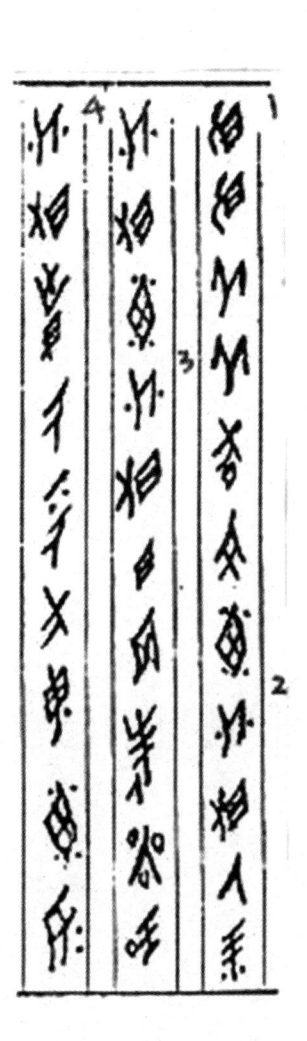

1 ［sa³¹ sa³¹ faŋ⁴⁴ faŋ⁴⁴ ji⁵⁵ tɕhau⁴⁴ tẽ⁵¹］
四四方方一丘田

2 ［jiu⁴⁴ jau³¹ je⁵¹ lo⁵¹ jiu⁴⁴ jau³¹ tẽ⁵¹］
亦有人来亦有田

3 ［jiu⁴⁴ jau³¹ ai⁴⁴ ȵy⁴⁴ paŋ³¹ siŋ⁴⁴ lau³⁵］
亦有日月伴星斗

4 ［jiu⁴⁴ jau³¹ xaŋ⁵¹ li³¹ wu⁵¹ to⁴⁴ ɕe⁵¹］
亦有皇帝无大臣

［tẽ⁵¹ tɕhi³¹］
田契

第三章 高氏女书校勘整理七十五篇

（八）鬼子戏

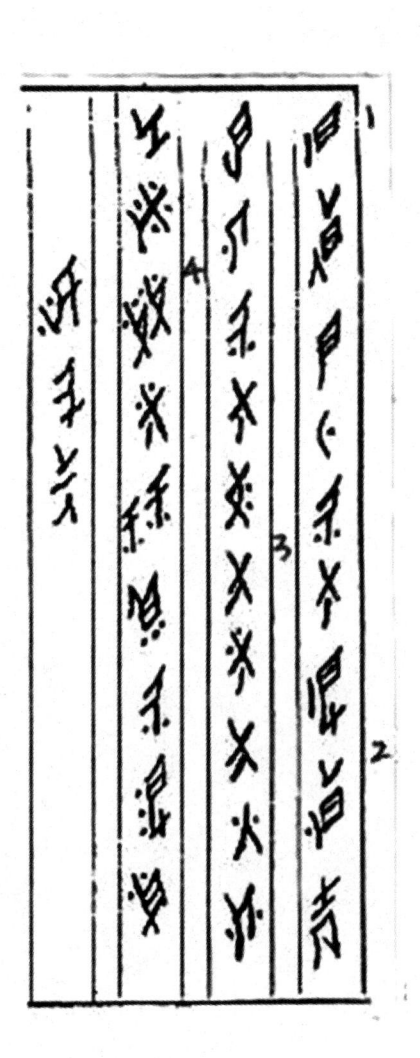

1 ［pɯ⁴⁴ta⁴⁴ɕi³⁵wu⁵⁵mɯe³¹ȵe⁴⁴liaŋ⁵¹］
　白地起屋不要梁

2 ［taŋ⁵¹ɕoŋ⁴⁴piau⁴⁴ti³¹mɯe³¹ȵe⁴⁴ȵaŋ⁵¹］
　堂兄胞弟不要娘

3 ［to⁴⁴kaŋ⁴⁴to⁴⁴fu³⁵jiu⁴⁴tsaɯ³¹ku³¹］
　大官大府亦做过

4 ［tɕhe⁴⁴kaŋ⁴⁴mẽ⁴⁴ŋu⁵¹mɯe³¹nẽ⁵⁵ɕaŋ⁵¹］
　虾公墨鱼不得尝

　［kua³⁵tsɿ³⁵ɕi³¹］
　鬼子戏

（九）织布一架机

①漏 [女书字] 字

1　[ɕe⁴⁴ tsaɯ³¹ noŋ⁵¹ tɕoŋ⁴⁴ wa⁴⁴]
　　身坐南京位

2　[tɕi⁵⁵ tsho³⁵ pɯ⁵⁵ tɕoŋ⁴⁴ ɕpŋ⁵¹]
　　脚踩北京城

3　[ɕau³⁵ lo⁴⁴ su⁴⁴ tɕau⁴⁴ fu³¹]
　　手拿苏州府

4　[liaŋ³¹ ŋa³¹ khaŋ³¹ tsiaŋ⁵¹ su⁴⁴]
　　两眼看长沙

　　[tɕi⁵⁵ pu³¹ ji⁵⁵ kue³¹ tɕi⁴⁴]
　　织布一架机

（十）一乘轿

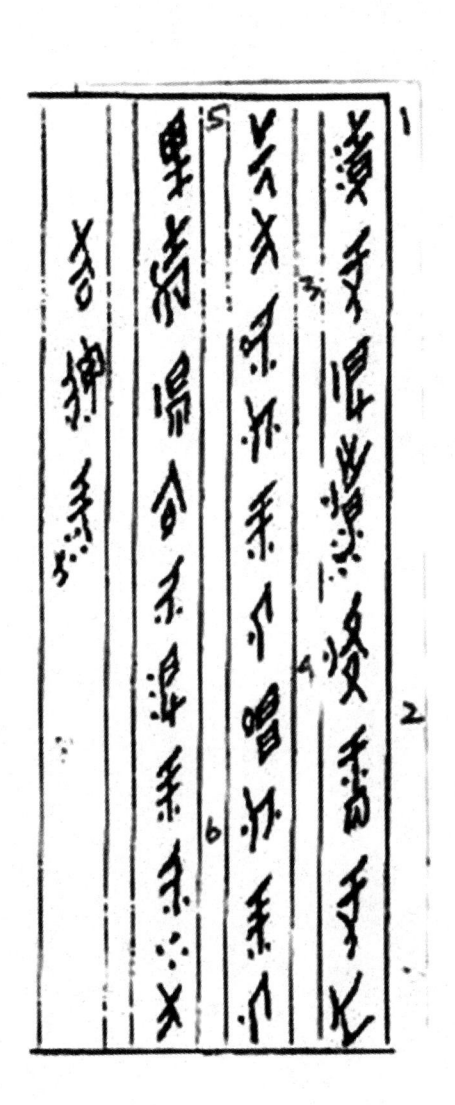

1 ［jỹ³¹ khaŋ³¹ liaŋ⁵¹ faŋ⁴⁴ kau⁵⁵］
远看龙凤阁

2 ［tɕe³¹ khaŋ³¹ xau³⁵ ɕi³¹ to⁵¹］
近看好戏台

3 ［tɕhua⁴⁴ jiu⁴⁴ lo⁵¹ te⁵⁵］
吹亦来了

4 ［tɕhaŋ³¹ jiu⁴⁴ lo⁵¹ te⁵⁵］
唱亦来了

5 ［la³¹ tɕi⁵⁵ sɿ⁴⁴ fu⁴⁴ mɯe³¹ nẽ⁵⁵ lo⁵¹］
旦角师傅不得来

6 ［mɯe³¹ xɯ⁴⁴ to⁵¹］
不开台

［ji⁵⁵ ɕe⁵¹ tɕi⁴⁴］
一乘轿

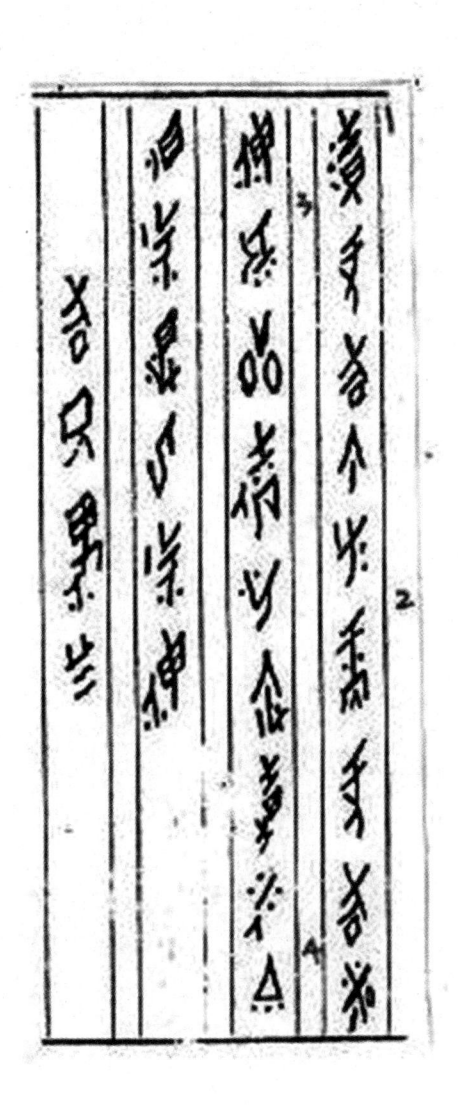

（十一）一只踏笼

1 ［jỹ³¹ khaŋ³¹ ji⁵⁵ la⁵⁵ sa⁴⁴］
远看一个山

2 ［tɕe³¹ khaŋ³¹ ji⁵⁵ laŋ³¹ ɕe⁵¹］
近看一栋神

3 ［xai⁵¹ mai⁵¹ ku⁴⁴ ku⁴⁴ xu³¹ tsei⁵⁵ jĩ³¹］
红门哥哥去接你

4 ［nẽ³¹ ka⁴⁴ kue⁴⁴ kua³⁵ lai⁴⁴ kue⁴⁴ ɕe⁵¹］
转归家鬼弄家神

［ji⁵⁵ tɕue⁵⁵ tu⁴⁴ loŋ⁵¹］
一只踏笼

（十二）蓑衣

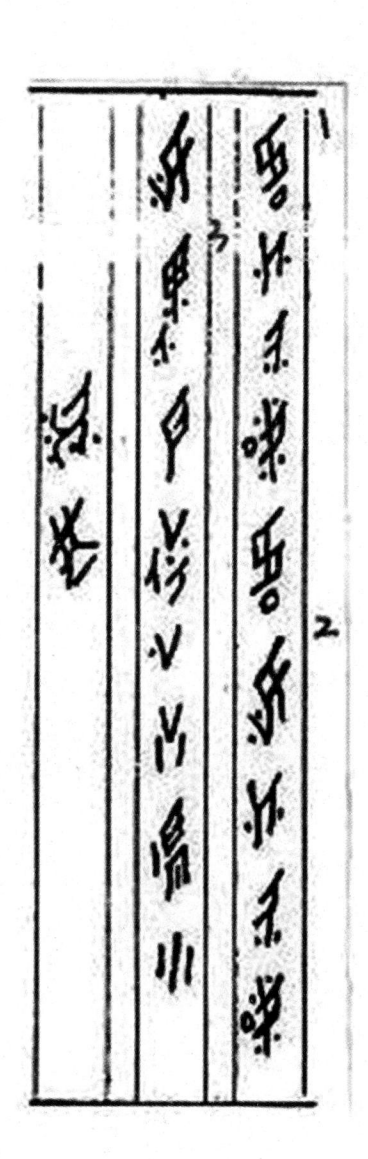

1 [ŋ⁵¹ jiu⁴⁴ mɯe³¹ tsiaŋ³¹ ŋ⁵¹]
人亦不像人

2 [kua³⁵ jiu⁵¹ mɯe³¹ tsiaŋ³¹ kua³⁵]
鬼亦不像鬼
[kɯ³¹ ɕi³⁵ pie⁵⁵ ɕaŋ⁴⁴ liau⁴⁴ sɿ³³ ɕua³⁵]
挂起壁上溜尸水

[su⁴⁴ o⁴⁴]
蓑衣

(十三) 木棉

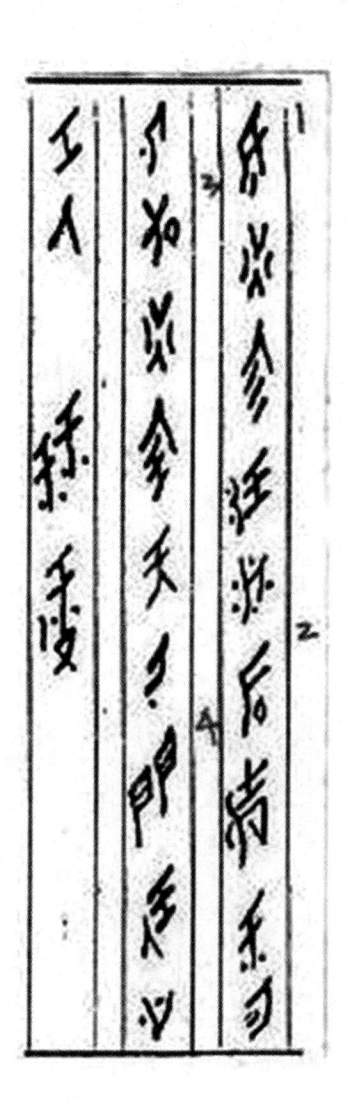

1 ［sẽ⁴⁴xɯ⁴⁴tɕe⁴⁴ȵu⁴⁴fue⁴⁴］
先开金玉花

2 ［xau³¹tɕi⁵⁵wa⁴⁴tɕua³⁵tɯ⁵¹］
后结歪嘴桃

3 ［pau³⁵xɯ⁴⁴tɕỹ⁵¹thẽ⁴⁴fue³¹］
打开传天下

4 ［tɕue⁴⁴tso³¹ɕi³¹ka⁴⁴je⁵¹］
遮在世间人

［mẽ⁴⁴mẽ⁵¹］
木棉

（十四）天上星子

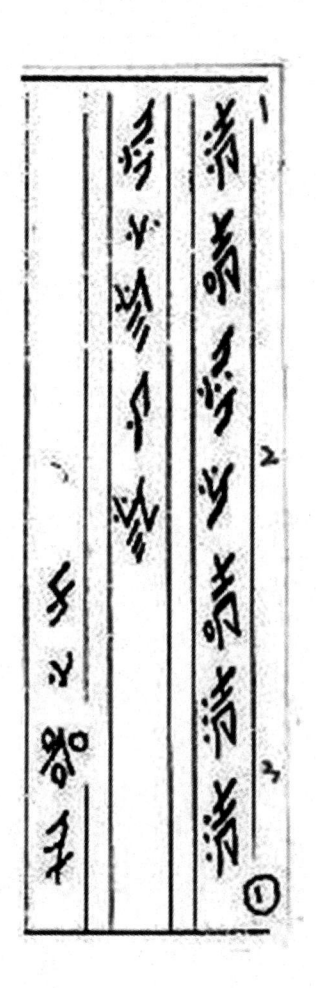

①漏 [字]

1　[tʂhiŋ⁴⁴ɕue⁴⁴pa³⁵]
　青石板

2　[pa³⁵ɕue⁴⁴tʂhiŋ⁴⁴]
　板石青

3　[tʂhiŋ⁴⁴ɕue⁴⁴pa³⁵ɕaŋ⁴⁴liŋ³¹te⁵¹liŋ⁴⁴]
　青石板上钉铜钉

　[thẽ⁴⁴ɕaŋ⁴⁴siŋ⁴⁴tsʅ³⁵]
　天上星子

（十五）鱼筍

1 ［xu³¹ sɿe⁵¹ lu⁴⁴ thaŋ⁴⁴ thaŋ⁴⁴］
去时路通通

2 ［kua⁴⁴ sɿe⁵¹ lu⁴⁴ mɯe³¹ thaŋ⁴⁴］
归时路不通

3 ［tsẽ⁵¹ sa⁴⁴ miŋ⁴⁴ mɯe³¹ xau³⁵］
前生命不好

4 ［sa³⁵ na⁴⁴ liau⁵⁵ jỹ⁵¹ tɕaŋ⁴⁴］
死入竹园中

［ŋu⁵¹ kau³⁵］
鱼筍

（十六）立春交春春牛

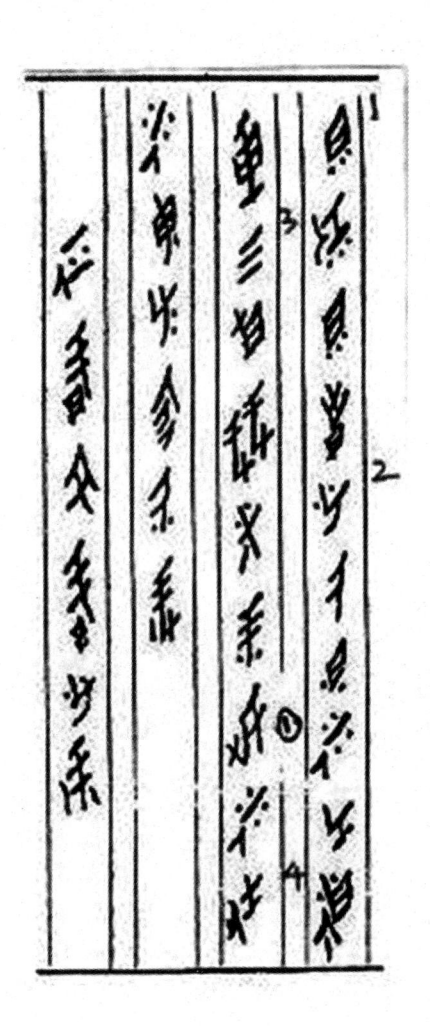

① 𛆁 字之误

1　[nẽ³⁵xai⁵¹nẽ³⁵xaŋ⁵¹]
点红点黄

2　[xaŋ⁵¹li³¹tshiŋ³⁵jĩ³¹tsaɯ³¹tau³¹tsiaŋ⁵¹]
皇帝请你做道场

3　[soŋ⁴⁴pɯe⁵⁵tɕue⁴⁴kaŋ⁴⁴lo⁵¹po³¹jĩ³¹]
三百巡官来拜你

4　[sʅe³¹jĩ³¹ɕe⁴⁴sa⁴⁴miŋ⁴⁴mɯe³¹tsiaŋ⁵¹]
是你身生命不长

[la⁴⁴tɕhue⁴⁴tɕau⁴⁴tɕhue⁴⁴tɕhue⁴⁴ŋau⁵¹]
立春交春春牛

八　译文

(一) 神童诗

① 𦰩 字之误

1 ［thẽ⁴⁴ tsɿe³⁵ tɕaŋ³¹ ɕoŋ⁵¹ xau⁵¹］
天子重贤豪

2 ［wai⁵¹ tɕaŋ⁴⁴ tɕau⁴⁴ ji³¹ tsai⁵¹］
文章教尔曹

3 ［wa⁴⁴ paŋ⁴⁴ ko⁴⁴ fue³¹ phai³⁵］
万般皆下品

4 ［wa⁵¹ jau³¹ tu⁴⁴ ɕu⁴⁴ kau⁴⁴］
唯有读书高

5 ［su³¹ pu⁴⁴ tɕu⁴⁴ tsɿe³⁵ kua³¹］
数服朱紫贵

6 ［tsai³¹ sɿe³¹ tu⁴⁴ ɕu⁴⁴ je⁵¹］
尽是读书人

7 ［tẽ⁵¹ la⁵¹ tɕi⁵¹ fu³¹ laŋ⁵¹］
田栏桥下郎

8 ［mu⁴⁴ lai⁴⁴ thẽ⁴⁴ tsɿe³⁵ taŋ⁵¹］
暮登天子堂

9 ［ɕaŋ⁴⁴ ɕaŋ⁴⁴ pai³⁵ wu⁵¹ tsɿe³⁵］
将相本无子

10 ［noŋ⁵¹ je⁵¹ laŋ⁴⁴ tsɿe⁴⁴ tɕaŋ⁵¹］
男人当自强

11 ［tɕi³¹ ɕy⁵⁵ tɕi⁴⁴ ɕe⁵¹ siau⁴⁴］
记识极晨修

12 ［wai⁵¹ tɕaŋ⁴⁴ khau³⁵ la⁴⁴ ɕe⁴⁴］
文章可立身

(二) 四字女经

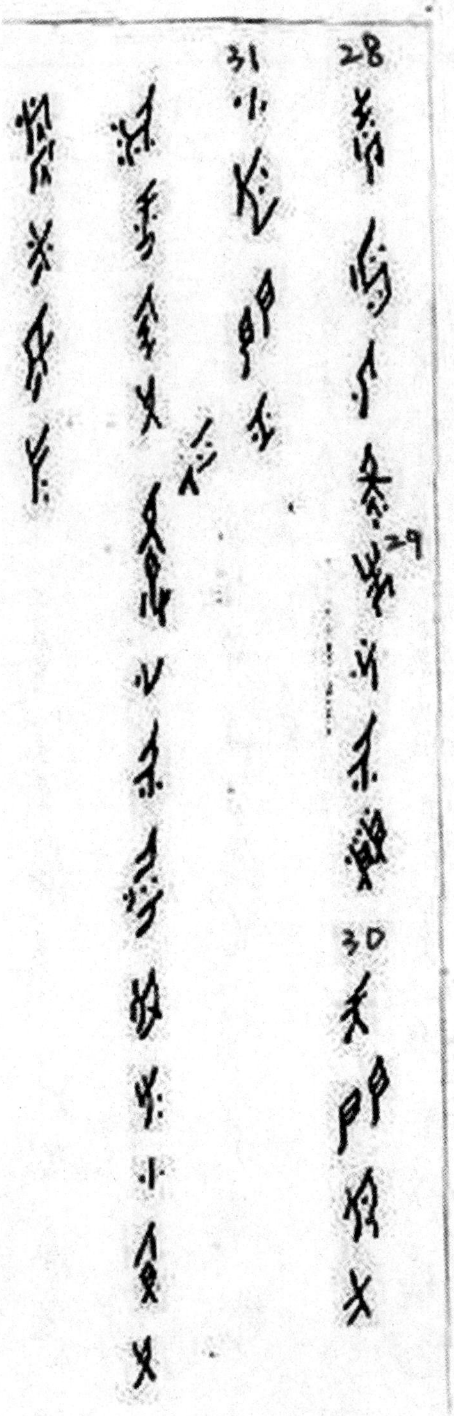
28
29
30
31

1 [sa³¹ tsʅ⁴⁴ ȵu³¹ tɕĩ⁴⁴]
四字女经

2 [tɕau³¹ e³¹ tshaŋ⁴⁴ miŋ⁵¹]
教尔聪明

3 [ȵaŋ⁵¹ pẽ⁴⁴ tsaɯ³¹ ȵu³¹]
娘边做女

4 [mau⁴⁴ ɕua⁵⁵ tsy⁴⁴ mie⁵¹]
莫出闺门

5 [tsaɯ³¹ mau⁴⁴ jy⁵¹ ɕe⁴⁴]
坐莫移身

6 [sei³¹ mau⁴⁴ lu⁴⁴ tshʅe³⁵]
笑莫露齿

7 [tɕhoŋ⁴⁴ ȵĩ⁵¹ sei³¹ ȵi³¹]
轻言细语

8 [fɯ⁴⁴ mau⁴⁴ kau⁴⁴ ɕoŋ⁴⁴]
话莫高声

9 [su⁴⁴ tau⁵¹ liŋ⁵¹ la⁴⁴]
梳头伶俐

10 [sei³⁵ tsiaŋ⁴⁴ tɕu³⁵ tɕe⁵¹]
洗浆杼勤

11 [xai⁵¹ fai³⁵ mɯe³¹ fu³¹]
红粉不傅

12 [tɕi⁴⁴ mu⁴⁴ tsʅe⁴⁴ tshiŋ⁴⁴]
寂寞自清

13 [tsa⁴⁴ ɕau⁴⁴ tɕe⁴⁴ tsʅ³⁵]
习学针黹

14 ［mu⁴⁴ jau³¹ tɕe⁵¹ sai⁴⁴］
务有勤心

15 ［tsẽ³⁵ lie⁴⁴ mu⁵¹ sẽ³¹］
剪刀麻线

16 ［sɿe³¹ jaŋ⁴⁴ pu³¹ tɕỹ⁵¹］
是样布全

17 ［kue³¹ tse³¹ sei⁵⁵ fu³¹］
嫁进媳妇

18 ［tɕoŋ³¹ faŋ³¹ to⁴⁴ je⁵¹］
敬奉大人

19 ［jue⁴⁴ mẽ⁵¹ tsau³⁵ ɕi³⁵］
夜眠早起

20 ［tsaɯ³¹ tsaŋ⁵¹ tɕĩ⁵¹ tɕu⁵⁵］
坐床缠足

21 ［tɕoŋ³⁵ li³¹ o⁴⁴ tɕue⁵¹］
整理衣裙

22 ［su⁴⁴ tau⁵¹ liŋ⁵¹ la⁴⁴］
梳头伶俐

23 ［faŋ⁴⁴ ɕua⁵⁵ paŋ⁵¹ mai⁵¹］
方出房门

24 ［lu⁴⁴ taŋ⁵¹ ɕi⁴⁴ fu³⁵］
炉堂烧火

25 ［tsu⁵¹ ɕua³⁵ sɿe⁵¹ we⁴⁴］
茶水时温

26 ［tɕaŋ³¹ pɯe⁵⁵ ɕau⁵⁵ ke⁴⁴］
众伯叔公

27 ［kua⁴⁴ tɕu³⁵ laŋ⁴⁴ tɕue⁴⁴］
规矩当尊

28 ［thau⁵⁵ paŋ⁵¹ tai⁴⁴ tsu⁵¹］
托盘递茶

29 ［ɕau³¹ ɕau³¹ mɯe³¹ tshai⁴⁴］
授受不亲

30 ［fu⁴⁴ tɕue⁴⁴ wa⁵¹ to⁴⁴］
夫君为大

31 ［sei³¹ sai⁴⁴ tɕue⁴⁴ tɕoŋ³¹］
细心尊敬
［tshu⁴⁴ ɕu⁴⁴ tɕỹ⁵¹ wai⁵¹ la⁴⁴ ɕĩ³¹ ɕaŋ⁴⁴］
粗书传文落扇上
［mɯe³¹ pa³⁵ sei⁴⁴ sa⁴⁴ sei³¹ ɕy⁵⁵ wai⁵¹］
不比先生细说文

［kau⁴⁴ ȵe⁵¹ sẽ⁴⁴ sie³⁵］
高银仙写

第四章

高氏女书难词难句注释

女书文献文本中，绝大部分词句的语意只需通过逐字直译成汉字就能比较清楚地展现。但也有部分词句，或由于词义的存古或由于语义的演新或由于土语词等等原因，其语意仅凭其单字的直译、意译等还不能获解。因此，有必要将高氏女书文本中的这些词句汇集一起进行诠释。方法是，将难词难句的第一音节按其声韵调顺序依次排列起来，若遇声韵调相同，则按词句的第二音节的声韵调顺序次第排列。所注词义仅限于该字在组合中的实际语义，不注一般性的词义。如："请"一词，女书中既有与现代汉语相同的"请求"等语义，也有"遭受""遭遇"的语义，在本章中，仅注释其"遭受"的语义，如"落入黄门请不欢"一句中的"请"即是此语义，不赘述其一般语义。

B

八月神堂接客到：八月过庙节接些亲朋好友。

把笔红罗：指拿笔在红罗上写信。红罗，这里指红纸。

把当：主持。

白水圩：村名，属江永县城关镇。

白说出：白白地说出来，起不到任何作用。

悖起女日了：完全和闺女生活相反。

被为：因为。

比远行：往长远想；向长远看。

闭颈：禁嘴（不吃不应该吃的东西）。

哺：午饭。

不给虚：彼此说话不要虚假。

不见过：不感到时间的过去。

不老成：不老练，没懂事。

不怕看头灯：不怕别人说闲话。

不认真：不计较。

不曰：不要说，不要。

不知天：不知天高地厚，不懂事。

C

插沤掉：埋藏下来沤烂掉。

拆溶：拆开、拆散。

拆席：分离。

长春：长年，长久的岁月。

扯宽：指面部舒展，快乐无忧的样子。

出却：出嫁。

出乡：指出嫁离乡。

粗：骂。

村坊：街坊邻居。

错投女：投生为可怜的女子。

D

打断芒头不睹紧，打断素纤血泪流：打断芒头棍不要紧，打断素纤痛得血泪流。芒头：芒草茎靠地面的部分。素纤：薄薄的竹片尖儿。

带累：连累。

道州：县名，属永州市。今道县。

凳脚起了瓦杀虫：凳脚生了瓦杀虫。瓦杀虫：一种样子像蜈蚣的多脚虫，无毒。

低头：指卑贱的媳妇生活。

都些：许多。

独位：自己，独个儿。

对得：等于，和……相同。

对句：对对子。

F

房屋居伏：倒装语序。意思是居住的房屋。

房中绩：在房中用苎麻做些纺织的活计。《永明县志·风俗志》载："妇人勤于内织，素封之家不废纺绩。"

放下：扔下；抛下。

非常：以往，从前。

分暖：暖和时分，即白天。

腹紧：里面

妇娘：指儿媳妇。

G

该不：倒装语序，不该。

高红：胭脂。

高楼：闺楼。

哥爷：哥哥，对哥哥的尊称。

格：可作结构助词，同"的"，方言。

隔门亮手：指隔着门伸出手来向人乞讨。

共伴：共同。

股：作量词，"股"作"心"的量词。

官任数：官任了数年。

过他：指出嫁去夫家。

H

合：匹配，配偶。

河吊：悬挂在水边植物枝茎上的漂浮物。

合鸟站莲：倒装语序，意思是站在莲花上的鸟群，喻欢聚一起的义姊妹。

红花一样红：指精神焕发，生活愉快。

红纸：当地旧俗，写柬帖、书信用红纸表示喜庆、友谊或尊重。

花街：用卵石铺砌的地面或路边。

换开：换去，换掉。

回凭坐：一起坐。

J

极晨修：最好是早晨阅读。

几母：几个人。

几时操清尽完全：什么时候能操完心。

家案：指厅堂内靠板壁处的方桌，当地居民祭祀祖先，均置祭品于此方桌上。

件样：样样。

将身：自己。

交亲：父母把女儿交给女儿的夫家。

交全：嫁出去。

交却：嫁女，指父母给子女完婚。

今天没米亦无朝：今天没米也没有早饭吃。

金坨女：女孩子，含有宝贝贵重之意。

紧包：多多包涵。

颈渴了：口渴了。

掬升：旧时，当地的一种衡量单位，重约今 62.5 克。

君子女："君子女"是女书中的特殊用词。在普通汉文和一般民间文学文献中，只见有"君子"一词，指地位高的人或才德出众的人，是对人的一种尊称。古时，君子是对男子的称呼。女书中把"君子"和"女"结合在一起，表示女性也可以是君子，与男子是一样的。

299

K

看察：看望。

口亏：吃亏。

宽日：开心的日子。

L

老同：义姊妹。结"老同"，又叫结姊妹，结"老庚"。这是旧社会江永妇女生活中最为重要的活动之一，每一个正常的妇女，尤其是青年女子，都有"老同"。当地旧俗，谁家妇女的女友多，那位妇女就会被人们认为是最聪明、最有才华、最能干的妇女，也是最为人们尊重的女子，连带家里的男子都会为此而脸上有光彩。

老者老不好：年老的，不该在这饥荒年间老。

累：连累，使受害。

连襟：同父母的兄弟姐妹。

两点红花：两个女儿。在女书中，"……点红花"是常见表述，指的是有几个女儿。

了：完，完结。

留归：留回，指留在娘家。

龙门：指声望高的人的府第。在女书文献中，常见用"龙"表尊贵的含义，如"龙阁"是对闺阁的美称，"龙床"是对床的美称，有时"龙"还用来比喻义姊妹。

卢家角：地名。属江永县井边乡。

路气：气忿发泄。

略将：简单、略微。

落他：留居在夫家。

M

蛮：很；极。

枚：量词。

没吩咐：指父母没有遗产交代。

没日有朝惜疼深：没有哪一天，没有哪一朝不深自怜惜。

没一二：不分彼此。指双方十分和睦，一方说一，另一方不会说二。

母："母"，在女书中有着特殊的用法功能，即跟在某些名词的词尾，表示主要部分、重要部分，如"金包柱母银包梁""身扎秤母自称好"等。

N

耐久听闻再送义：不久又听说要再送走一个义姊妹。

耐耐：久不久。

年庚：指一个人出生的年月日时。

女日：做闺女的日子。

O

沤失掉：白白埋在地下腐烂掉。

Q

漆台：漆桌。

千般没点分：做得多也没有分量。

千行：千般

勤紧做：勤快地干活。

清光粥：清粥，清稀饭。

青奁：指嫁妆。"没样青奁出面会"意思是说没有像样的嫁妆面对别人。

青铜照影：倒装语序。照影的青铜，即青铜镜。

情不情：思念不思念。

请：受，遭受。

请不欢：遭受不欢乐的事。

请喜：贺喜。

取道提言：遣词造句。

R

热头：太阳。

人家过：去了别人家里。指出嫁去了夫家。

S

三双只：三双单一只，即七只。

三朝书：按照江永当地传统习俗，结婚后的第三天，要"贺三朝"，即女方家要向男方家赠送三朝礼，包括女方亲朋好友赠送的糖果、红包和装订得非常精致的书信等，向姑娘祝福，向男方家恭贺。其中，精心制作的用女书书写的书信，就是三朝书。当地女书使用群体所独有的书信形式"三朝书"，是贺三朝中庄重而珍贵的馈赠礼品。

嫂娘知轻见理人：嫂子是知道轻重、懂得道理的人。

上厅：指女子出嫁时到大厅去告别祖先。

烧田：插田，插秧。

少学童：少学孩童们嬉戏。

少者来不着：年少的，不该在这饥荒年间里投生来这人间。

社口开：指石榴果成熟裂开的口子。

失落房：失掉了一房人的香火，香火不旺。

蚀日：浪费时日。

侍娘：当地婚俗，娶亲之家需选择一个生辰八字好，懂婚礼知识，有子有女、丈夫健在、父母双全的妇女接待新娘。在迎接新娘时须唱赞美诗、吉祥诗，新婚期间一直要陪伴新娘，称作"侍娘"。

是样：样样。

收别：指结束了闺女生活，别离了家乡。

首家：村名，属江永县井边乡。

水浸门楼无聚楼：竹叶水已泡上了门楼，再没有共同欢聚的闺楼了。

当地传统习俗，婚嫁中，男方的迎亲乐队进新娘村子时，女方的姑娘们多要在楼上、楼下用事先准备好的竹叶水竞相向迎亲队伍泼洒，以示对男方迎亲队伍的欢迎、祝福，表示新娘的品行像竹叶水一样的清白、纯洁，祝新娘与新郎和睦恩爱像长青竹一样，一世长青。

T

他房：丈夫家，婆家。

踏笼：捉鸟的鸟笼。

台：作［je^{31}］时，意思是"我"，第一人称代词。

台身：我自己。

桃川：地名，属江永县，位在县境西南。

藤青：倒装语序，意思是青藤。

填归亲者名：填回父亲的名字。旧时，家族族谱只记录各宗支男子及其配偶的名字，女儿的名字不能上谱。父死无子则名缺。

田栏：栏，房屋。田栏，指田舍。

头灾：头痛。

W

完粮：旧指交纳田赋。

亡父情：失去父亲的疼爱。

为下情：缔结下友情。

为下义：结成义姊妹。

位别位：一位向另一位道别。

位解位：一位劝解一位，互相劝解。

位问位：一位问一位，有事相互询问。

屋山头：屋顶。

无用空：倒装语序，意思是空无用，指不能做自己想做的事情，一切都是一场空。

五人七姓：指唱歌人数之众，亲友之多。

X

狭：不耐烦的心情。

下顾：庇佑。

先：祖先。

仙栏：神仙住的房屋。指在娘家的闺楼。

相同：互相团聚在一起。

心自红：心情自然高兴，愉快。

行堂：行动举止。

Y

言章书本曰：倒装语序。书本（书信）上说的言语。

夜狗母：蝗虫的一种。

倚过了：马虎了，草率了。

一口：指一口气不停歇地。

饮病：因饮食不当而引起的疾病。

鹰母：老鹰。

永明：江永县旧名。

佣：佣金或工钱。

郁盈：充满内心的积郁。

圆圆溜溜：此处是土语方言用语，找不到对应的汉字本字，可意译为"圆圆溜溜"，或音译为"钅工钅工臬臬"。

Z

在他难比高楼坐：他，指夫家。

占开位：占上了一个，算得上一个。

朝早：早朝，早晨。

折扇：这里讲的正是当地妇女用来写女书结交书的能折叠的折扇。

者：表示停顿并引出下文。

正官升：旧时，当地政府规定得衡量单位，一正官升重约今625克。

正西官：正西的官位。当地传统习俗，座席以西为贵，称官位。宴席时，只有席上最受尊重的人才能坐正西席。

只碗：一只碗。

只想杀错了半位人：半位人指腹中胎儿，即杀了一个怀孕后的女人，这个女人该杀，但胎儿不该杀。

杼勤：倒装语序，勤杼。

装香：烧香、点香。

子个：姊妹、兄弟，或兄弟姊妹的集合名词。

自来火：火柴。

自于：自从。